高等院校人文素质教育系列教材

职业素养教程
(第 2 版)

王新庆　主　编

郭　媛　柴瑞帅　王建强　副主编

清华大学出版社
北京

内 容 简 介

本书旨在全面深入地介绍职业素养、职业技能、求职创业等方面的知识,以进一步提高学生的职业技能和职业素养,为成为合格的"职业人"打好基础。

本书共分为八章。第一章介绍了职业规划与目标,内容包括认识职业生涯规划、自我认知、大学生职业生涯规划;第二章论述了职业道德,内容包括职业道德的概述、基本范畴、行为规范及要求;第三章专门介绍了职业技能,内容包括职业技能概述、职业技能大赛以及职业实践活动;第四章论述了职业素养,内容包括职业素养概述和如何培养大学生的职业素养;第五章论述了就业指导,介绍了择业准备、求职以及就业手续办理;第六章论述了创新创业教育,内容包括创新创业的准备、规划与实践;第七章介绍了职业发展,内容包括继续深造、初入职场、社会能力和离校教育;第八章为政策文件解读。

本书内容丰富,章节设置科学合理,语言表述通俗易懂,对大学生制定职业规划,培养职业道德、职业技能、职业素养起到重要的指导和引领作用。同时,本书对大学生求职就业、创新创业以及职业发展进行了详细的介绍和解读,既有简明易懂的理论概述,又有生动形象的案例分享,也有具体翔实的方法指导,适合青年大学生的思维习惯,方便其阅读理解。

本书封面贴有清华大学出版社防伪标签,无标签者不得销售。
版权所有,侵权必究。举报: 010-62782989, beiqinquan@tup.tsinghua.edu.cn。

图书在版编目(CIP)数据

职业素养教程/王新庆主编. —2版. —北京: 清华大学出版社,2023.11(2025.1 重印)
高等院校人文素质教育系列教材
ISBN 978-7-302-64889-5

Ⅰ.①职… Ⅱ.①王… Ⅲ.职业道德—高等学校—教材 Ⅳ.①B822.9

中国国家版本馆 CIP 数据核字(2023)第 204095 号

责任编辑:	陈冬梅
装帧设计:	李 坤
责任校对:	么丽娟
责任印制:	宋 林
出版发行:	清华大学出版社
网　址:	https://www.tup.com.cn, https://www.wqxuetang.com
地　址:	北京清华大学学研大厦 A 座　邮　编: 100084
社 总 机:	010-83470000　邮　购: 010-62786544
投稿与读者服务:	010-62776969, c-service@tup.tsinghua.edu.cn
质量反馈:	010-62772015, zhiliang@tup.tsinghua.edu.cn
课件下载:	https://www.tup.com.cn, 010-62791865
印 装 者:	涿州汇美亿浓印刷有限公司
经　销:	全国新华书店
开　本:	185mm×260mm　印　张: 12.25　字　数: 295 千字
版　次:	2019 年 9 月第 1 版　2023 年 11 月第 2 版　印　次: 2025 年 1 月第 3 次印刷
定　价:	45.00 元

产品编号: 101825-01

前　　言

近年来，随着国家和社会对职业教育越来越重视，我国的高等职业教育也进入了一个迅速发展的黄金时期，高职院校的办学水平和办学规模都有了较大的提升。然而，受本科院校逐年扩招等因素的影响，高职院校大学生的就业问题已经成为一个难题，同时也是一个亟待解决的社会问题。从学校的角度来看，学生的就业问题是学校考查自身教育教学成果的重要指标，也是高职院校教育教学最基本的任务。从企业需求的角度来看，很多企业花费大量人力、物力进行招聘，却很难招聘到适合企业发展的毕业生。而从学生的角度来看，毕业就业是其职业生涯的起点，对后期职业发展有重大的影响。因此，高职院校应让学生在学习专业技能知识的同时全面提升其职业素养，使大学生的职业素养和企业的需求达成一致。

高职教育在人才培养方面需要遵循以就业为导向的原则，为社会培养出更多的技能型高素质人才，满足市场对于人才的要求。基于这一导向下的高职教育并不是单一追求高就业率，而是要让学生获得某种技术，且能够将这种技术转化为服务、生产或管理的能力。所以，高职院校在办学过程中，不仅要注重培养学生的职业技能，还要注重培养他们的职业素养，让学生具备可持续发展以及创新创业的潜力。当前，高职院校在人才培养以及教育理论上都获得了显著的发展，但在学生的职业素养教育培养方面有些薄弱，在实践中还存在很多问题，导致培养出的学生难以满足社会经济发展的要求。要改变这种现状，就需要基于就业这一导向，在教育教学过程中提高学生的职业素养，使其能够达到学校的培养目标。本书的编写就是为了让学生得以全面深入地了解与职业素养、职业技能、求职创业等相关的知识，进一步提高其职业技能和职业素养，为成为合格的"职业人"打好基础。

本书具有以下两个特点。一是完备实用。全书内容涵盖了大学生职业发展所需要的职业道德、职业技能、职业素养，还针对大学生求职、就业、创业等方面进行了介绍和阐述，内容全面翔实，极具指导意义。本书在编写过程中，注重理论联系实践，力求从理论与实践、知识与能力结合的层面进行阐释，具有很强的实用性与可操作性，以便切实提升大学生的职业素养与能力，更好地实现高职院校的育人目标。二是新颖现代。本书内容贴近现实，贴合近几年的国家大政方针，比如，第六章"创新创业教育"，就是响应"大众创业、万众创新"的号召以及国家制定的若干"双创"政策，培育在校学生的创业意识、创新精神、创新创业能力，引导学生积极投身创新创业大潮。另外，本书所选的案例新颖、现代，有的章节最后的"知识拓展"板块，既有经典的案例分享，也有学校的实际情况，有利于学生从宏观层面和微观层面了解相关知识。

本书编写分工如下：王建强负责编写第一章，梁文闻负责编写第二章，李存志负责编写第三章，杜炜威负责编写第四章，王媛负责编写第五章，朱志伟负责编写第六章，柴瑞帅负责编写第七章，郭媛负责编写第八章。本书由王新庆教授任主编，并负责全书章节架构设计、统稿和最终定稿工作。郭媛、柴瑞帅、王建强任副主编。

  本书在编写过程中，参考借鉴了一些专著和文章，吸收了许多专家学者的研究成果，得到了有关部门和同志的大力支持，在此一并表示衷心的感谢！限于编者水平有限，本书难免存在疏漏和不足，敬请各位读者批评指正。

编 者

目　　录

第一章　职业规划与目标 1

第一节　认识职业生涯规划 1
一、职业生涯规划的理论 1
二、职业生涯规划的类型和特点 6
三、职业生涯规划的意义 6

第二节　自我认知 7
一、探索自我职业兴趣 8
二、分析自我性格特点 10
三、合理描述自我能力技能 12

第三节　大学生职业生涯规划 13
一、大学生职业生涯规划的现状和特点 13
二、大学生职业生涯规划制定的原则 13
三、大学生职业生涯规划的具体方法 14
四、撰写大学生职业生涯规划书 16

【本章小结】 22

第二章　职业道德 23

第一节　职业道德概述 23
一、道德概述 23
二、道德和法律的关系 24
三、职业及职业道德概述 25
四、社会主义职业道德的基本要求及其基本特点 26

第二节　职业道德的基本范畴 28
一、职业理想 28
二、职业态度 29
三、职业义务 29
四、职业技能 30
五、职业纪律 31
六、职业良心 31
七、职业荣誉 32
八、职业作风 33

第三节　职业道德行为规范 33
一、职业道德行为规范的含义 33
二、职业道德基本行为规范的内容 34

第四节　职业道德的要求 39
一、系统学好第一课堂知识 39
二、广泛参与第二课堂活动 39
三、体验融合第三课堂文化 39
四、培养两类综合职业素养 40

【本章小结】 42

第三章　职业技能 43

第一节　职业技能概述 43
一、职业技能的概念 43
二、职业技能的内容 44
三、职业技能的形成 46
四、职业技能培训 46
五、职业技能的获取途径 48

第二节　职业技能大赛 50
一、全国职业院校技能大赛 51
二、全国职业技能大赛 55
三、行业协会组织的技能大赛 56
四、参加职业技能大赛的意义 59

第三节　职业实践活动 60
一、职业实践活动概述 60
二、职业实践活动的作用 61
三、高校开展的职业实践活动 61
四、开展职业实践活动的意义 64

【本章小结】 66

第四章　职业素养 67

第一节　职业素养概述 67
一、职业素养的内涵 67

二、培养大学生职业素养的必要性 68
三、职业素养的培养目标 68
第二节 如何培养大学生的职业素养 69
一、选择职业目标 70
二、学习职业礼仪 71
三、锻炼表达能力 72
四、拓宽知识面 73
五、学会时间管理 75
六、学会有效沟通 77
七、提高信息处理能力 80
八、讲究团队协作 83
九、提升抗压能力 84
【本章小结】 91

第五章 就业指导 92

第一节 择业准备 92
一、就业政策 93
二、岗位认知 99
三、就业意识 102
第二节 求职 105
一、自荐技巧 106
二、简历制作 108
三、面试 112
第三节 就业手续办理 117
一、签订就业协议书 117
二、毕业生的档案调转及户口迁移 117
三、办理人事代理 118
四、毕业生党、团组织关系的转接 118
【本章小结】 120

第六章 创新创业教育 121

第一节 创新创业准备 121
一、了解创新创业政策 121
二、认知创新创业 128
三、创业成功所必须做的准备 131

第二节 创新创业规划 133
一、商业模式 133
二、创业计划书 134
第三节 创新创业实践 137
一、抓住校内外实践活动 137
二、充分利用创新创业硬件支持 137
三、积极参与创业大赛 137
【本章小结】 144

第七章 职业发展 145

第一节 继续深造 145
一、继续深造的作用 145
二、继续深造的好处 146
三、继续深造的途径 146
第二节 初入职场 150
一、职场新人注意事项 150
二、适应问题调适 151
三、塑造职业形象 154
第三节 社会能力 155
一、责任担当 155
二、团队协作 156
三、良好的职业习惯 157
四、终身学习的理念 157
五、掌握法律法规 158
第四节 离校教育 159
一、高校毕业生不文明离校现象产生的原因 159
二、毕业生文明离校的意义 160
三、毕业生文明离校工作举措（以河南某职业学院为例） 160
【本章小结】 161

第八章 政策文件解读 162

第一节 高校毕业生到中小微企业和非公有制单位就业政策 162
第二节 特殊群体毕业生的就业政策 163

一、特殊困难群体毕业生就业帮扶政策 163
　　二、求职创业补贴申领发放 163
第三节　离校未就业高校毕业生的政策 164
　　一、提供实名制就业创业服务 164
　　二、就业见习 165
　　三、职业技能培训和职业技能鉴定 165
　　四、面向就业困难人员的政策 166
　　五、灵活就业 166
第四节　毕业生(含在校生)自主创业的优惠政策 167
　　一、就业创业证申领 167
　　二、鼓励参加创业培训 168
　　三、税收优惠政策 168
　　四、创业担保贷款 168
　　五、资金支持补贴 169
　　六、创业帮扶 170

第五节　高校毕业生基层就业的政策 172
　　一、基层就业项目简介 172
　　二、基层就业项目满足条件 173
　　三、基层就业项目服务期满人员待遇及优惠政策 174
第六节　河南某职业技术学院鼓励大学生应征入伍服兵役政策 178
　　一、优先征集政策 178
　　二、学费资助及优待政策 178
　　三、升学优惠政策 178
　　四、复学政策 179
　　五、在部队选拔培养政策 179
　　六、退役后技能培训政策 179
　　七、退役后就业服务政策 179
第七节　河南省人才强省系列优惠政策 184
【本章小结】 185

参考文献 186

第一章 职业规划与目标

当今社会竞争越来越激烈,职业生涯规划也开始成为人才争夺战的一个重要利器。对企业而言,如何体现公司"以人为本"的人才理念,关注员工的持续成长,职业生涯规划是一种有效的手段;而对个人而言,职业生命是有限的,如果不进行有效的规划,势必会造成生命和时间的浪费。大学生就业问题始终是全社会高度关注的热点问题,随着就业创业政策的不断出台,特别是在我国"十四五"规划的推动下,高校的就业创业教育竞相开展,大学生职业生涯规划教育受到全社会的广泛关注。

大学生职业生涯教育不仅是开发大学生潜能、提升大学生就业竞争力的有效方式,还是促进高校就业和企业招聘良性有序发展的重要途径之一,在当今严峻的就业形势下,如何开展大学生职业生涯教育,是一项重要课题。本章将对大学生职业规划教育的改进方向进行系统性分析,并结合职业规划教育新模式探索案例和成果进行分析,为大学生职业规划教育发展提供富有建设性的建议。

【学习目标】

- 了解职业生涯规划的重要性。
- 学会自我认知。
- 掌握自我认知和职业认知的方法。
- 确定自身的职业生涯目标。

第一节 认识职业生涯规划

职业生涯规划,是指一个人对其一生中所承担职务相继历程的预期和计划。在人的一生中,职业生涯为 30—50 年,当然也可能更长,在这期间,你将要从事什么样的职业,你将通过哪种职业方式实现你的人生价值,你发展得怎么样,你将如何安排这几十年的职业生涯,如何让这几十年更加高效、更具价值,这就需要对自己职业生涯进行合理的规划,有了生涯规划就有了人生发展的目标。

一、职业生涯规划的理论

关于相关职业生涯规划的理论,我们主要介绍以下几种。

(一)帕森斯的特质因素论

在 19 世纪 70 年代第二次工业革命的推动下,科学技术的发展突飞猛进,社会分工和职业种类的变化越来越多,许多人不能适应这种变化带来的结果,美国波士顿大学的教授帕森斯(Parsons)发现,青年人离校后失业的原因,不是没有能力,而是缺少机遇。于是他创办了波士顿职业指导局,为职业规划系统指导跨出重要的一步。1909 年,他在职业辅导的过程中建立了一套"特质因素论",即每个人都有自己独特的人格模式,每种人格模式的个人都有其相适应的职业类型,这是早期的职业指导理论。如果你想找工作,那么你需要了解以下几点。

第一,要了解自己。自己的能力、兴趣、雄心、资源和限制,以及这些特质的成因。

第二,要了解各种职业。职业所需的条件和要求、薪资待遇、工作环境、发展前途。

第三,要了解两者的匹配度。在这两类信息的基础上,将个人条件和职业需求进行匹配,最后选择一个合适的职业。

(二)舒伯的职业生涯发展理论

美国职业管理学家舒伯(Super)认为,人的职业生涯发展分为以下五个阶段。

第一阶段:成长阶段(0—14 岁)。

这个阶段儿童开始辨认他们周围的事物,并逐渐开始意识到自己的兴趣所在以及与职业相关的一些最基本技能。他们在这个阶段发展的任务是发展自我形象和对工作世界的正确态度,并了解工作的意义。

第二阶段:探索阶段(15—24 岁)。

青少年开始尝试一些自己感兴趣的职业活动,对自我能力及角色、职业进行探索。职业倾向趋向于某些特定的领域。

第三阶段:建立阶段(25—44 岁)。

这个阶段发展的任务是个人致力于工作上的稳定,大部分人处于最具创造力的时期,个人开始尝试选择适合自己的职业领域。

第四阶段:维持阶段(45—64 岁)。

这一阶段发展的任务是维持既有成就与地位,个人通过不断努力来获得职业生涯的发展和成就,并逐渐能在自己工作的领域占有一席之地。

第五阶段:衰退阶段(65 岁及以上)。

由于生理及心理机能日益衰退,个人职业角色的分量逐渐减少,这个阶段开始考虑退休并享受自己的晚年生活。

舒伯在后期提出,在一个人一生的职业发展过程中,职业发展的五个阶段,即成长阶段、探索阶段、建立阶段、维持阶段、衰退阶段是一个循环再循环的过程。职业发展的五个阶段并不完全与年龄相关,而且各阶段之间并不存在严格的界限,可能有交叉,在人生的不同时期,都可以经历由这五个阶段构成的一个"小循环"。职业生涯发展是一个循环往复的过程,如图1-1所示。

舒伯认为,一个人的职业生涯发展与个人在发展历程的各个阶段中所扮演的各种角色如儿童、学生;休闲者、公民、工作者、夫妻、家长;父母和退休者。人在某一阶段对某个角色投入得越多,就越会促进这一角色的成功,同时也可能导致另一角色的失败。他称发展的各个阶段为"生活广度",称个人扮演的角色为"生活空间"。生活广度和生活空间交汇成为生涯彩虹图,它描绘出了生涯发展阶段与角色彼此间交互影响、多重角色生涯发展的状况,如图1-2所示。

阶段	成长 growth	探索 exploration	建立 establishment	维持 maintenance	衰退 disengagement
年龄	0—14岁(儿童期)	15—24岁(青年期)	25—44岁(成年初期)	45—64岁(成年中期)	65岁及以上(成年晚期)
发展重点	能力、兴趣、态度及自我概念的发展	对自我和工作世界的探索和了解	从工作经验中考虑职业与自我的配合	以不同的方法调整工作,维持职业状况与职位	减少工作,退休
发展任务	争取不同的经验自我肯定,建立信心	结晶化(15—18岁)(crystallization) 特定化(19—21岁)(specification) 实践(22—24岁)(implementation)	稳定(stabilization) 巩固(consolidation)	发展新技能	发展非职业性的角色

图 1-1 舒伯的职业生涯发展阶段

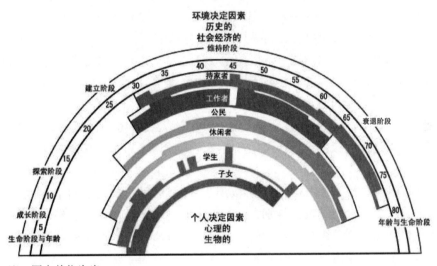

注:图中单位为岁。

图 1-2 舒伯的生涯彩虹

(资料来源:知乎,http://zhuanlan.zhihu?/p/)

(三)施恩的职业生涯发展理论

美国麻省理工学院斯隆管理学院教授、著名的职业生涯管理学家施恩(E.H.Schein)立足于人生不同年龄段面临的问题和职业工作的主要任务,将职业生涯分为9个阶段:成长、幻想、探索阶段;进入工作世界;基础培训;早期职业的正式成员资格;职业中期;职业中期危险阶段;职业后期;衰退和离职阶段;离退休阶段。

(1) 成长、幻想、探索阶段(0—21 岁)。这一阶段的主要任务：①发展和发现自己的需要和兴趣，发展和发现自己的能力和才干，为进行实际的职业选择打好基础；②学习职业方面的知识，寻找现实的角色模式，获取丰富信息，发展和发现自己的价值观、动机和抱负，做出合理的受教育决策，将幼年的职业幻想变为可操作的现实；③接受教育和培训，开发工作世界中所需要的基本习惯和技能。在这一阶段所充当的角色是学生、职业工作的候选人、申请者。

(2) 进入工作世界(16—25 岁)。在这个阶段。首先，进入劳动力市场，谋求可能成为一种职业基础的第一项工作；其次，个人和雇主之间达成正式可行的契约，个人成为一个组织或一种职业的成员，充当的角色为应聘者和新学员。

(3) 基础培训(16—25 岁)。与正在进入职业工作或组织阶段不同，这一阶段要担当实习生、新手的角色，也就是说，已经迈进职业或组织的大门。此时的主要任务：一是了解、熟悉组织，接受组织文化，融入工作群体，尽快取得组织成员资格，成为一名有效的成员；二是适应日常的操作程序，应付工作。

(4) 早期职业的正式成员资格(17—30 岁)。此阶段能取得组织新的正式成员资格。这个阶段面临的主要任务：承担责任，成功履行与第一次工作分配有关的任务；发展和展示自己的技能和专长，为提升或进入其他领域的横向职业成长打好基础；根据自身才干和价值观及组织中的机会和约束，重估当初追求的职业，决定是否留在这个组织或职业中，或者在自己的需要、组织约束和机会之间寻找一种更好的配合。

(5) 职业中期(25 岁以上)。这一阶段的主要任务是：选定一项专业或进入管理部门；保持技术竞争力，在自己选择的专业或管理领域内继续学习，力争成为一名专家或职业能手；承担较大责任，确定自己的地位；开发个人的长期职业规划。

(6) 职业中期危险阶段(35—45 岁)。这一阶段的主要任务是：现实地评价自己的进步、职业抱负及前途；在接受现状或者争取看得见的前途之间做出具体选择；建立与他人的良师关系。

(7) 职业后期(40 岁至退休)。这个阶段属于职业后期阶段，此时的职业状况或任务是：成为一名良师，学会影响，指导别人，对他人承担责任；扩大、发展、深化技能，或者提高才干，以担负更大范围、更重大的责任；这个阶段如果只求安稳，就此停滞，则要接受和正视自己影响力和挑战能力的下降。

(8) 衰退和离职阶段(40 岁至退休)。不同的人在不同的年龄会衰退或离职。这一阶段主要的职业任务：一是学会接受权力、责任、地位的下降；二是基于竞争力和进取心的下降，要学会接受和发展新的角色；三是评估自己的职业生涯，开始准备退休。

(9) 离退休阶段。在失去工作或组织角色之后，面临两大问题或任务：一是保持一种认同感，适应角色、生活方式和生活标准的急剧变化；二是保持一种自我价值观，运用自己积累的经验和智慧，以各种资源角色，对他人进行传帮带。

(四)霍兰德的职业倾向理论

约翰·霍兰德(John Holland)是美国约翰斯·霍普金斯大学的心理学教授，美国著名的职业指导专家。他于1959年提出了具有广泛社会影响的职业兴趣理论，认为人的人格类型、兴趣与职业密切相关，兴趣是人们活动的巨大动力，凡是具有职业兴趣的职业，都可以提高人们的积极性，促使人们积极地、愉快地从事该职业，且职业兴趣与人格之间存在很高的相关性。霍兰德认为，人格可分为社会型、企业型、常规型、现实型、研究型和艺术型六种类型，如图1-3所示。以下是对这六种类型人格的分析。

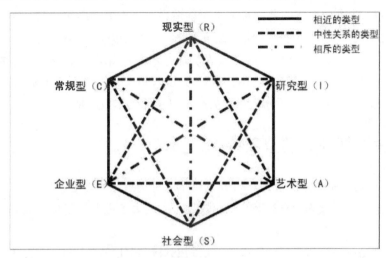

图1-3 霍兰德的六种类型人格

社会型(S)：社会型人格的共同特征是喜欢与人交往、不断结交新的朋友、善于言谈、愿意教导别人；关心社会问题，渴望发挥自己的社会作用；寻求广泛的人际关系，比较看重社会义务和社会道德。他们从事的典型职业有提供信息、启迪、帮助、培训、开发或治疗等事务，教育工作者，社会工作者，等等。

企业型(E)：企业型人格的共同特征是追求权力、权威和物质财富，具有领导才能。他们喜欢竞争，敢冒风险，有野心、抱负；为人务实，习惯以利益得失、权力、地位、金钱等来衡量做事情的价值，做事情有较强的目的性。从事的职业有项目经理、销售人员、营销管理人员、政府官员、企业领导、法官、律师等。

常规型(C)：常规型人格的共同特征是尊重权威和规章制度，喜欢按计划办事，细心，有条理，习惯接受他人的指挥和领导，自己不谋求领导职务；喜欢关注实际和细节情况，通常较为谨慎和保守，缺乏创造性，不喜欢冒险和竞争，富有自我牺牲精神；他们喜欢要求注意细节、精确度，有系统，有条理，具有记录、归档、根据特定要求或程序组织数据和文字信息的职业。

现实型(R)：现实型人格的共同特征是愿意使用工具从事操作性工作，动手能力强，做事手脚灵活，动作协调。他们偏好于具体任务，不善言辞，做事保守，较为谦虚；缺乏社交能力，通常喜欢独立做事；喜欢使用工具、机器，需要基本操作技能的工作。主要从事的职业有计算机硬件人员、摄影师、制图员、机械装配工、木匠、厨师、技工、修理工、农民等。

研究型(I)：研究型人格的共同特征是思想家而非实干家，抽象思维能力强，求知欲强,肯动脑,善思考,不愿动手;喜欢独立的和富有创造性的工作;知识渊博,有学识才能,不善于领导他人;喜欢智力的、抽象的、分析的、独立的定向任务,要求具备智力或分析才能,并将其用于观察、估测、衡量、形成理论、最终解决问题的工作,并具备相应的能力。科学研究人员、教师、工程师、电脑编程人员、医生、系统分析员等都是典型的研究型职业。

艺术型(A):艺术型人格的共同特征是有创造力,乐于创造新颖、与众不同的成果,渴望表现自己的个性,实现自身的价值;做事理想化,追求完美,不重实际;具有一定的艺术才能和个性;善于表达,怀旧,心态较为复杂。艺术方面(演员、导演、艺术设计师、雕刻家、建筑师、摄影家、广告制作人)、音乐方面(歌唱家、作曲家、乐队指挥)、文学方面(小说家、诗人、剧作家)等大部分从业人员都是典型的艺术型人格。

二、职业生涯规划的类型和特点

职业生涯规划按完成时间长短,可分为以下 4 种类型。

(1) 短期规划,一般为 2—3 年的职业规划,主要确定近期的目标,规划近期要完成的任务。

(2) 中期规划,一般规划 3—5 年内要达到的目标和任务。人们一般把个人职业规划的重点放在中期规划,这样有利于根据实际情况随时进行调整。

(3) 长期规划,一般为 5—10 年的职业规划,主要制定较长远的目标,以及为实现目标所采取的措施。

(4) 人生规划,即整个职业生涯的规划,时间可长达 40 年,主要制定个人整体发展的目标。

同时,一份行之有效的职业生涯规划应该具有以下特点。

(1) 可行性。规划要从个人的实际出发,要切实可行,并不是美好幻想或不着边际的空想。

(2) 适时性。规划是预测未来的行动,确定将来的目标。因此,各项主要活动何时实施、何时完成,都应有时间和顺序上的妥善安排,以作为检查行动的依据。

(3) 适应性。未来的职业生涯牵涉到多种可变因素,因此规划应有弹性,以增强其适应性。

(4) 连续性。职业生涯是一个连续不断的过程,因此要注重规划的连续性。

三、职业生涯规划的意义

美国职业指导专家米歇尔罗兹(Michelozzi)1998 年提出,职业生涯规划有突破障碍、开发潜能和自我实现等 3 个积极目的,如图 1-4 所示。

职业生涯规划的目的绝不仅仅是帮助个人按照自己的资历条件找到一份合适的工作,实现个人目标,更重要的是帮助个人真正了解自己,为自己定下事业大计,筹划未来,拟订一生的发展方向,根据主、客观条件设计出合理且可行的职业生涯发展方向。

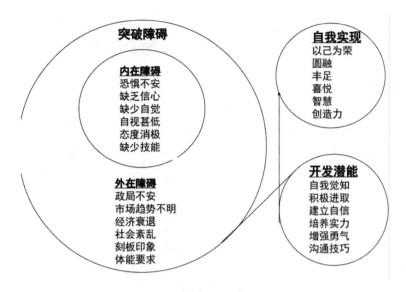

图 1-4　职业生涯规划的目的

职业生涯活动将伴随我们的大半生，拥有成功的职业生涯才能实现完美人生。因此，职业生涯规划具有特别重要的意义。

第一，职业生涯规划可以挖掘自我潜能，增强个人实力。一份行之有效的职业生涯规划可以引导你正确认识自身的个性特质、现有与潜在的资源优势，帮助你重新对自己的价值进行定位并使其持续增值；引导你对自己的综合优势与劣势进行对比分析；使你树立明确的职业发展目标与职业理想；引导你评估个人目标与现实之间的差距；引导你前瞻与实际相结合的职业定位，搜索或发现新的或有潜力的职业机会；使你学会如何运用科学的方法采取可行的步骤与措施，不断增强你的职业竞争力，实现自己的职业目标与理想。

第二，职业生涯规划可以增强发展的目的性与计划性，增加成功的机会。生涯发展要有计划、有目的，不可盲目地"撞大运"，很多时候我们的职业生涯受挫就是由于职业生涯规划没有做好。好的计划是成功的开始，"凡事预则立，不预则废"，就是这个道理。

第三，职业生涯规划可以提升应对竞争的能力。当今社会处在变革的时代，到处充满着激烈的竞争。物竞天择，适者生存。职业活动的竞争非常突出，要想在这场激烈的竞争中脱颖而出并立于不败之地，必须设计好自己的职业生涯规划。这样才能做到心中有数，不打无准备之仗。磨刀不误砍柴工，先做好职业生涯规划，有了清晰的认识与明确的目标之后再把求职活动付诸实践，这样的效果要好得多，也更经济、更科学。

第二节　自我认知

自我认知(self-cognition)是对自己的认识和理解，包括自我观察和自我评价。自我观察是指对自己的感知、思维和意向等方面的觉察。自我评价是指对自己的想法、期望、行为及人格特征的判断与评估，这是自我调节的重要条件。

职业生涯规划的重要前提就是自我认知，通过一系列方法深入了解自我职业兴趣、自我性格特点、自我能力等方面，从而设计出科学合理的职业生涯规划。

一、探索自我职业兴趣

霍兰德兴趣岛测试通过选择岛屿，认识自己真正的职业兴趣，发现自己喜欢和不喜欢的职业内容，帮助在职业定位时把握好方向，如图1-5所示。测试如下。

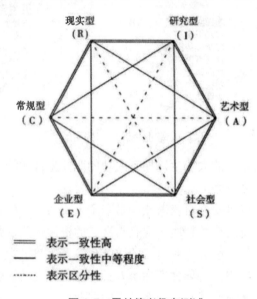

图1-5　霍兰德兴趣岛测试

(资料来源：360文库 https://wenku.so.com/d/)

这里有6个神奇的小岛，根据下面的描写，你对这6个小岛进行想象，然后回答4个问题，并依次记下4个问题的答案。

(1) A岛——美丽浪漫岛。这个岛上到处是美术馆、音乐厅，弥漫着浓厚的艺术文化气息。岛民们保留着传统的舞蹈、音乐与绘画。许多文艺界人士都喜欢来到这里寻求灵感。

(2) C岛——现代井然岛。处处耸立着现代建筑，标志着这是一个进步的、都市形态的岛屿。岛上的户政管理、行政管理及金融管理都十分完善。岛民们个性冷静保守，处事有条不紊，善于组织规划。

(3) E岛——显赫富庶岛。该岛经济高度发展，处处有高级饭店、俱乐部、高尔夫球场。岛民性格热情豪爽，善于企业经营和贸易活动。岛上往来者多是企业家、经理人、政治家、律师等。他们在岛上享受着高品质的生活。

(4) I岛——深思冥想岛。这个岛平畴沃野，人少僻静，适合夜观星象。岛上有很多天文馆、科技博物馆、科学图书馆。岛民们最喜欢每天都待在自己的小房子里，钻研学问，沉思冥想，探究真知。哲学家、科学家和心理学家们在这里聚会，讨论学术，交流思想。

(5) R岛——自然原始岛。这是个自然生态优良的绿色之岛。岛上不仅保留热带雨林等原始生态系统，而且建立了相当规模的植物园、动物园、水族馆。岛民以手工制造见长，他们自己种植花果，栽培蔬菜，修缮房屋，打造器物，制作工具。

(6) S岛——温暖友善岛。这个岛的岛民们性情温和，乐于助人，十分友善。大家互助合作，重视后代的教育。每个社区都是一个密切互动的服务网络，处处充满着人文关怀气息。

如果你必须在6个岛之中的一个岛上生活一辈子，成为这里岛民中的一员。那么：

① 你第一会选择哪一个岛？
② 你第二会选择哪一个岛？
③ 你第三会选择哪一个岛？
④ 你最不愿意选择哪一个岛？

A岛、C岛、E岛、I岛、R岛、S岛 分别代表了6种职业类型，它们的描述以及矛盾关系如下。

A岛——艺术型 vs C岛——常规型；E岛——企业型 vs I岛——研究型；R岛——现实型 vs S岛——社会型。

问题①的答案体现了你最显著的职业性格特征、最喜欢的活动类型以及最喜欢(很可能是最适合)的大致职业范围；反之，问题④的答案则是你最不喜欢的活动；等等。

6个岛屿对应的职业类型具体内容如下。

(1) A岛——艺术型。

总体特征：属于理想主义者，具有独创的思维方式和丰富的想象力，直觉强烈，感情丰富。

喜欢的活动：喜欢创造和自我表达类型的活动，如音乐、美术、写作、戏剧。

喜欢的职业：总体来讲，喜欢"非精细管理的创意"类和创造类的工作。如音乐家、作曲家、乐队指挥、美术家、漫画家、作家、诗人、舞蹈家、演员、戏剧导演、广告设计师、室内装潢设计师。

(2) C岛——常规型。

总体特征：追求秩序感，自我抑制，顺从，防卫心理强，追求实际，回避创造性活动。

喜欢的活动：喜欢固定的、有秩序的活动，如组织和处理数据等，愿意在一个大的机构中处于从属地位，并希望确切知道工作的要求和标准。

喜欢的职业：总体来讲，喜欢有清楚的规范和要求、按部就班、精打细算、追求效率的工作。如税务专家、会计师、银行出纳、簿记、行政助理、秘书、档案文书、计算机操作员。

(3) E岛——企业型。

总体特征：为人乐观，喜欢冒险，行事冲动，对自己充满自信，精力旺盛，喜欢发表意见和见解。

喜欢的活动：喜欢领导和影响别人，或为达到个人或组织的目的而说服别人，成就一番事业。

喜欢的职业：总体来讲，喜欢那种需要运用领导能力、人际能力、说服能力来达成组织目标的职业。如商业管理者、市场或销售经理、营销人员、采购员、投资商、电视制片人、保险代理、政治运动领袖、公关人员、律师。

(4) I 岛——研究型。

总体特征：独立自主，好奇心强烈，敏感，并且慎重，重视分析与内省，爱好抽象推理等智力活动。

喜欢的活动：喜欢独立的活动，比如独自去探索、研究、理解、思考那些需要严谨分析的抽象问题，独自处理一些信息、观点及理论。

喜欢的职业：总体来讲，喜欢以观察、学习、探索、分析、评估或解决问题为主要内容的工作。如实验室工作人员、物理学家、化学家、生物学家、工程师、程序设计员、社会学家。

(5) R 岛——现实型。

总体特征：个性平和稳重，看重物质，追求实际效果，喜欢实际动手进行操作实践。

喜欢的活动：愿意从事事务性活动，如户外劳作或操作机器，而不喜欢待在办公室里。

喜欢的职业：总体来讲，喜欢与户外、动植物、实物、工具、机器打交道的工作内容。如农业、林业、渔业、野外生活管理业、制造业、机械业、技术贸易业、特种工程师、军事工作。

(6) S 岛——社会型。

总体特征：洞察力强，乐于助人，善于合作，重视友谊，热情关心他人的幸福，有强烈的社会责任感，总是关心自己的工作能对他人及社会做多大贡献。

喜欢的活动：喜欢与别人合作的活动，帮助别人解决困难。

喜欢的职业：总体来讲，喜欢帮助、支持、教导类工作。如牧师、心理咨询员、社会工作者、教师、辅导员、医护人员、其他各种服务行业人员。

你可能会发现你对其中两个小岛都很喜欢，那是因为对大多数人来说并非只有一种取向(比如，一个人的取向中很可能是同时包含着社会取向、实际取向和研究取向这三种)。霍兰德认为，这些取向越相似，相容性越强，则一个人在选择职业时所面临的内在冲突和犹豫就会越少。当我们选择职业的时候，只有当人格和职业匹配度最高时，才会产生最高的满意度和最低的流动率。

二、分析自我性格特点

美国的凯恩琳·布里格斯(Kaneline Briggs)和她的女儿伊莎贝尔·布里格斯·迈尔斯(Isabel Briggs Myers)研制了迈尔斯-布里格斯类型指标(MBTI)。这个指标以瑞士心理学家荣格(Gustav)划分的 8 种类型为基础，加以扩展，形成 4 个维度，如图 1-6 所示。

4 个维度如同 4 把标尺，每个人的性格都会落在标尺的某个点上，这个点靠近哪个端点，就意味着个体有哪方面的偏好。如在第一维度上，个体的性格靠近外倾这一端，就偏外倾，而且越接近端点，偏好越强。具体类型如图 1-7 所示。

维度	类型	相对应类型英文及缩写	类型	相对应类型英文缩写
注意力方向（精力来源）	外倾	E (Extrovert)	内倾	I (Introvert)
认知方式（如何收集信息）	实感	S (Sensing)	直觉	N (Intuition)
判断方式（如何做决定）	理智	T (Thinking)	情感	F (Feeling)
生活方式（如何应对外部世界）	判断	J (Judgment)	理解	P (Perceiving)

外倾型与内倾型的特征比较

外倾型（E）	内倾型（I）
与他人相处时精力充沛	独处时精力充沛
行动先于思考	思考先于行动
喜欢边想边说出声	在心中思考问题
易于"读"和了解；随意地分享个人情况	更封闭，更愿意在经过挑选的小群体中分享个人的情况
说的多于听的	听的比说的多
高度热情地社交	不把兴奋说出来
反应快，喜欢快节奏	仔细考虑后，才有所反应
重于广度而不是深度（心理能量的获得途径和与外界相互作用的程度）	喜欢深度而不是广度（心理能量的获得途径和与外界相互作用的程度）

实感型与直觉型的特征比较

实感型（S）	直觉型（N）
相信确定和有形的东西	相信灵感或推理
对概念和理论兴趣不大，除非它们有实际的效用	对概念和理论感兴趣
重视现实性和常情	重视可能性和独创性
喜欢使用和琢磨已知的技能	喜欢学习新技能，但掌握之后很容易就厌倦了
留意具体的、特定的事物；进行细节描述	留意事物的整体概况、普遍规律及象征含义；用概括、隐喻等方式进行表述
循序渐进地讲述有关情况	跳跃性地展现事实
着眼于现实	着眼于未来，留意事物的变化趋势，惯于从长远角度看待事物
喜欢深度而不是广度（接受信息上）	重于广度而不是深度（接受信息上）

理智型与情感型的特征比较

理智型（T）	情感型（F）
退后一步思考，对问题进行客观的、非个人立场的分析	超前思考，考虑行为对他人的影响
重视符合逻辑、公正、公平的价值；一视同仁	重视同情与和睦；重视准则的例外性
被认为冷酷、麻木、漠不关心	被认为感情过多，缺少逻辑性，软弱
认为坦率比圆滑更重要	认为圆滑比坦率更重要
只有当情感符合逻辑时，才认为它可取	无论是否有意义，认为任何感情都可取
被"获取成就"激励	被"获得欣赏"激励
很自然地看到缺点，倾向于批评	惯于迎合他人，看重维护人脉资源

图 1-6　迈尔斯-布里格斯类型指标(MBTI)

判断型与理解型的特征比较

判断型（J）	理解型（P）
做了决定后最为高兴	当各种选择都存在时，感到高兴
有"工作原则"：工作第一，其次是玩(如果有时间的话)	"玩的原则"：现在享受，然后再完成工作（如果有时间的话）
建立目标，准时完成	随着新信息的获取，不断改变目标
愿意知道它们将面对的情况	喜欢适应新情况
看重结果（重点在于完成任务）	看重过程（重点在于如何完成工作）
满足感来源于完成计划	满足感来源于计划的开始
把时间看作有限的资源，认真地对待最后期限	认为时间是可更新的资源，而且最后期限也是有收缩的

图 1-6　迈尔斯-布里格斯类型指标(MBTI)(续)

代码	名称	代码	名称	代码	名称	代码	名称
ISTJ	物流师型人格	ISFJ	守卫者型人格	INFJ	提倡者型人格	INTJ	建筑师型人格
ISTP	鉴赏家型人格	ISFP	探险家型人格	INFP	调停者型人格	INTP	逻辑学家型人格
ESTP	企业家型人格	ESFP	表演者型人格	ENFP	竞选者型人格	ENTP	辩论家型人格
ESTJ	总经理型人格	ESFJ	执政官型人格	ENFJ	主人公型人格	ENTJ	指挥官型人格

图 1-7　维度偏好

三、合理描述自我能力技能

能力是人们顺利实现某种活动的心理条件，它不仅包含了一个人现在已经达到的水平，而且包含了一个人所具有的潜力。技能是人们通过后天学习和练习而获得的能力，通常表现为某种动作系统和动作方式。

STAR 法则是情境(situation)、任务(task)、行动(action)、结果(result)4 个英文单词的首字母组合。STAR 法则是一种常常被面试官使用的工具，用来收集面试者与工作相关的具体信息和能力。当然，我们也可以利用 STAR 法则分析个人技能，作为自身职业选择的一项参考，如图 1-8 所示。

图 1-8　STAR 法则

第三节　大学生职业生涯规划

职业生涯规划，对大学生而言，就是在自我认知的基础上，根据自己的专业特长、知识结构，结合社会环境与市场环境，对将来要从事的职业以及要达到的职业目标所做的方向性的方案。

一、大学生职业生涯规划的现状和特点

目前，很多高校毕业生在择业、就业方面存在着非常大的盲目性，在求职时对该职位的职业发展、个人能力与职业是否匹配不关心，甚至没有充分考虑自己的专业、特长、爱好与优势，普遍对未来职业生涯规划的发展缺乏明确的目标。我国大学生职业生涯规划具有如下特点。

(1) 大学生的职业生涯规划观念比较淡薄。大学生要有一个良好的心态，根据职业目标脚踏实地地去努力。但是当前许多大学生缺少自我规划意识，眼高手低，对自己的能力评价多数时候与招聘单位给出的评价不吻合。

(2) 大学生的自我意识能力不足。目前很多大学生的自我认识不够全面准确，很多大学生择业时仅凭兴趣爱好，没有考虑自身的专业与能力，对自身周边的环境缺少分析。职业生涯规划与现实脱节，过多的纸上谈兵，缺少亲身实践。另外，大学生的择业受父母影响较大，对职业生涯规划机构了解不足或认可度低，不明白自己想要的是什么，该如何去做没有自己的见解认识，说到底就是没有正确地认识自己。

(3) 缺少职业生涯规划的指导。大学生本应在进入大学的时候就要开始为未来的职业生涯发展做好规划，确立目标，实施计划，在实践中不断完善自我。如今很多高校的就业指导课只把就业辅导看作学生工作的一部分，对学生的职业指导程度不够。高校应从学生入学时就开始进行引导和培训，根据学生的不同阶段做出相应的调整，以便为大学生职业生涯规划的发展打下良好基础。

二、大学生职业生涯规划制定的原则

大学生在进行职业生涯规划时，应遵循以下基本原则。

1. 职业生涯规划应与社会需求相结合

择业是一种社会活动，它必定受到社会的制约，如果择业脱离社会需求，将很难被社会接纳。职业生涯规划要把握社会对人才需求的动向，以社会需求作为出发点和归宿。这样的职业生涯规划才有现实性和可行性。

2. 职业生涯规划应与所学专业相结合

每一个大学生都有自己的专业，每一个专业都有一定的培养目标和就业方向，经过大学阶段的学习，大学生都具有某一领域专业的知识和技能，这是每一个人的优势所在。而且用人单位在招聘过程中，首先要考虑大学生所学的专业。因此，大学生在进行职业生涯规划时，应以所学专业为依据。否则，如果所从事的职业不是自己所学的专业，在参加工作后就要重新补课，这无形中为自己的工作和生活增加了许多负担，对个人职业发展是极为不利的。

3. 职业生涯规划应与提高综合能力相结合

知识经济时代是崇尚创新、充满创造力的时代，应养成推陈出新、追求创意和以创新为荣的意识，要有广博的视野、掌握创新知识以及善于开创新领域的能力；树立终身学习的思想观念，不断更新知识结构，有针对性地"充电"，以适应瞬息万变的形势，跟上时代发展潮流；应注重个性发展，要用知识探索未知，解决问题，创造机会与财富，成为社会的强者。在此过程中，还应承认个人智慧具有局限性，懂得自我封闭的危险性、团结协作的重要性，才能以合作伙伴的优势弥补自身的缺陷，增强自身力量，在各种人际环境中有良好的沟通能力，与他人友好合作，才能更好地应对知识经济时代的各种挑战。

4. 职业生涯规划应与增强身心健康相结合

千变万化的社会要求大学生要有健康的体魄和良好的心理素质。古希腊哲学家赫拉克利特曾指出，如果没有健康，智慧就难以体现，文化就无从施展，力量就不能战斗，财富将变成废物，知识也无法利用。在人生选择与实践过程中，应培养和锻炼自己对挫折的承受能力和情绪的调控能力，增加生活的磨炼与体验，以正确的人生态度对待困难和挫折。

三、大学生职业生涯规划的具体方法

大学生职业生涯规划的方法主要有以下几种。

(一)SWOT 分析法

SWOT 分析法是管理学中一个常用的分析工具，S 代表优势(strength)，W 代表弱势(weakness)，O 代表机会(opportunity)，T 代表威胁(threats)。其中，S、W 是内部因素，O、T 是外部因素。一般来说，对自身的职业以及职业发展问题进行 SWOT 分析时，应遵循以下 6 个步骤。

1. S 和 W：优势和弱势(评估自己的优势和弱势)

不管是从遗传学的角度，还是从后天成长环境来分析，都注定了每个人的气质类型不同，性格特征各异，天赋、能力也会不同，但是每个人都会有自己擅长的领域。另外，从环境来考虑的优势和弱势也是非常重要的。因此，优势和弱势主要从以下几个方面考虑：个性特征方面、主要经历和体验分析、教育背景分析、成功和失败的事件分析等。

找出我们的弱势和找出我们的优势同样重要，我们可以基于自己的优势和弱势做两种选择：一是努力弥补自己的弱势；二是努力发扬自己的优势。

2. O 和 T：机会和威胁(评估行业的机会和威胁)

每一个行业在发展中都存在机会和威胁，了解清楚你向往的行业所存在的机会和威胁，将协助你成功地进入使自己的能力充分发挥的领域。因此，在决策之前，先列出自己感兴趣的一两个行业，然后认真地评估这些行业所面临的机会和威胁。

3. 列出今后 3—5 年内个人的职业目标

列出自己从学校毕业后 5 年内最想实现的 3—5 个职业目标，这些目标可以包括你想从事哪一种职业、做到什么样的层次、希望自己拿到的薪水有多少等，并列出这些职业目标对个人和环境的要求。

4. 选择和自己的优势以及外部机会最匹配的职业目标

在了解了自己的优势、弱势及外部环境的机会和威胁以后，需要我们发挥优势因素，克服弱点因素，利用机会因素，化解威胁因素，才能够做出效益最大化的决策。

(1) S/O 对策(最大与最大对策)，即着重考虑优势因素和机会因素，目的在于努力使这两种因素都趋于最大。

(2) S/T 对策(最大与最小对策)，即着重考虑优势因素和威胁因素，目的是努力使优势因素趋于最大，使威胁因素趋于最小。

(3) W/O 对策(最小与最大对策)，即着重考虑弱势因素和机会因素，目的是努力使弱势因素趋于最小，使机会因素趋于最大。

(4) W/T 对策(最小与最小对策)，即考虑弱势因素和威胁因素，目的是努力使这两个因素都趋于最小。

S/O 对策是四大策略中最重要的，因为很多劣势是难以弥补的，与其着重弥补劣势，还不如突出优势。因此在几个自己感兴趣的职业目标中选择与 S/O 对策最匹配的职业目标，这样自己的努力也将更容易得到回报，事半功倍。

5. 列出一份今后 3—5 年的职业行动计划

再美好的愿望只有付诸行动才能成为现实。这一步主要涉及一些具体的内容，尤其应当包括的是要达到自己的职业目标而需要提高的内容。制订一份实现最匹配的职业目标的行动计划，并且详细地说明需要做的每一件事，以及完成这件事的时间节点。

6. 寻求帮助

发现了自己的弱势以及制订了自己的行动计划以后，有时候需要周围的人来帮助你改善自身的弱势，而协助和监督以及及时的反馈信息，对于弱势的改善以及计划的顺利实施都有很大帮助。因此，你还需要外界的帮助，包括父母、朋友、配偶、专业咨询人员等。

(二)"五步法"

许多职业咨询机构和心理学专家进行职业咨询和职业规划时常常采用的一种方法就是

有关 5 个 "W" 的思考的模式,从问自己是谁开始,然后依次问下去,共有以下 5 个问题。

第一个问题:"我是谁?",针对这个问题自己应该进行一次深刻的反思,有一个比较清醒的认识,将自己的优点和缺点一一列出来。

第二个问题:"我想干什么?"这个问题是对自己职业发展的一个心理趋向的检查。每个人在不同阶段的兴趣和目标并不完全一致,有时甚至是完全对立的,但随着年龄和阅历的增长会逐渐固定,并最终锁定自己的终身理想。

第三个问题:"我能干什么?"这个问题则是对自己能力与潜力的全面总结,一个人职业的定位最根本的还要归结于他的能力,而职业发展空间的大小则取决于他的潜力。对于一个人潜力的了解,应该从几个方面着手去认识,如对事的兴趣、做事的韧性、判断力以及知识结构是否全面、是否及时更新等。

第四个问题:"环境支持或允许我干什么?"这种环境支持在客观方面包括本地的各种状态,如经济发展、人事政策、企业制度、职业空间等,人为主观方面则包括同事关系、领导态度、亲戚关系等,这两方面的因素应该综合起来进行分析。

明晰了这四个问题,就会从各个问题中找到对实现有关职业目标有利和不利的条件,列出不利条件最少的、自己想达到而且又能够达到的职业目标,那么第五个问题:"自己最终的职业目标是什么?"自然就有了一个清楚明了的框架。

四、撰写大学生职业生涯规划书

职业生涯规划的内容和结果不应只停留在脑海里,而应该在规划过程中和规划后形成文字性的方案。一份完整有效的职业生涯规划书大致包括以下内容。

1. 标题

标题包括姓名、起止日期、规划年限和年龄跨度等。规划年限不分长短,可以是一个季度、一年或一个学年度、3 年、5 年,甚至更长,要视个人需要而定。

2. 职业方向及目标

职业生涯发展路径一般分为行政管理型、专业技术型和自我创业型 3 条,个体选择从哪条路径发展,一定要结合实际,综合考虑自身的能力、兴趣、性格以及社会环境等因素,反复权衡利弊再予以确定。在选择发展路径过程中,可以反复询问自己以下 3 个问题。

(1) "我想干什么?"——解决我想往哪一条路径发展的问题。

(2) "我可以干什么?"——解决我可以往哪些路径发展的问题。

(3) "我能干什么?"——解决我适合哪一条路径发展的问题。

3. 自我评估

自我评估包括对自己的兴趣、性格、专业技能和职业价值观等的分析,同时也要考虑可能对自己职业生涯发展有重要影响的一些人的建议和家庭情况等。自我了解的方法有反思自省法、他人评议法、社交比较法、心理测试法、专家咨询法等。

4. 社会环境分析

社会的政治环境和经济环境对我们的职业生涯乃至人生发展都有重大影响。我们只有通过对社会大环境的分析，了解所在国家或地区的政治和经济的发展方向，才能找到各种发展机会。

5. 职业环境分析

职业环境分析主要是对目标行业、用人单位(企业)和职业的分析。如对目标行业的发展现状和发展趋势、用人单位的制度、组织(企业)文化、企业产品和服务、发展领域等的分析。

1) 行业环境分析

行业环境分析就是对自己将来想从事的目标行业的环境进行分析，分析内容包括行业发展现状、目前行业优势与问题所在、行业发展前景预测等。比如，这个行业是一个逐渐萎缩的夕阳行业，如资源耗费大、造成环境污染的小型采矿业；还是一个蓬勃发展的朝阳行业，如旅游业、保险业、管理咨询行业。

2) 企业分析

企业分析包括企业在本行业和新的发展领域中的地位和发展前景，企业产品及其在市场上的发展前景、企业领导人的抱负、企业文化和企业制度等，特别是企业的用人制度。

3) 职业分析

职业分析包括所选职业在社会环境中的发展过程和目前的社会地位，社会发展趋势对职业的影响，所选职业的需求情况、工作内容、对从业人员的素质要求等，通过对外部环境进行分析，可以知道环境允许自己做什么。

6. 目标决策及目标分解

确定目标时要树立目标阶梯意识，目标太高、太远，容易令人失去信心；目标太低，又不利于激发人的潜能。大学生处于职业生涯的准备期，心智上的不成熟导致选择存在盲目性和不稳定性。同时，大学生又具有很强的可塑性，所以大学生在目标设定时要把关注点放在工作能力、工作成果、心理特质和树立新观念等目标上，以期带动工作内容、职务、经济收入、工作环境和地点等目标的发展。

在做目标决策时，可运用上述的 SWOT 分析法、"五步法"，根据前面的自我评估和对环境的分析，对照内外的优劣因素，进行客观合理的分析，从而做出明智的选择。

对于职业，谁都希望立刻找到适合自己发展的企业(组织)和岗位，但这常常需要经历长时间的努力和期待，才能逐渐找到适合自己发展的职业。目标渐进实现的情况在现实生活中更为普遍，所以要对目标进行分解和组合。目标分解是将目标清晰具体化的过程，是将目标量化成可操作的实施方案的有效手段。

当然，人生除了职业生涯目标外，还有婚姻、家庭、财富、健康等诸多目标，这些问题都直接影响着事业发展和生活质量。所以，在制定职业生涯目标时也要注意兼顾这些因素，统筹安排，以期均衡发展。

7. 实施方案

当我们确定了职业生涯目标后，就要明确自身现实状况与实现目标要求之间的差距，包括思想差距、观念差距、能力差距等。根据目标制定相应的具体实施方案，以缩短差距，使目标实现成为可能。实施方案的内容包括教育培训计划、实践计划、缩小差距的措施等。大学生要根据自身实际情况和社会发展趋势，不断地设定新的可操作的近期目标。比如，大学一年级的时候应该怎么做，力求实现怎样的短期目标；大学二年级又该执行什么方案，本年级结束时需要达到的预期效果是什么……毕业当年有什么具体举措，如何向自己的初次就业的方向和目标靠拢；等等。

8. 反馈修正

俗话说："计划赶不上变化。"影响职业生涯规划的因素很多，有的变化因素是可以预测的，而有的变化因素则难以预测。因此，要使职业生涯规划行之有效，就需要时时审视内外环境的变化，找出差距，并且调整自己的前进步伐，不断地对职业生涯设计进行评估与修正。针对大学生职业生涯规划的内容，其修正的主要内容包括职业目标的新选择、职业生涯发展路线的选择、阶段目标的修正、实施措施与计划的变更等，重点是阶段目标的修正和实施措施与计划的变更。像经营企业一样来经营自己的职业生涯，用"目标管理"不断修正自己，使你的人生立于不败之地。

【案例分析】

见习，梦想实现的助推器

小 C，23 岁，大专学历，从部队退役后，曾在一家教育培训机构做过半年的课程顾问，但他因公司"双减"政策出现经营问题，被迫辞职。来寻求帮助前，小 C 刚辞去保安押运工作，岁月的流逝让他倍感焦虑，自己的梦想似乎越来越难以实现，心中甚是不甘。原来从小喜欢绘画的他一直想从事美术设计类相关职业，但是缺乏系统的专业培训和从业经历，投递出去的简历，如石沉大海，杳无音信。他也曾想通过参加专业的社会培训机构，提高技术，但不菲的培训费用让家境困难的他望而却步。小 C 如何才能实现职业目标呢？职业指导师从以下 3 个方面助力小 C 破解就业难题。

一、推荐职业见习，加码职业竞争力

小 C 有着自己的职业理想，然而缺乏相应的工作经验，在市场化的企业招聘中，明显处于劣势，多次的求职失败几乎磨灭了他的自信心。小 C 在坚持梦想和随波逐流中摇摆不定。职业指导师根据小 C 的情况，向他推荐了青年职业见习。

"青年职业见习计划"是上海市人力资源和社会保障局针对年龄在 16—35 周岁的本市户籍未就业人员、本市高等学校和中等职业学校全日制毕业学年学生推出的一项助业政策，旨在为见习学员提供在"真实工作情境"下学习的机会。政府通过选择沪上优质企业作为青年见习基地，在合理的培训计划和经验丰富的带教老师引导下，帮助见习学员提升职业素养，增强就业竞争力。

小C对美术设计充满了憧憬和向往，也为此做了一些准备，但是小C的这些准备并未得到市场的验证，如果小C能够进入见习岗位，在真实工作情境的磨炼下，可以更深刻、直观地了解美术设计，提升工作技能，进而打通实现职业理想的通道。

二、盘点过往经历，探寻与见习岗位的匹配点

指导师运用叙事咨询技术，盘点小C的过往经历，挖掘其自身特点与岗位任职要求的契合点，进一步厘清其求职动机。

从小喜欢画画的小C，虽然没有经过专业培训，但中学时期，其美术作品曾被选中，代表学校参加比赛，并获奖。在中学及两年的部队服役期间负责班级板报，从起草文案到板报的版面设计得心应手，多次获得主管部门和战友们的好评和嘉奖。在入伍之前，他精通很多游戏，曾做过游戏代练手，能熟练操作Photoshop软件，略懂3D模型建构。

通过梳理，小C看到了自己与见习岗位所需能力的匹配点，提高了求职信心，把见习目标锁定在了某科技公司的游戏美术设计见习员。

三、运用STAR原则，展现就业优势

通过对企业、岗位和自我的盘点后，职业指导师运用STAR原则帮助小C有针对性地进行简历撰写和面试准备。所谓STAR原则，即通过结构化的分析，有序地梳理出自己与工作有关的知识、经验和技能，以及工作风格和性格特点等。

以部队板报设计为例，讲解如何介绍任务背景和目的，重点描述如何根据不同的情景收集资料，推理和细化差异性的板报主题，将任务融入设计之中，呈现特色性的板报。在用数据、事实展现过往经验的过程中，突出沟通力、理解力、执行力，尤其是手绘技巧、创新意识及软件使用能力；在结果上突出多次获奖的优秀业绩，并剖析其成因。

为了提升面试成功率，职业指导师帮助小C模拟面试情境，对自我介绍、面试问答等环节做了进一步深入细致的演练。

功夫不负有心人，小C如愿入职意向的某科技公司，从事游戏美术设计工作。

小C的情况，也是很多缺乏经验的职场小白、欲转型的青年人常常面临的困境："没有工作经验找不到工作，找不到工作永远不会有工作经验。"青年职业见习计划是打破这个怪圈的有力工具。与市场化的企业招聘相比，见习岗位对应聘者的工作经验和技能要求较低。小C通过职业见习，既能给自己的简历"添砖加瓦"，又提高了实践技能，打通了实现职业目标的"最后一公里"，另辟了一条通往职业梦想的路径。

(资料来源：本书作者整理编写)

【知识拓展】

兴趣的故事

一、遵父命上北大，没兴趣痛不欲生

2008年8月，顶着如火的骄阳，周某踏上了去往北京的火车。

当年高考，周某考出了660多的高分，他是西部某省理科前5名。本来他想报考北京航空航天大学，但这个想法遭到了家人、老师的一致反对。"我从小就喜欢拆分机械，航

空航天大学比较对我的胃口。"但是,周某最终还是妥协了,"当时还小啊,再有主见也还是听家长的。"没想到,当年的妥协竟困扰了他两年多。

到了北京大学,周某以为可以有一个新的开始,会慢慢适应这里的生活。事实证明,他错了。不感兴趣的专业让周某痛不欲生,每天接受的纯粹的理论知识更让他头脑发胀,对于未来他变得非常迷茫。一开始,周某认为问题的关键在于自己适应环境的能力太差,于是他尝试了各种办法让自己习惯这种学习氛围。他去旁听本校工学院和其他高校工科的课,却发现这些课基本上也是纯理论,而实践操作课只有本院的学生才能去上。然后,他开始计划转院,但这并不是一件容易的事。接二连三地遭受打击之后,周某开始陷入了绝望。

二、休学一年体验人间冷暖,选择转校艰难说服父母

第一年的尝试失败了,于是,他决定大二先休学一年。到了深圳,周某觉得自己应该认真规划一下自己的未来。休学期间,他当过电话接线员,做过流水线工人,没有一技之长又不擅长交际的周某感受到了社会的残酷。周某以为初入社会的挫败感让自己能喜欢上北京大学的生活,静下心来学习,能再次接受自己不喜欢的专业。然而,重新回到校园时,周某比以前更加不适应,他越来越觉得自己实在不适合学习这门专业。

在旁听、转院、逃避都没有解决问题的情况下,周某开始打起了转校的"算盘"。从大一开始,他就在网上对中国的一些技师学院进行了了解,并且还去看德国数控技术方面的网站,对比了中国与德国这方面的差距,初步对中国的数控市场进行了判断:"我觉得中国是比较缺知识技能复合型人才的,就像德国很多技术工人都是高学历,而中国的技术工人基本上学历都不高。"

了解了自己高学历的优势后,周某开始选择适合他的学校:"在网上搜到了北京工业技师学院,这个学校的水平在行业内是领先的。既然想学点技术,尤其是数控技术,那这里就是最好的地方。"

但他这种想法起初不被家人、朋友认可。经过和家长认真交流,终于得到父母的支持,周某觉得自己离梦想近了一大步。周某说:"我一直比较在乎别人的看法,但是如果一辈子都要做自己不喜欢的事,你的一生就毁了,如果我过得很精彩,总有一天,我可以证明给当初质疑自己的人看。"

三、转校成功重拾学习热情,不后悔选择,淡定面对未来人生

2011年冬天,周某从海淀区搬到了朝阳区,从北京大学来到了北京市工业技师学院,开始了人生新的起点。

考虑到周某之前有一定的操作基础,学校没有让他从基础课学起。为了让周某接受更大的挑战,学校安排他直接进入了技师班,小班授课,并且给他配备了最好的班主任。这种小班式、面对面地和老师交流的教学,让他找到了很强的归属感。

除了学院的培养,找到兴趣点后的周某重新拾回了对学习的热情,这让他在这里得以大显身手。"大学的生活很自由,而技师的生活就是'朝八晚五',一切都靠自律。"实验室十几台瑞士进口的数控机器,老师面对面地亲自指导,直接上手的机器操作,这一切

都令周某兴奋不已。由于之前没有接触过数控技术,而别的同学都已经学了两年,为了赶上大家的进度,他学得格外认真。"每天都把老师教过的技术重复练习,有不懂的就及时问。"很快,周某便成了小班中项目完成速度最快、质量最好的学生。

周某的努力没有白费。凭借北京大学的理论基础和北京市工业技师学院的技术学习,周某慢慢朝着自己努力的知识技能复合型人才的道路发展,他成了学院最优秀的学生之一。尽管有很多企业向周某伸出橄榄枝,但对于未来,周某有自己的设想:"现在还不想就业,我还是想继续深造,对数控技术了解得越深,我就越觉得自己学得太少,还是要再多充充电。"

"我所学的技术在人们的生活中起着很大的作用,我不会后悔自己的选择,而且'三百六十行,行行出状元',每个人只要在适合自己、自己感兴趣的岗位上工作,都会很强大的!"周某说。

(资料来源:本书作者整理编写)

百度前副总裁李某:职业生涯真的可以被规划吗?

2016年12月,百度花1亿元收购公众号"李叫兽",并聘请25岁的李某为副总裁。2018年4月,李某从百度离职,网上的言论甚嚣尘上。

2016年,公众号"李叫兽"曾发过一篇《职业生涯真的可以被规划吗?》的文章,对照文章,分析一下他的职业生涯规划,十分有意思。文中,他将不靠谱的职业生涯规划分为以下4类。

(1) 自由派:相信机遇,否定努力。
(2) 计划派:详细计划,机械执行。
(3) 迷茫派:没有规划,充满焦虑。
(4) 灵修派:只要积极,总会成功!

这种分类比较粗糙,但确实指出了很多人思想认知上的错误。

比如,自由派有许多文章鼓吹努力无用,普通人改变人生全靠机遇。下面来看一个普通人当上唐朝宰相的反例。

孤儿马周,家境贫寒,喜好学习,西游长安,30岁还作为宾客寄居在中郎将常何家中。一次,唐太宗让百官讨论朝政得失,常何让马周代笔,其文章让唐太宗惊艳,被召入宫中长谈,安排进门下省。其后仅13年,升任中书省最高长官中书令(宰相)。

自由派会觉得这是机遇导致了成功,而忽视了马周为何能写出令唐太宗欣赏的文章。

而像那些"30岁年薪不过20万元,还在投简历的人有多失败"往往就是计划派。他们过于重视计划和步骤,而忽视了世界的复杂多样和变化不居。

按这种理论,72岁还一事无成的姜子牙是彻底失败的,而12岁就被拜为上卿的甘罗则足以封神,可事实显然不是如此。人生是一场长跑,你永远不知道会遇到什么。

迷茫派则普罗大众居多,感到焦虑,而又无力改变;灵修派则找到信仰出路,相信只要保持积极乐观的心态,事情总会好的。

文章指出,正确的职业规划要遵循以下3项基本原则。

(1) 寻找缺口：对未来有洞察，不随大溜，不锦上添花，而要雪中送炭。

(2) 扬长避短：发挥优势，而不是弥补短处，在能发挥自身优势的领域中做事。

(3) 行动协同：制定彼此协调配合的战略性目标，砍掉不协同的。

看到别人还没看到或在意的商机，才能抢占先机；将自己擅长的发挥到极致，才能打造核心竞争力；定下能互相促进支持的战略性目标，才能形成合力。

李某发现自己擅长读书总结，就抓住自媒体内容创业的缺口，每周深度思考一个营销问题，写一篇文章；同时，他定下商业分析自媒体、写书和做互联网项目三大协同和加强的策略，这使得他声名鹊起，一跃而成为亿万富翁和百度最年轻的副总裁。

李某存在专业度不高、实战能力弱的缺点，理论研究不如学院派，实际操作不如实战派，尽管在自媒体内容输出方面他远超前两者。

加盟百度最终以离职告终，这似乎是一种必然，但并不意味着是一件坏事。

表面上看，他放弃了自己的优势，去做实践，但长远来看，这将是他宝贵的经历，通过百度这类顶级公司的高管经验，他可以将对理论的理解推到一个新的高度。

"纸上得来终觉浅，绝知此事要躬行。"李某即使在百度遭遇失败，也绝对不是他的滑铁卢，他随时有东山再起的机会，也具备了比之前更为强大的能力。

不是所有人都能成为李某，但他的职业生涯规划，确实可以为我们提供很多借鉴。通过职业生涯规划，你或许不会成为下一个李某，但终会拥有更加美好的自己。

(资料来源：本书作者整理编写)

【本章小结】

职业生涯规划对大学生具有重要意义。大学生应该尽早认清自己，制定职业目标，根据职业目标科学制订实施计划。科学的职业生涯规划可以使自己坚定有序地度过大学生活，步伐从容地走向社会；可以使大学生以实现终极目标为目的，顺利走上工作岗位，开启职业征程，脚踏实地地走向成功。

计划固然好，但最重要的在于付诸实施并取得成效。时时刻刻都不能忘记，任何目标，只说不做，到头来只是一场空。然而，现实是未知多变的，制订的目标计划随时都可能遇到问题，所以要求大学生要有清醒的头脑。一个人若要获得成功，必须拿出勇气，付出努力，拼搏、奋斗。职业生涯规划的目的，绝不只是帮助个人按照自己的资历条件找到一份合适的工作，实现个人目标，更重要的是帮助个人真正了解自己，为自己定下事业大计，筹划未来，进一步详尽估量主、客观条件和内、外环境的优势与限制，在"衡外情、量己力"的情形下，确定出符合自己特点的合理而又可行的职业生涯发展方向。每个人都有自己的奋斗目标，既然已经制定了，就要勇敢地向它迈进，才能不负职场生涯。

第二章 职业道德

"国无德不兴,人无德不立。"人生在世,最重要的有两件事:一是学做人;二是学做事。道德是做人做事以及成人成事的底线,是人们共同生活及其行为的准则与规范。"罪莫大于无道,怨莫深于无德。"

职业道德是大学生职业发展的根本,也是大学生职业素养的根基。在大学生职业发展的不同阶段,职业道德发挥着不同的重要规范作用。现代社会与职业市场的迅速变化对大学生提出了更高的职业道德要求。加强职业道德基本知识和规范的学习与修养,可以帮助大学生进一步树立正确的职业观,培养优良的职业素养,坦荡地驰骋于职业疆场。

【学习目标】
- 了解道德的概念、基本内容。
- 了解职业道德的基本内容。
- 了解社会主义职业道德的基本要求。
- 掌握职业道德的行为规范。

第一节 职业道德概述

一、道德概述

了解了道德的概念及基本内容,就会对道德有一个基础的认识。

(一)道德的概念

"道"是万物万法的本源;"德"是顺应自然的行为。"道"是在承载一切;"德"是在昭示道的一切。大道无言,而德则是道的具体体现。

道德保证了人类文明的建立,其传承也离不开家庭、学校、社会、劳动和创造。道德是人类生活所特有的,以善恶为标准,依靠宣传教育、社会舆论、传统习俗和内心信念来调整人与人、人与社会、人与自然关系的行为规范的总和。简单地说,道德就是讲人的行为"应该怎样"和"不应该怎样"的问题。

(二)道德的基本内容

人们的社会生活可以分为社会公共生活、职业生活和婚姻家庭生活三大领域,与此相适应,就分别形成了社会公德、职业道德和家庭美德三种道德。

1. 社会公德

社会公德是指存在于社会群体中间的道德，是生活于社会中的人们为了群体的利益而约定俗成的我们"应该做什么"和"不应该做什么"的行为规范。社会公德在本质上是一个国家、一个民族或者一个群体在历史长河中、在社会实践活动中积淀下来的道德准则、文化观念和思想传统。它对维系社会公共生活和调整人与人之间的关系具有重要作用。与"私德"相对，这里的"公德"是指与国家、组织、集体、民族、社会等有关的道德；而"私德"则指个人品德、作风、习惯以及个人私生活中的道德。

社会公德的主要内容：文明礼貌、助人为乐、爱护公物、保护环境、遵纪守法。

2. 职业道德

职业道德是从事一定职业劳动的人们，在特定的工作和劳动中以其内心信念和特殊社会手段来维系的，以善恶进行评价的心理意识、行为原则和行为规范的总和，它是人们在从事职业的过程中形成的一种内在的、非强制性的约束机制。

职业道德的主要内容：爱岗敬业、诚实守信、办事公道、服务群众、奉献社会。

3. 家庭美德

家庭美德是指家庭成员之间以及与家庭成员有血缘关系的亲属之间的行为规范的总和。家庭美德是社会主义道德规范体系的重要组成部分。家庭美德的规范是调节家庭成员之间，即调节夫妻、父母同子女、兄弟姐妹、长辈与晚辈、邻里之间，调节家庭与国家、社会、集体之间的行为准则，它也是衡量人们在恋爱、婚姻、家庭、邻里之间交往中的行为是非、善恶的标准。

家庭美德的内容：尊老爱幼、男女平等、夫妻和睦、勤俭持家、邻里团结。

社会公德、职业道德、家庭美德三者既相互区别，如社会公德是社会主义道德建设的基础，职业道德是社会主义道德建设的重点，家庭美德是公民个体道德化的摇篮；又相互联系，三者结合共同构成社会主义精神文明的重要组成部分。

二、道德和法律的关系

对于道德和法律的关系，我们从以下两方面来介绍。

(一)道德和法律的区别

(1) 从道德和法律的产生、发展来看，道德要比法律的产生早得多。

(2) 从依靠力量来看，法律是由国家强制执行的，而道德则是通过社会舆论对一个人的品行发生积极的作用。

(3) 法律只干涉人们的违法行为，而道德对人们行为所干涉的范围要广泛、深入得多。例如，作为学生抄袭他人试卷或者作业等，属于不道德行为，会受到舆论谴责；但抄袭他人专利或者文章作品等，就属于违法行为，要受到法律的制裁。

(二)道德和法律的联系

(1) 从道德和法律的作用来看,以德治国和依法治国是相辅相成、互相促进的。
(2) 从道德和法律的内容来看,二者有重叠的部分。
(3) 道德和法律有相互转换、相互作用的关系。

三、职业及职业道德概述

通过职业的概念、职业道德的含义来诠释职业及职业道德。

(一)职业的概念

1. 职业

职业是指人们由于社会分工而利用专门的知识和技能,为社会创造物质财富和精神财富,获取合理报酬作为物质生活来源,并满足精神需求的工作。

2. 其他相关概念

(1) 职位:是和分配给个人的一系列具体任务直接相关的。因此,职位和参与工作的个人相对应,有多少参与工作的个人,就有多少职位。例如,小张是某俱乐部足球队的前锋。

(2) 工作:由一系列相似的职位所组成的一个特定的专业领域。

(3) 职业生涯:从经济的观点来看,职业生涯就是个人在人生中所经历的一系列职位和角色,它们与个人的职业发展过程相联系,是个人接受培训教育以及职业发展所形成的结果。

(二)职业道德的含义

做官有"官德",治学有"学德",执教有"师德",行医有"医德",经商有"商德"。恩格斯曾说过:"实际上,每一个阶级,甚至每一个行业,都各有各的道德。"

1. 职业道德的概念

所谓职业道德,是指同人们的职业活动紧密联系的并具有自身职业特征的道德准则和道德规范的总和,是行业范围内的特殊道德要求。

职业道德包括两层意思。其一,职业道德有突出的职业特征。人们在从事特定职业时,由于有共同的活动方式、共同的职业环境、共同的职业实践,并经受着共同的职业训练,形成了共同的兴趣、习惯和心理传统,产生了"应当"或"不应当"的特殊职业责任感,从而出现了调整本行业内、外部关系的特殊道德要求和行为规范,即职业道德。其二,它是社会道德在职业生活中的具体表现。职业道德一般是道德要求和道德规范的职业化。职业道德并不是独立存在的道德类型,而是一般社会道德在职业生活中的具体表现。社会道德会通过职业道德的具体形式表现出来,职业道德体现着社会道德的要求,并受到社会道德的影响和制约。

《公民道德建设实施纲要》第十六条指出:"职业道德是所有从业人员在职业活动中应该遵循的行为准则,涵盖了从业人员与服务对象、职业与职工、职业与职业之间的关系。"

2. 职业道德的特征

职业道德通常以规章制度、工作守则、服务公约、劳动规程、行为须知等形式表现出来,因此具有以下几个方面的特征。

(1) 职业道德在内容上具有专业性。职业道德的内容与职业实践活动紧密相连,反映着特定职业活动对从业人员行为的道德要求。每一种职业道德都只能规范本行业从业人员的职业行为,在特定的职业范围内发挥作用。

(2) 职业道德在操作中具有实践性。职业行为过程,就是职业实践过程,只有在实践过程中,才能体现出职业道德的水准。职业道德的作用是调整职业关系,对从业人员职业活动的具体行为进行规范,解决现实生活中的具体道德冲突。

(3) 职业道德在发展中具有历史继承性,在长期实践过程中形成,会被作为经验和传统继承下来。即使在不同的社会经济发展阶段,同样一种职业,因服务对象、服务手段、职业利益、职业责任和义务相对稳定,职业道德要求的核心内容也会被继承和发扬,从而形成被不同社会发展阶段普遍认同的职业道德规范。

(4) 职业道德在表现形式上的多样性。不同的行业和不同的职业,有不同的职业道德标准。一个人喝醉了酒,如果在家里摔东西,大撒酒疯,不过是酒后无德,最多会受到舆论和道德的谴责,但不会受到单位的处罚和法律的制裁;如果在单位影响和妨碍了自己所从事职业的正常活动,那么,他的行为就违背了职业道德,轻者要受到单位处罚,重者(造成严重事故)可能要受到法律制裁。从事司机、飞行员等特殊职业的人,在工作期间被要求不得饮酒,现在很多单位专门作为纪律要求工作日期间不得饮酒,虽然是作为纪律和法规被提出来,但同时也含有职业道德的要求和特点。

四、社会主义职业道德的基本要求及其基本特点

社会主义职业道德的基本要求及其基本特点内容如下。

(一)社会主义职业道德的基本要求

社会主义职业道德是以为人民服务为核心,以集体主义为原则,以"爱祖国、爱人民、爱劳动、爱科学、爱社会主义"为基本要求,以"爱岗敬业、诚实守信、办事公道、服务群众、奉献社会"为基本规范,以社会主义荣辱观为基本行为准则,明确反对个人主义、利己主义、享乐主义、拜金主义,并纠正职业活动中的虚伪、浮夸等欺诈行为,以形成并建立起诚实守信、言行一致的职业作风和"人人为我,我为人人"的新型职业关系。

(二)社会主义职业道德的基本特点

1. 社会主义职业道德领域具有广泛性

社会主义职业道德是社会主义道德体系的组成部分。社会主义社会的道德要求是一个

复杂的、多层次的、交叉的规范结构。纵向来看，它包括社会主义集体主义道德原则，包括以"爱祖国、爱人民、爱劳动、爱科学、爱社会主义"和"社会主义人道主义"为基本内容的道德规范，包括具有全人类性的社会公共生活规则，包括"义务""良心""荣誉""幸福""正义""价值""善恶"等道德范畴，还包括最高层次的共产主义道德的某些要求。这里，社会主义的道德原则、道德规范和道德范畴是三个不同的层次。其中，道德原则是其他一切道德规范和道德范畴的统帅，而其他一切道德规范和道德范畴都是它的具体化和补充，它决定着整个社会主义社会道德要求的性质和方向，从根本上指导如何处理人与人之间、个人与社会之间的关系。横向来看，在社会主义制度下，人们的社会生活可以分为三大领域：家庭生活、职业生活和公共生活。与此相适应，用以指导和调整个人与社会之间关系的社会主义道德规范也分为三大部分：婚姻家庭道德、职业道德和公共生活规则。正是在这个意义上，社会主义职业道德就是职业范围内社会主义道德的特殊道德要求，也就是社会主义道德在职业生活中的具体体现。

2. 社会主义职业道德的内容具有人民性

社会主义社会的职业道德，是建立在社会主义制度基础上的。社会主义社会消除了人与人之间剥削与被剥削的关系，抛弃了"人人为自己，上帝为大家"的利己主义原则，在根本上使职业利益同整个社会的利益一致，各种职业都是整个社会主义事业的一个有机组成部分。因此，各行各业可以形成共同的道德要求，其根本要求就是为人民服务。在社会主义社会里，对于从事各种职业的人来说，不论是热爱本职或者是忠于职守，都应该把为人民服务作为职业工作的出发点，并以努力满足人民的需要作为自己所从事工作的目的。例如，社会主义商业道德，强调商业工作人员要诚信无欺，对顾客主动、热情、耐心、周到，急顾客之所急，等等。所有这一切，绝不只是为了狭隘的职业利益或个人的荣誉，更重要的是为人民服务。社会主义社会的文艺工作者，对自己的技艺精益求精，既不应该是为了名利，也不应该是为了艺术而艺术，而是要力求满足人民的精神和文化的需要。简言之，社会主义职业道德把从事各种职业的人的利益同广大人民群众的利益有机地统一起来，使职业道德服从于人民的利益，也使其能够在调整人与人之间的关系上发挥前所未有的重要作用。

3. 社会主义职业道德的形成和发展具有时代性

社会主义社会的职业道德，是在以公有制经济为主体的社会主义经济基础上建立的职业道德。因此，它的主体内容不像旧的职业道德那样，可以自发形成，而是在马克思主义理论的指导下，通过社会主义社会中有觉悟的成员的努力而建立起来的。在社会主义社会中，人们从事不同的职业，在工资待遇、劳动条件等方面，还不可避免地存在着某些差别，但他们都是建设社会主义的劳动者。从事各种职业的人们，都只有分工的不同，并无高低贵贱之分。应当使从事各种职业的人都懂得，特别要使那些从事在旧社会被人看不起的职业的人懂得，在社会主义社会里，各种职业都是为人民服务，都是光荣的；各行各业都是社会主义建设事业的一部分，都是与祖国的前途、人民的利益和现代化建设密切相关的。个人只要把自己的理想、志愿和聪明才智，同为人民服务、为社会主义现代化建设做贡献的职业实践结合起来，就能使自己的生活变得丰富、充实和高尚。

4. 社会主义职业道德具有强烈的纪律性

纪律也是一种行为规范，是介于法律和道德之间的一种特殊的规范。它既要求人们能自觉遵守，又带有一定的法律强制性色彩。也就是说，一方面，遵守纪律是一种美德；另一方面，遵守纪律又带有强制性，具有法令的要求。因此，职业道德有时又以制度、章程、条例的形式表达，让从业人员认识到职业道德具有纪律的规范性。

第二节　职业道德的基本范畴

职业道德的基本范畴包括职业理想、职业态度、职业义务、职业技能、职业纪律、职业良心、职业荣誉和职业作风，是职业道德体系的重要组成部分。它是反映行业与行业之间、行业与社会之间、行业内部从业人员之间、从业人员与社会之间的最本质、最重要、最普遍的道德关系的概念。但是职业道德范畴还未形成一个完整的体系，有些概念的使用还需要借助于一般的道德范畴，如几乎所有的行业都在用"善""恶""义务""良心"等概念来评价职业行为。

一、职业理想

职业理想是职业道德的基本范畴之一。

(一)职业理想的含义

职业理想包括两层含义：一是指一定的职业所追求与向往的完善的职业道德关系以及完美的职业道德风尚；二是指一定的职业所追求与向往的从业者的完美人格。作为人类精神领域的特有现象之一的理想，是对人类及其单个个体的奋斗目标的实现可能性所做的一种设想与构想，反映着人们的信念和追求。

(二)职业理想的基本要素

职业理想包括三个基本要素：一是社会生活发展的现实可能性；二是人们的愿望与要求；三是人们对社会生活发展前景的形象化设想和构想。在此基础上，所谓职业理想，是指一定的职业道德意识、职业道德准则和职业道德规范在特定的职业和从业者人格上的实现，是从业者对符合自己意愿的职业工作的种类以及所达到的成就的追求和向往。

(三)职业理想的实现

为什么有些人总对自己所从事的职业不满意呢？其中一个重要原因就是没能处理好职业选择和职业理想的关系。处理好职业选择与职业理想的关系，对人生价值的实现具有关键性的作用。怎样实现职业理想呢？答案是：只有从社会的整体利益出发，选择社会所需要的各种各样的职业，社会才能顺利地前进和发展。只有在这个基础上，人们才能过上幸福的生活，才能逐步获得个性的全面发展，才能实现职业理想。这是社会主义的职业理想对于职业选择的总的态度。

选择职业并不仅仅取决于个人的主观意愿。马克思在17岁时就已经意识到应该把职业选择、职业理想同社会现实和社会需要辩证地结合起来。这也就是我们每一个人在选择职业、确定职业理想时所应遵循的基本方向。

二、职业态度

职业态度是职业道德的第二个基本范畴。

(一)职业态度的形成因素

从本质上讲，职业态度就是劳动态度。职业态度是从业者对社会、对其他职业和广大社会成员履行职业义务的基础。职业态度的形成因素可以分为客观因素和主观因素两大类。客观因素又包括一般社会因素和特殊因素两种。属于一般社会因素的有社会经济关系和国家的政治制度，如生产资料以公有制为主体、共同富裕的政策等。属于特殊因素的有职业群体的具体职业环境和条件，如职业的性质和内容、职业群体的社会心理和价值观念体系等。其中，最重要的是职业内容。影响从业者职业态度的主观因素包括从业者的心理特点(性别、年龄、能力、爱好等)和社会的情况(个人素质、文化程度、技术水平等)。其中，从业者的价值观念对职业态度有特殊的影响。

(二)社会主义职业态度的要求

社会主义职业态度最基本的要求是树立主人翁的劳动态度，因为在社会主义国家，从业者是国家的主人，每个从业者都要尽自己的努力对从事的职业培养积极的情感情绪，以认真负责的态度去做好本职工作。正确的职业态度，可以在平凡的工作岗位上做出不平凡的业绩。

三、职业义务

职业义务是职业道德的第三个基本范畴。

(一)职业义务的概念

一般来说，责任就是义务。职业义务就是企业和劳动者对社会、对人民群众所承担的按法律规定、道德方面应尽的责任及不要报酬的奉献。道德义务是在人们的内心信念的驱使下，自觉自愿履行的。正由于这种情况，可以说道德义务不具有强制性。履行道德义务不是为了得到权力或好处。它本身绝不是为个人捞取好处或权力，相反，它总是以或多或少的自我牺牲为前提的。例如，许多人做好事不留名，就是履行道德义务的生动表现。如果一个人从追求某种权力、贪图某种报偿的动机出发去做"好事"，即所谓"吃小亏，占大便宜",这样的行为根本不能算作履行道德义务的行为。

综上所述,所谓职业道德义务,就是人们自觉认识到的道德责任;或者说,只有那些能够用善恶进行评价的、同道德责任感相融合的、自觉自愿履行的义务,才是职业道德义务。

职业义务作为一种职责,是"应该做的"。这种"应该做的"只有变成劳动者的内心需求时,劳动者才能"自觉地履行"。一个劳动者,只要认识和理解了职业和人民赋予自己的光荣使命,具有高度的道德觉悟和高尚的道德境界,就能够在履行职业义务中获得道德自由。

(二)职业义务的特点

(1) 客观性特点。无论从业者是否意识到,只要其从事一定的职业,责任都是客观存在的,只是表现为在个体、企业、社会责任强度与范畴上的不同而已。

(2) 强制性特点。职业义务是从业者必须履行的,在一定程度上具有强制性,包括制度性强制,如法律、法规与从业准则等制度性规范,同时也存在以个人约束、舆论监督、社会评价等以道德规范为方式的非制度性软强制。职业义务的社会意义在于社会的健康发展是建立在各种职业群体和从业者履行职业责任的基础上的,职业义务是"应该做的",但只有变成从业者的内心需求时,其才能自觉地履行,而这种内心需求就是职业道德义务,是在高度的道德觉悟和高尚的道德境界的驱动下才形成的,且具有道德能动性,一旦形成就会固定并影响从业者在职业中的行为,进而能动于职业及社会。

四、职业技能

职业技能是职业道德的第 4 个基本范畴。

(一)职业技能的概念

职业技能是指从业者完成本职工作、承担职业责任所必须具备的科学文化知识、专业技术能力。职业技能作为人类改造物质世界的工具,作为职业活动的行为载体,是实现职业理想、承担职业责任的基础,没有职业技能,就无从兑现职业道德。同时,基于马克思主义的物质意识辩证观点,职业技能受职业道德的反作用,从这个意义上讲,职业技能便有了道德意义,是职业道德的特殊表达方式与实现载体。

(二)职业道德与良好职业技能的关系

职业道德不仅表现为自觉履行职业道德义务的愿望,还表现为完成职业责任的过硬本领。每个从业者不仅要把热爱科学、提高职业技能作为自己的权利,而且应该将其看作自己义不容辞的职业责任,为社会主义建设事业充分发挥自己的聪明才智。对大学生来说,只有热爱科学、提高职业技能,才有可能出色地承担职业责任,更好地为人民服务。

例如,郑州第一预备军人学校要求学员掌握"八技四能"。其中,"八技"是指精通所学专业、会开汽车、会使用计算机、会实用英语、会写应用文、会使用正规武器、会写一手规范的钢笔字、会说普通话；"四能"包括：工作应变能力、竞争取胜能力、再学习再提高能力、社会交际能力。

五、职业纪律

职业纪律是职业道德的第 5 个基本范畴。

(一)职业纪律的概念

职业纪律是一种行为规范，限制着从业者在职业生活中应遵循的秩序(制度)、执行的命令和履行的责任，它是调整从业者与职业、与社会以及职业生活中局部与全局关系的重要方式。职业纪律作为法规规范性和道德规范性的统一，是自律与他律的要求标准，表现为自觉遵守纪律和服从要求的两种因素的统一，构成社会主义职业纪律的基础。

(二)社会主义职业纪律的特性

1. 具有自觉性

社会主义职业纪律是广大从业者在利益、信念、目标完全一致的基础上所形成的高度自觉的新型纪律。这种自觉纪律是社会主义的法规性和道德性的统一。违反纪律当然要受到制裁，但维护社会主义纪律主要靠广大从业者对职业纪律的自觉认识。社会主义职业纪律的本质特征，就在于它具有高度的自觉性和深刻的道德意义，从而成为职业道德的重要范畴。

2. 具有保障性

这种保障性是通过职业纪律要求从业者自觉服从党和国家的统一领导，贯彻党的基本路线、方针和服务单位的管理具体要求标准，遵守工作秩序，保障职业活动正常进行，保障社会运行稳定发展，保障从业者生理安全、经济利益与社会实现等个人根本利益。随着现代社会分工越来越细致，职业要求的纪律也越来越严格、细化与完善，每个从业者都必须严格遵守职业纪律，才能使我们的事业健康发展，使国家、集体、个人的利益得到充分保障。

六、职业良心

职业良心是职业道德的第 6 个基本范畴。

(一)职业良心的概念

职业良心是从业者基于职业理想的憧憬，对于遵守职业纪律、承担职业责任的自觉意识，是从业者在履行义务过程中形成的道德责任感、向善的意念和自我评价能力，是一定道德观念、道德情感、道德意志和道德信念的统一。

(二)职业良心的作用与意义

职业良心的作用与社会意义对于国家、集体、个人有很重要的价值体现。

1. 职业良心在职业生涯中的作用

首先,从业人员在做出行为选择时会对自己的行为动机进行审查,符合道德要求的予以肯定,不符合道德要求的予以否定。其次,在职业行为动机进行的过程中,职业良心能够起到监督作用,对符合道德要求的情感、意志和信念予以坚持与鼓励,对不符合道德要求的予以克服,在职业行为整体发展过程中保持正直的人格。最后,在职业行为之后,职业良心能对自己行为的后果和影响进行评价,对符合道德的良好后果和影响,内心感到满足和欣慰;反之,则感到内疚和悔恨,努力去改正错误、挽回影响。

2. 职业良心的社会意义

一是可以监督并保证从业者及企事业单位有效地完成职业任务;二是可以从根本上维护国家、集体和个人利益,对全社会的物质文明建设和精神文明建设具有良好的促进作用。

职业良心作为职业道德的核心,是职业道德的约束作用发挥的内在源泉,是职业道德要素中最具道德性的体现,是人们对职业道德的基本评价标准,也是职业道德水平高的标志性表现之一。

七、职业荣誉

职业荣誉是职业道德的第7个基本范畴。

(一)职业荣誉的概念

所谓职业荣誉,是对职业及职业行为的价值所做的社会客观评价和个体主观认识,是职业的社会美誉度和从业者自尊自爱的自我意识。职业荣誉包括主观和客观两个方面。从主观方面来看,职业荣誉是从业者对于本职业在社会上美誉度的认识,以及基于此认识而形成对本职业荣誉的维护与提升其发展的意愿及对职业行为的影响,要求从业者敬业爱岗,努力奉献,保持尊严、信誉和人格。从客观方面来看,职业荣誉是社会的一种客观评价,是社会对其正价值的肯定,这要求从业者刻苦掌握职业技能,严格遵守职业纪律,认真履行职业义务,使本职业的价值体现符合社会价值评判标准,以赢得和维护职业荣誉。

(二)职业荣誉的意义

职业荣誉既是职业道德规范的隐性内容,也是职业道德的道德评价结果表现,更是实现职业道德的活动维度之一,目的就在于把社会关于职业道德的客观评价转化为广大的从业者的自我评价。这样,从业者就可以更好地履行职业义务,全心全意为人民服务;即使没有得到上级的表扬,但从业者在内心里却无愧地获得满足和欣慰。实际上,这是作为道德范畴的职业荣誉的最普遍的表现形式。

八、职业作风

职业荣誉是职业道德的第 8 个基本范畴。

(一)职业作风的概念

所谓职业作风,是指在社会对职业特定的共同要求的基础上,从业者在其职业实践和职业生活中所表现出来的,体现其职业特点的态度和风格。职业作风作为职业道德在从业者职业活动中的习惯性表现,是一种习惯势力,具有发展的惯性,反映到职业作风的内容上表现为具有较强的稳定性和连续性。

各行各业都有各自不同的职业作风。为了使从业人员养成良好的职业作风,各行业、各部门都根据自己的实际情况制定了服务公约、员工守则等,并向社会公开,接受大众监督。

(二)优良职业作风的作用

职业作风好像一个职业道德的大熔炉,能把新的成员迅速锻炼成有良好职业道德的从业者,使老的从业者继续保持优良职业道德传统。一个职业团体有了优良的职业作风,就可以互相教育、互相影响、互为榜样、互相监督,在潜移默化中逐渐形成良好的职业舆论和职业风尚。这样,就可以使符合职业道德要求的好思想、好品质、好行为发扬光大,使不符合职业道德要求的坏思想、坏品质、坏行为受到抵制。

职业作风体现了职业道德要求的精髓,甚至从某种程度上说,职业作风就是职业道德,它是社会对职业进行道德评价的主要依据,是从业者对本职业所要求的职业道德认识、遵守程度的直接反映,也是其习得职业道德活动的重要方式与途径,在职业内外发挥着能动作用,优良的职业作风可以促进本职业的发展,不良的职业作风则足以阻碍本职业的发展。

第三节 职业道德行为规范

职业道德行为规范是职业道德的保障,其具体内容如下。

一、职业道德行为规范的含义

职业道德行为规范是指从业人员在职业活动中必须遵守的符合人民根本利益的职业行为准则。它包括职业道德基本行为规范和职业道德特殊行为规范。接下来主要介绍职业道德基本行为规范。

二、职业道德基本行为规范的内容

> 爱岗敬业，忠于职守。
> 诚实守信，宽以待人。
> 办事公道，服务群众。
> 以身作则，奉献社会。
> 勤奋学习，开拓创新。
> 精通业务，精湛技艺。
> 讲究质量，注重信誉。
> 遵守法纪，文明安全。
> 团结协作，互帮互助。
> 艰苦奋斗，勤俭节约。

以上这些内容是对"爱岗敬业、诚实守信、办事公道、服务群众、奉献社会"这20个字的职业道德规范的细化。

1. 爱岗敬业，忠于职守

(1) 爱岗敬业，忠于职守是坚持为人民服务的基本要求。在我国，一切从业人员的根本宗旨是为人民服务。为人民服务的精神应该体现在自己从事的本职工作中，体现在遵守"爱岗敬业，忠于职守"的职业道德行为规范上。爱岗敬业就是热爱本职工作，在工作中兢兢业业、持之以恒地完成工作任务，认真负责地履行全部岗位职责。一个人如果不热爱自己的工作，工作中敷衍塞责，甚至玩忽职守，就谈不上遵守职业道德，更谈不上为社会做贡献。

(2) 忠于职守是履行岗位职责的最高表现形式。忠于职守是对每个从业人员提出的认真履行职业责任、遵守职业纪律的基本要求。忠于职守也是一种职业态度，它要求每个从业者勤勤恳恳地工作，对工作一丝不苟，不得有失职行为，并持之以恒，尽职尽责。

(3) 爱岗敬业，忠于职守精神的培养。爱岗和敬业两者是统一的，只有爱岗才能敬业，敬业又会促进爱岗。首先，培养自己对职业岗位的兴趣，做到对职业岗位的热爱；其次，必须培养不怕吃苦、吃亏的精神。在现实生活中，有的工作条件好，报酬高，但是不是人人都能有这样的职位。在物质条件不是很丰富、许多农民生活水平不高、城镇就业岗位相对不足的情况下，还有许多苦、脏、累、险、难的工作需要更多的人去做。

"最美司机"吴斌在被铁器击穿腹部的1分16秒的时间里，忍受着肝脏破裂的剧痛，仍坚持完成停车的一系列规定动作，换挡、减速、停车、拉手刹、打开双闪灯、开车门，让乘客安全下车，而后他才倒下。英雄已逝，但人们记下了他用生命诠释责任和敬业的1分16秒。

2. 诚实守信，宽以待人

诚实，就是说老实话，办老实事，做老实人；守信即守信用，言必信，行必果，言行统一。最根本的一点就是说话办事实事求是，光明磊落，忠诚老实，为人正直。

(1) 信守诺言，诚实履职。诚实守信就是在人们的职业活动中重承诺，信守诺言，忠实地履行自己应承担的职业义务。诚实守信不仅是做人的职业准则，而且是一个人做事的准则。

(2) 要讲真话，坚持真理。诚实守信就是要敢讲真话，坚持真理，敢于和掺杂使假、坑蒙拐骗做斗争，通过实际行动来维护诚实守信的道德规范。

(3) 真诚相处，宽以待人。真诚相处就是要在职场中与同事，甚至是竞争对手真心真意地相待，不搞虚伪客套，更不搞权谋诈术；宽以待人，就是对同事，甚至竞争对手谦和礼让、大度能容，不小肚鸡肠、斤斤计较。

秦末有个叫季布的人，说话一向算数，信誉非常高，许多人都同他建立了浓厚的友情。当时甚至流传着这样的谚语："得黄金百斤，不如得季布一诺。"后来，他得罪了汉高祖刘邦，被悬赏一千两黄金捉拿。结果他的旧日朋友不仅不被重金所惑，而且冒着被灭九族的危险来保护他，使他免遭祸殃。这就是"一诺千金"成语的由来。一个人诚实守信，自然得道多助，能获得大家的尊重和友谊。

3. 办事公道，服务群众

(1) 办事公道。

办事公道，一是指人与人之间应平等相待，一视同仁，无论高低贵贱，都应该待之以礼，提供优质服务；二是指在职业活动中，处理问题和办理事情要公平、公正、公开。

(2) 服务群众。

服务群众就是要树立群众观念，关心群众疾苦，为群众谋利益。每个职业岗位上的工作人员都应该有群众观念，通过干好本职工作，尽可能多地创造物质财富和精神财富来回报社会，为群众服务，做到优质服务、热情周到、遵守职业纪律、向先进典型学习。

4. 以身作则，奉献社会

以身作则，就是要从自己做起；奉献社会，就是向社会做出奉献，而不是向社会索取。其突出特点在于：一是体现了从业人员自觉自愿、无私无畏为社会做贡献的人生态度，以及为人民服务的精神；二是体现了从业人员为祖国、为人民竭尽全力，甚至不惜牺牲生命的社会责任感。

1962年，由于一场意外事故，雷锋不幸牺牲，但雷锋精神一直传扬至今。人们一提起雷锋，就想到他的奉献精神，比如"雷锋出差一千里，好事做了一火车"。他说："人的生命是有限的，可是，为人民服务是无限的，我要把有限的生命投入到无限的为人民服务之中去。"如今，只要有人做了好事，人们就会把他们赞为"活雷锋"。雷锋已被完全符号化，是好人的象征，隐喻着奉献、良善以及纯粹等优秀品质。

5. 勤奋学习，开拓创新

(1) 勤奋学习。

勤奋学习是职业道德的必备条件。只有勤奋学习，努力提高自己的科学文化知识水平和业务水平，提高业务能力、工作能力和职业转换能力，才能适应所从事职业的需要和社会的发展。

勤奋学习是通向成功大门的途径，可以通过以下三种方式实现：一要树立终身学习的观念；二要注重学习的方法；三要培养自学的能力。

(2) 开拓创新。

创新是一个民族进步的灵魂，是国家兴旺发达的不竭动力。要把我们各行各业的事业推向前进，就要在传承文明的基础上开拓创新。

一是树立开拓创新的观念。创新是指抛开旧的、创造新的，首创前所未有且具有社会意义的事物的活动。它包括想出新方法、提出新思路、提供新服务、建立新理论、设计新产品、研发新技术等。创新的观念是敢想敢做的创新意识、创新觉悟的心理状态，是人在社会实践过程中勇于冲破传统观念的束缚，积极探索、开拓进取的个性品格。

二是积累开拓创新的方法。开拓创新有其内在的思维规律和基本方法。在从事的职业活动中，要善于锻炼创新思维，积累开拓创新的方法。

三是养成开拓创新的意志品质。其主要有勤奋、严谨、自信、坚毅、恒心、勇敢、积极进取、专心致志、大胆想象、沉静与激情的结合、创造性思维与批判性思维结合。

华为从2万元起家，从名不见经传的民营科技企业，发展成为世界500强和全球最大的通信设备制造商，创造了中国乃至世界企业发展史上的奇迹，华为成功的秘密就是创新。

6. 精通业务，精湛技艺

精通业务，精湛技艺是对从业人员提出的业务水平基本职业道德规范。不懂业务，不具备过硬的专业技术技能，即使你有心完成好工作任务，也是不可能的。

21世纪是知识经济的时代、信息的时代、质量的时代，各个职业领域的科技创新都在迅猛发展，对从业人员的素质要求也越来越高。就精通业务而言，从业人员对业务技术知识的掌握有"知、会、熟、精"4个层次。

"知"是指对专业知识的一般学习和了解，属于学徒阶段。

"会"是指对职业工作的要求都能掌握，能操作。达到"会"的程度，才能基本独立工作。

"熟"比"会"更进一层，是实现技艺精巧、精湛的过渡阶段，"熟"表明对本职工作技能掌握得好，有独到的体会和较多的经验积累。

"精"即精通。这是对技术技能在非常熟练的基础上的更高要求。技艺精湛很难用一句话来准确定义它，但它可以看得见、摸得着。例如，外科医生只有技艺精湛，才能做疑难手术，挽救病人的生命。

7. 讲究质量，注重信誉

讲究质量，注重信誉是社会主义职业道德最重要的规范之一。质量是产品、建设工程、服务行业的生命，也是信誉的先决条件，是我国社会主义市场经济与世界经济接轨之后企业立于不败之地的决定性因素。怎样做才算讲究质量，注重信誉呢？

(1) 提高讲究质量，注重信誉的意识。

各类从业人员是产品质量、服务质量、工程质量的保证者，其职业道德素质的高低决定了质量的高低。每个从业人员都应该增强质量意识，学习提高质量的相关业务知识，学习有关质量的法律法规、条例、规章制度等，并在生产实践中自觉接受质量管理与监督，自觉履行注重质量的职业道德准则。

(2) 法治与德治并举确保质量。

讲质量首先必须加强法治。遵守《中华人民共和国产品质量法》《中华人民共和国消费者权益保护法》等法律、法规，维护正常的市场秩序，确保消费者的合法权益。用规章制度来约束生产者、施工人员、服务人员的质量行为，以达到提高质量的目的。同时，还要加强德治。通过加强公民的道德教育，特别是对从业人员的职业道德教育，增强其质量意识、责任感和使命感。

一天，在海尔洗衣机的生产车间里，一名员工在下班前的每日清扫时，发现地上多了一枚螺丝钉。他惊呆了，因为他知道，地上多了一枚螺丝钉就意味着是哪一台洗衣机少了一枚螺丝钉。这关系到产品的质量，涉及企业的信誉。因此，分厂厂长当即下令，当天生产的 1000 余台洗衣机全部复检。而复检的结果是成品机没有问题。原因出在哪里呢？已经很晚了，员工们谁也没走，又用了两个多小时，才查出原来是发货时多放了一枚螺丝钉。这就是一个海尔人的质量理念。

(资料来源：本书作者整理编写)

8. 遵守法纪，文明安全

(1) 遵守法纪，又称遵纪守法。遵纪，就是在职业行为中遵守纪律，包括劳动纪律、规章制度、准则、工作职责(岗位职责)、公约、守则、条例以及特种行业的操作规定、规程等；守法，就是遵守国家颁布的各种法律、法规和管理条例。怎样才能遵守法律呢？

第一，要提高对我国法律的认识。

第二，必须具备一定的法律知识。

第三，要善于用法律捍卫自己的合法权益。

第四，要遵守职业纪律。

(2) 文明安全。

文明安全的生产既是职业道德的重要规范，又是劳动者遵守法律、法规、规章制度，按照职业安全生产的规定从事劳动和服务的过程。

文明安全职业道德的重要性主要表现在以下 5 个方面。

第一，可以提高从业人员文明、安全、生产和服务的意识。

第二，可以提高从业人员安全的自律意识。

第三，可以提高从业人员保护国家和人民生命财产安全的意识。

第四，可以提高从业人员的自我保护意识。

第五，可以提高管理者的安全管理意识。

9. 团结协作，互帮互助

团结协作，互帮互助是职业行为中应该遵守的基本职业道德，在现代企业管理中称为"团队精神"。具有团队精神的战斗集体，所向无敌。按照团结协作，互帮互助职业道德的行为规范，从业人员要处理好以下3种关系。

(1) 处理好团队与竞争的关系。

在市场经济中竞争越来越激烈，单位与单位、企业与企业、个人与个人之间都要以竞争促进发展。参与竞争时要注意团结同事，联合同行，协调工作，以取得双赢。团结同事首先要坦诚待人，热情忍让，求大同存小异。为了大局而讲团结，为了大局而谦让，这样就会搞好团结。

(2) 处理好分工与协作的关系。

从业人员在社会化大生产活动中，在企业的生产线上，在单位、服务行业中每个人所处的岗位都有明确的分工和岗位目标责任制，但这不等于你完成了所分配的工作就算尽职尽责了，还需要既分工又合作。也就是协同工作、相互配合，这样才能形成团队的凝聚力，实现集体共同的目标。

(3) 处理好团结协作，互帮互助与坚持原则的关系。

团结是在坚持原则基础上的团结，是从国家利益、集体利益出发的团结，而不是借讲团结，拉帮结派，搞小团体，讲哥们儿义气，甚至相互包庇缺点，奉行自由主义，取消批评和自我批评。

团结协作，互帮互助的道理也可以从两则童谣中体现出来。①一个和尚挑水喝，两个和尚抬水喝，三个和尚没水喝。②一只蚂蚁来搬米，搬来搬去搬不起；两只蚂蚁来搬米，身体摇来又晃去；三只蚂蚁来搬米，轻轻抬着进洞里。

为什么"三个和尚"就"没水喝"，而"三只蚂蚁"却能"轻轻抬着进洞里"？那三个和尚真的不如那三只蚂蚁吗？原因是三个和尚都自己顾自己、怕吃亏、不负责任、不合作、互相推诿，当然就没水喝了；而三只蚂蚁能"轻轻抬着进洞里"，那是它们团结合作的结果。

10. 艰苦奋斗，勤俭节约

艰苦奋斗，勤俭节约是中华民族的优良传统和美德，也是我们党的优良传统。艰苦奋斗就是要坚持独立自主、自力更生、朴素节俭的工作作风，树立胸怀理想、不畏艰险、顽强拼搏的坚强信念，发扬开拓创新、锐意进取、奋发向上的精神风貌。勤俭节约包含了勤劳和节俭两层意思。勤劳是致富的重要条件，也是事业成功的重要保证。节俭是修身的重要内容，是持家之本，也是治国安邦的法宝。勤劳、节俭是维持人类生存的必需品质。

除以上职业道德基本行为规范，还有分行业的职业道德行为规范，比如，医生的"人道主义、救死扶伤"，教师的"忠诚党的教育事业"，等等。

第四节　职业道德的要求

对于职业道德的要求有以下几点。

一、系统学好第一课堂知识

虽然新时期的大学教育体制分化出第一课堂(课堂教学)、第二课堂(课外活动)、第三课堂(社会实践教学)、第四课堂(网络课堂)四种课堂类型，而且它们对于学生的成长和发展各有侧重，但大学生更应侧重第一课堂的学习。大学里不但拥有众多专家、学者，教书育人的良师，先进的仪器设备等，而且可以高效率获取系统知识，为今后的创新创业打基础、做积淀。所以，要掌握职业道德理论体系，必须系统地学习和体验，因此通过第一课堂，一要掌握职业道德的规范和要求，合理进行职业规划，树立正确的职业理想和职业价值观；二要学会"知""行"统一，将职业道德知识内化为信念，将职业道德信念外化为行动。

二、广泛参与第二课堂活动

第二课堂是职业道德培养最为重要的活动载体之一。比如，通过参加职业技能大赛，夯实大学生的专业技能；通过"挑战杯""创新创业大赛"等活动，进一步培养大学生的职业技能和创新意识；通过职业规划大赛，尽早规划职业人生，树立正确的职业观；通过社会实践、志愿活动，进一步提升实践动手能力，增强社会责任感；通过参与"文明班级""星级宿舍"评比活动，培养大学生文明、团结、协作的精神；通过校企合作文化交流，更好地了解"职业人"，提升诚信、合作精神，促进职业道德素质的提升。再如，通过为学生提供校内食堂、物业等勤工俭学岗位，使学生不但能体验"劳动光荣"的伟大力量，而且还可以培养学生吃苦耐劳的品德。

三、体验融合第三课堂文化

在当今校企深度合作模式下，不但要强化大学生的实习、实训，而且需要将校企文化进行融合，形成积极、稳定、务实的工作态度，让学生有较高的职业道德和素养，在职业上获得持续的竞争力和发展力。比如，参观校友风采展览，到企业进行行业、职业认知，参加企业优秀人士对话访谈节目，等等，感受企业、行业的精英文化、职场文化等多元文化，帮助自己尽快树立正确的职场理想，增强其职业归属感和自豪感。

四、培养两类综合职业素养

美国学者莱尔·M. 斯潘塞(Lyle M. Spencer)和塞尼·M. 斯潘塞博士(Signe M. Spencer)曾提出"素质冰山模型",以漂浮在水中的冰山为例,将职业素养具体分为显性职业素养和隐性职业素养两部分。具体而言,显性职业素养恰如露出水面的部分,即职业人应具备的专业知识、行为习惯、职业技能和外在形象。隐性职业素养则好似隐藏在水下的部分,通常轻易不为人所察觉,主要由职业意识、道德品质、职业作风、责任态度等几个方面构成。

(一)显性职业素养的培育

职业行为和职业技能等显性职业素养比较容易通过教育和培训获得。学校的教学及各专业的培养方案是针对社会需要和专业需要所制定的,旨在使学生获得系统化的基础知识及专业知识,加强学生对专业的认知和知识的运用,并使大学生获得学习能力,培养良好的学习习惯。因此,大学生要配合学校的培养任务,完成知识、技能等职业素养的提高,为将来就业做好储备。

(二)隐性职业素养的激发

当前,很多大学生在就业时感到压力大,究其根源就是在大学太尽情"享受",没有按照一个职业人最基本的要求进行职业意识、道德品质、职业作风、责任态度等隐性职业素养的培养,导致就业时缺乏信心。大学期间,每个大学生应该怎样做,才能让自己在今后的职场中立于不败之地呢?

首先,要明确"我"是一个什么样的人,"我"将来想做什么,"我"能做什么,环境能支持"我"做什么。本书给出三个答案供你选择。

第一个答案:进行职业规划,明确发展目标。认识自己的个性特征,包括自己的气质、性格和能力,以及自己的个性倾向,包括兴趣、动机、需要、价值观等,据此来确定自己的个性是否与理想的职业相符,对自己的优势和不足有一个比较客观的认识,结合环境如市场需要、社会资源等确定自己的发展方向和行业选择范围,明确职业发展目标。据北京宝洁技术有限公司高级人力资源经理透露,该公司在中国每年招聘应届毕业生 100 名左右,凡是职业生涯规划得早的人,现在大多数都已成为总监、副总监或高级经理。

第二个答案:培育良好品质,成就美好前程。如果一个人爱出风头,又缺乏独立和吃苦耐劳的精神,大好的机会将与之擦肩而过。如厦门某管理咨询公司的郑某某在进行招聘时,一位来自上海某名牌大学的女生在中文笔试和外语口试中都很优秀,但在最后一轮面试中被淘汰。他说:"我最后不经意地问她,你可能被安排在大客户经理助理的岗位,但你的户口能否进深圳还需再争取,你愿意吗?"结果,她犹豫片刻回答说:"先回去和父母商量再决定。"缺乏独立性使她丢掉了这次的工作机会。如今,很多大学生生长在"6+1"的独生子女家庭,独立能力、责任承担及与人分享的能力等方面都很差,相反他们却爱出风头、容易受伤。因此,大学生应该有意识地在学校的学习和生活中主动培养独立性，并学会分享，学会感恩，勇于承担责任，只有这样，才能成就自己。

第三个答案：树立坚定信心，正确面对挫折。信心是大学生成为"职业人"道路上必不可少的动力源泉，是形成职业意识的必要条件。对自己充满自信就能够积极、主动地与他人、社会接触，更会主动地融入社会，探索职业的意义。自信的人具有更强的适应社会与发展的生存能力，具有更为健康的身体素质和心理素质。

【案例分析】

一家软件公司招聘程序员，待遇非常丰厚，求职者纷至沓来。李某某原来是一家网络公司的程序员，因公司效益不好，他失业了，因此，他也在这次求职的队伍之中。

李某某对自己的技术能力信心满满，笔试轻松过关。当他到了最后的面试环节，一个气势凌人、貌似技术主管的人突然发问："听说你原来就职的公司已经开发出了一项网络维护的软件包，你是否参加过研发？"

李某某愣了一下，回答说："是的。"

主管接着问："你能把这项技术的核心内容介绍一下吗？"

李某某确实参加了整个研发过程，回答这个问题并不难。但此时，他有点犹豫，摸不准主管的意图。"他是在考我的技术，还是想打探这项技术的秘密呢？"李某某心想。

主管见李某某没有立刻回答，又接着问道："如果你加入我们公司，需要多长时间为我们开发出一样的软件？"

李某某终于明白了。说还是不说，此时的李某某显得十分纠结。如果不说，自己肯定会丢掉这次机会；但是说的话，他觉得心里似乎有道坎过不去。

李某某进行了激烈的思想斗争：虽然原公司效益不好，自己也失去了工作，但是这项软件技术是公司花了整整两年时间开发出来的，我和原来一起工作的小伙伴夜以继日，拼命努力，可谓付出了很多努力才得到的成果。现在它还没有上市，公司里还有几百名同事在惨淡经营，指望这项技术获得新的发展机会，打个翻身仗。如果自己现在把这项技术透露出去，原公司最后一点希望也没有了，那些同事的努力也将付诸东流！我不能这么干！

想到这里，李某某拿定了主意：我怎能为了自己的饭碗而砸大家的饭碗呢？他毅然站起来，说："对不起，我不能回答这个问题，如果贵公司为此而让我获得这个工作机会，我宁愿放弃。"

说完，他起身离开了面试现场。接下来的一段时间中，他已经忘记了这段考试的经历。在半个月后的某一天，他突然接到该公司人事部门的通知，他被录用了。同时，他被告知：那只是一项考试的内容，他的行为已经交了一份很满意的答卷。

在这个物欲横流的社会，一些人只会考虑自己，而不会管别人的死活。李某某这个故事虽然不一定是真实发生的，但作为一家企业的员工，要遵守基本的职业道德。不能为了自己的前途，毫无顾忌地出卖原来公司的利益，即使再有能力，企业也是不敢用的。这家公司主管对李某某提的问题实际上也是在考验他，因为作为程序员，如果他把原公司的核心技术透露给第三方，那谁又能保证他不会把现有公司的技术机密透露给别人呢？

思考：

1. 你理解的职业道德是什么？
2. 职业道德与社会公德有什么关系？
3. 如何提高自己的职业道德素养？

（资料来源：本书作者整理编写）

【知识拓展】

"双百工程"——志愿服务、社会实践

河南某职业学院自 2009 年开始启动"双百工程"以来，以推进"学生在校做够一百个小时的志愿服务，做够一百天的社会实践"工作要求为内容，建立了系统的志愿服务和社会实践实施、评价体系，创建了一系列相关的工作机制，形成了固化的工作模式，提升了学生适应社会、服务发展的本领，为构建文明校园、和谐社会做出了重要贡献。

志愿服务与社会实践是实践育人的重要途径。为此，学校以"许世友将军纪念馆""豫西抗日根据地纪念馆""吉鸿昌将军纪念馆""二七纪念馆""河南博物院"等爱国主义教育基地，以"舒心老年公寓""晚晴山庄老年公寓"等定时定点的志愿服务实践基地和校企合作实践基地，"与爱随行"春节社会实践，暑期"三下乡"社会实践及郑州市残疾人联合会、郑州市妇女联合会、郑州市红十字会等社会志愿服务合作共建等多种方式推进"双百工程"落实落地。

（资料来源：本书作者整理编写）

【本章小结】

遵守职业道德，对于每个职业人来说都是至关重要的，它就像一盏明灯，始终指引着人们不断进步，逐步走向成功，最终实现个人的人生价值。

第三章 职业技能

德拉克罗瓦(Delacroix)曾经说过,无论哪一行,都需要职业的技能。天才总应该伴随着那种导向一个目标的、有头脑的、不间断的练习,没有这一点,甚至连最幸运的才能,也会无影无踪地消失。

不同的职业岗位有不同的职业技能要求,通过了解不同职业岗位的技能要求,结合自身具备的知识、能力和性格特点,在实践活动中掌握和提高完成工作需要的职业技能,我们才能"因地制宜"地选择出适合自己、有发展前景并且能够在将来有所成就的职业。

本章我们将详细介绍职业技能的有关知识。

【学习目标】

- 了解职业技能的重要性。
- 掌握职业技能分析的方法。
- 了解高校职业技能的相关赛事。
- 学会对自己进行职业技能分析。

第一节 职业技能概述

一、职业技能的概念

职业教育是培养技术技能人才、促进就业创业创新、推动中国制造和服务上水平的重要基础,培养更多高素质技术技能人才、能工巧匠、大国工匠,职业教育战线责任重大、使命光荣。职业教育是面向市场的就业教育。它为特定职业或岗位培养人才,因此必须紧密对接就业需求,开设更多紧缺的、符合市场需求的专业,注重工匠精神和精益求精习惯的养成,使学生掌握必需的行业知识,训练职业岗位需要的技能,有效地帮助学生实现更高质量就业。

职业技能必须瞄准技术变革和产业优化升级的方向,以产教融合、工学结合作为培养人才的基本模式,使学生在实际劳动中增长才干、提升技能。随着社会分工变化,职业技能的传承方式发生了很大变化,必须在实践中培养磨炼。

从定义上来讲,职业技能是指在职业环境中,合理、有效地运用专业知识、职业价值观、道德与态度的各种能力,包括智力技能、技术和功能技能、个人技能、人际和沟通技能、组织和企业管理技能等。职业技能是从事职业劳动和完成岗位工作应具有的业务素质,具备良好的职业技能是高等职业院校大学毕业生顺利就业、创业的前提。

职业技能有一定的时代性。在人类的历史长河中，每个时期都有明显的时代特征，特别是因人类文明的发展带来的技术革新，新职业的出现有与之相适应的职业技能。传统行业的木匠、铁匠等职业用到的工具随时代的变迁有了很大的变化，与职业对应的技能也不一样，因此职业技能与当时的文明、技术、科学的发展有关。

职业技能有一定的专业性、层次性的特点。随着社会的发展，每个职业岗位都有很强的专业属性，对人才的需求也在日趋专业化，不接受相应的职业技能训练和相关知识教育的人，在未来的社会中将没有丝毫的竞争力。科技的发展带动社会生产力的进步，同时也使生产、服务等活动成为更加专业的事情，要成为一名合格的职场人员，需要具备相应的职业技能，并且需要具备较高的层次。

当今时代，职业技能正朝向多元化、交互化方向发展，职业技能一定要与时代相衔接，符合当前职业发展的要求。高校的大学生应尽可能全面掌握所学专业行业的职业技能，毕业后才能够更好地适应当今竞争激烈的社会。

二、职业技能的内容

职业技能包括职业能力和职业素养两个方面。

1. 职业能力

所谓职业能力，就是指当你从事某一职业时，这一职业的具体工作内容所要求你必须具有的相关分析、解读、操作等方面的能力。它一般包含以下内容：自我学习和发展的能力；独立分析和解决问题的能力；交流和合作的能力；管理和完成任务的能力；获取与利用信息的能力；判断与决策的能力；应急与应变的能力；创新能力；组织与协调的能力；应对挫折的能力以及心理调适能力；等等。这些能力依赖一定的相关知识，往往从求职者的工作经历、教育经历、技能证书3个方面得以体现。

(1) 工作经历是企业了解求职者工作能力及经验的重要信息，也是衡量求职者是否适合企业发展的一个重要依据。相信每一个参加过企业招聘的应聘者都能体会到工作经历对一个人的重要性。工作经历决定了工作经验。我们过去做的工作，经历的事情，不管是琐碎的零工还是大型的项目，都是工作经验的积累。

在校大学生可以通过真实场景的实训课、毕业前的实习阶段和暑期社会实践来丰富自己的工作经历。实训的练习越贴合实际场景越好，选择行业相关度高的实习的企业单位进行技能实习，假期的社会实践也要做精心选择，所有这些应该纳入职业规划之中，不断为自己的工作经历添加浓墨重彩，提升个人职业发展的实力。

(2) 教育经历是企业了解求职者接受教育程度的重要依据，也是求职者简历中非常重要的信息，而在企业招聘时，教育经历往往也是求职者的敲门砖。丰富和优秀的教育经历往往意味着较高的受教育程度和杰出的思维能力，是一个人拥有卓越的职业技能的凭证。"丰富"代表着教育经历的广度，"优秀"代表着所拥有教育经历的高度。

无论你的职业目标是什么，它都需要一定程度的教育经历。选择的职业领域不同，所需要的教育类型可能有所不同：某些领域需要正规的大学教育，而其他领域可能更倾向于该领域的专业培训。在美国，全国只有27%的工作岗位要求低于高中学历。相比之下，从高中毕业的学生被认为有资格获得全国39%的就业机会。许多辍学者认为，他们自己宁愿工作而不是上学，但统计数据显示，大多数高中辍学者都失业，收入很少或根本没有。完成高等教育的人往往因为受过教育而有更多更好的机会。对一些缺乏高等教育经历的人来说，完成职业培训(强调特定行业的教育，如电工、汽修)也可能会提高他们的收入水平和找工作的能力。

(3) 技能证书则会更直观、更清楚、更明白地反映求职者的专业能力水平，对刚刚大学毕业的求职者来说，技能证书最能体现大学生的学习能力，是必不可少的加分项。但是从业者不仅要掌握这些知识，更要将这些知识应用于工作中并解决实际问题，继而转化为一种技术能力。如今，许多在校大学生选择在学校就读期间一边完成学校规定的教学科目，一边备考与自己专业相近的或是自己感兴趣的技能证书，如教师资格证、初级会计师证、护士执业资格证、全国计算机等级考试二级证书等。

教育部推行"1+X"制度试点启动，提高人才与市场适配度，弥合专业和职业间的鸿沟，形成了我国职业学校教育和职业培训并存的职业教育体系，学历证书和职业资格证书"双证书"制度进一步建立并演进为现在的"1+X"证书体系，促进职业院校与企业深度合作，切实提升学生多项职业技能，进而提升其市场适应能力。

知识经济时代要求人们只有不断地接受新的教育技能培训、学习新的知识，才能在竞争激烈的社会中立于不败之地。与证明教育经历的学历文凭证书不同，技能证书与某一职业所要求的具体能力密切结合，反映特定职业的实际工作标准和规范，以及从业者从事这种职业所达到的实际能力水平，它是从业者求职、任职的资格凭证，也是用人单位招聘、录用从业者的主要依据和境外就业办理技能水平公证的有效证件。21世纪的人才市场正在迎来一个"考证"的时代，自我国加入世界贸易组织(WTO)之后，劳动力市场逐渐同国际社会接轨，各行业都开始逐渐融入全球经济一体化进程中。一个人只有掌握了国际通用的知识体系和技能，才有能力和资格参与国际合作与国际竞争。

2. 职业素养

所谓职业素养，就是求职人所具备的自身素养，以及对未来职业的向往和追求，是人生职业实现的精神支柱，它对促进大学生在学业上奋发进取、顽强拼搏、锲而不舍地按照自己的职业需要充实完善自我、实现未来人生的职业目标有积极的促进作用。

事实上，职业素养覆盖面很广、内涵性很强。虽然职业技能是首位，但同时职业道德亦是其重要内涵，将其融入工作则是职业素养，将其体现在生活中则是个人道德品质和行为修养。从宏观视角来看，职业素养包括职业技术能力素养、职业理论知识素养、职业通用能力素养和职业精神品质素养等要素。从狭义层面来看，职业素养更侧重在职业活动中体现出来的职业软实力，即职业精神品质，包括行业道德、从业品质、法治思维、职业操守以及工匠精神、创新精神等。

具体到技能型人才，其职能素养的内涵不仅包括职业技能素养，还包括职业道德素养、职业行为素养和职业品质素养，而就业创业意识、工匠精神等基本为人处世素养，属于世界观、人生观、价值观范畴的产物。从某种层面来说，社会不但要保证合格技能人才的有效供给，而且要注重技能型人才的职业精神和综合素质素养的培养，使人才下得去、干得好、留得住、受欢迎、得好评。

职业素养中的工匠精神，很多人认为工匠是一种机械性重复的工作者。其实，"工匠"意味深远，它代表着一个时代的气质，与坚定、踏实、精益求精相连。工匠精神也就是一种追求完美的极致精神，既然研究一个领域，就要做到极致。工匠精神的核心是不仅仅把工作当作赚钱的工具，更要树立一种对工作执着，对所做的事情和生产的产品精益求精、精雕细琢的精神。

三、职业技能的形成

职业技能的形成作为一个复杂的动力系统，具备以下5个基本特征。

一是整体性。职业技能的习得本质上是身体、大脑与情境等子系统之间交互影响、相互制约的最终形态，这是一种整体性的功能表现，如职业技能的高峰体验就是其发展至流畅化状态的表现形态。

二是动态性。职业技能的学习是一个不断发展变化的动态过程，由多种异质性的组成部分协同构成，而这些组成部分又错综相连地交互作用，其中任何一个组成部分发生变化，都会引发其他组成部分发生改变。

三是非线性。职业技能的形成与精深并非行为主义强调的线性发展模式，即不是不同组成部分的简单累加，其形成过程既有高峰也有低谷，是一种非线性的发展模式。

四是生成性。职业技能的形成也并非传统认知科学所强调的抽象符号的输入、计算与输出的无意义过程，学习者身体的体认功能可与技能直接产生联系，即技能是有体认导向的技能，体认总是导向技能的体认，而职业的意义正是在职业技能的不断习得过程中自然生成的。

五是涌现性。职业技能的获得是多种组成部分在不同阶段、不同范围、不同层次的整体涌现，既不由学习者的内部系统决定，也不由情境的结构样态决定，而是学习者身体与情境交互耦合、相互作用的"涌现"。

四、职业技能培训

过去，人们过分注重高学历，一说"人才"，往往就想到那些高学历、高文凭的人。随着市场经济的不断完善和市场竞争的日趋激烈，全社会对"人才"的认识正在发生着微妙的变化，这种变化就是从注重文凭向注重实际操作能力转变。人们开始认识到学历高代替不了操作能力强；那些尽管学历不高，但动手能力强、技能水平高的人才，正是实际工作中适用和急需的人才。对国家而言，劳动者素质和企业竞争力的提高，无疑是经济发展和社会进步的最大推动力量。

近年来，国家加快了职业教育办学思想、办学体制、培养模式的变革，一个适应社会主义现代化建设需要的现代职业教育体系基本形成。明确了"以服务为宗旨、以就业为导向"的方针。正如原教育部部长周济所说："职业教育事业的发展为经济发展做出了贡献，为促进就业做出了贡献，为社会和谐做出了贡献。"教育界人士普遍认为，掌握一门专业技能是就业的根本，也是顺利就业的途径之一。然而，如今大学生普遍存在就业力不足的问题，工作能力离准员工相去甚远，很大一部分原因是大学生对于专业技能与动手能力的重要性认识不够，尚处于一种无意识状态，缺乏主动实践的热情。

从个人的角度来看，适者生存，个人缺乏良好的职业技能，就很难取得突出的工作业绩，更谈不上建功立业；从企业角度来看，唯有集中具备较高职业技能的人员才能实现生存与发展的目的，他们可以帮助企业节省成本，提高效率，从而提高企业在市场的竞争力；从国家的角度来看，国民职业技能的高低直接影响着国家经济的发展，是社会稳定的前提。正因如此，职业技能培训才显得尤为重要。

职业技能培训的作用主要包括以下内容。

1. 使自己的资质有一个权威有效的证明

在市场竞争激烈、人才流动范围扩大的形势下，面对雇主或社会考评机构，如何说明自己的资质，需要权威有效的证件。学历不能完全证明能力，从业经历也不完全代表水平，只有权威机构的水平测试和资质鉴定证书，才有强大的说服力。人力资源和社会保障部代表国家，在国际认证领域具有强大的品牌优势，由它颁发的资格鉴定证书极具权威性，可在国际、国内通用。

2. 使自己的心智模式适合新时期的任职要求

在全球化的大背景下，应对上市、重组、并购等新课题，现代企业的管理工作重点向战略优先型转化。无论是解决投资、融资等外部拓展问题，还是解决绩效管理、风险管理等内部控制问题，都需要新理念、新知识、新技术。企业管理人员不仅要改变旧的思维模式，优化自身的知识技能结构，还要与本企业的其他高管(CEO、营销高管、企划高管、项目高管等)结成和谐团队，优化沟通和决策机制。参加认证，就是重在解决上述问题。

3. 使自己登上业界交流平台

参加认证培训不仅可以提高自己的理论和操作能力，为个人积累人生资本，为企业提升业绩；而且可以获得代表能力和职业水平的国家认证；还可以结识很多业内朋友，拥有一个新的朋友圈。通过参加权威的培训及学员间互动交流，有利于把理论与实践相结合，开阔视野，丰富实战经验。

4. 使自己融入终身教育体系

在工业经济社会向知识经济社会转型的过程中，构建学习型社会，完善创新机制已经成为世界各国政府施政的重要目标，教育制度和体系也发生着深刻的变革，素质教育、职业教育、终身教育在整个教育体系中的位置越来越突出。职业教育是劳动者终身教育体系的重要组成部分。

5. 使自己进入资深专家行列

"先行者"往往与"资深者"相提并论。恰如"黄埔一期""黄埔二期"被视为资深职业军官一样，先期参加资格认证培训的，势必被尊为资深高级人才。

6. 使自己就职渠道进一步拓宽

无论是国有企业还是私营企业，也不论内资还是外资，现代企业都迫切需要优秀的管理人才。经过权威培训认证的持证学员自身能力和资格更具说服力。

五、职业技能的获取途径

职业技能主要包括动作技能和智力技能两个方面。动作技能亦称操作技能，是通过职业实践或反复练习而形成并巩固起来的合乎法则的操作能力。高校最突出的办学特点就是教学与实践相结合，把培养学生具有从事某种职业或生产劳动所需要的知识和技能作为头等大事，通过开放的形式和形象的教学与训练手段，促进高校学生专业技能素质的养成。

作为一名高校的学生，在学习一定知识和理论的基础上，重点进行实用性和操作技能的训练，夯实专业理论根基，在学习过程中既要注重基础，也要扩大就业目标，多有一技之长傍身，在未来面对就业竞争时就多出一分先天的优势。因此，学生在校期间要全面掌握专业知识，熟练掌握操作要领，做到全面练习，科学分配练习时间、选择练习时机及场所，还要注意手脑并用，这样才能具备更好的职业技能素质。

(一) 专业课堂学习

托尔斯泰曾说，成功的教学所需要的不是强制，而是激发学生的兴趣。教学语言是知识的载体，提升学生的职业能力，专业课堂教学则尤为重要。高校根据专业不同开展不同的专业课程，课程设定之初，遵循以企业需求为导向的原则，结合市场实际情况，选定对于学生就业有帮助的专业课程。学生是学习的主体，学校所开展的一切活动形式都是为了提高学生的专业素养。

作为一名高校学生，需要全面掌握对应的专业知识。专业知识是形成专业技能的前提条件。掌握了专业知识，就具有了专业技能的表象，就能正确进行操作训练。全面的专业知识来自课堂中教师的讲解，所以，固然升入大学的同学会有更多的学习选择，但是课堂学习仍然是当下学习的第一要务。

专业课堂学习的作用有以下几点。

第一，通过专业课堂学习，高校可以以"职业技能"为驱动，结合区域经济、社会发展及行业产业技术水平的现状，以满足岗位对高技能人才需求的现实需求为培养目标，使毕业生能达到就业上岗的要求。

第二，在课堂教学过程中，教师通过给学生提供更多的机会锻炼运用语言获得和传递信息的能力，培养、提高学生的语言素质；让学生学会交流沟通和团队协作，培养学生的社会适应性。

第三，学校可以通过课堂实践、实习环节，从实践的角度对学生进行职业道德的教育和训练。只有让学生从实践中去领悟、体会职业道德，才能养成良好的职业道德习惯，处理好从业者个人利益与行业集体利益以及与服务对象利益、公众利益和国家利益之间的关系。

(二)实训练习

实训是一种实践。它是理论联系实践，应用和巩固所学专业知识的一个重要环节，是培养能力和技能的一个重要手段。作为一门专业实践课，高校可以通过实训着重培养学生对专业知识的应用能力，训练专业技能。

专业技能是由各个操作环节组成的，要掌握专业技能，不仅需要牢固掌握课本的理论知识，更需要熟练掌握环节的操作要领。学习操作要领，要充分发挥视觉和动觉的作用，在听懂讲解、看清示范的基础上，认真模仿练习。在模仿中不断纠正错误操作，逐步掌握操作要领。同时展开全面练习，若形成专业技能，要先进行单项技能训练，在基本掌握单项技能的基础上，把各项单项技能综合起来练习，做到各单项操作连贯、协调，从而全面掌握整个操作技能。最后一定要注意科学分配练习时间。在进行技能训练时，要做到集中练习与分散练习相结合。比较好的分配方案是，在开始学习阶段，训练频率要高，但时间不宜过长，以后就可以逐渐减少训练次数，但需要延长每次训练的时间。

通过职业技能实训练习，获取职业技能通常有以下四个阶段。

第一个阶段是职业技能的模仿。模仿学习是职业技能形成的重要方式之一。所谓模仿学习，就是学习者通过有意识或无意识地重复他人既有行为模式进而形成相似行为模式的过程。职业技能的模仿学习首先是要在人脑中形成一幅准确的职业技能图，然后依托信息的处理与反馈促进学习者在反复练习过程中再现他人职业技能特征。在职业技能实训练习中，学习者与教师之间生成一个共情的链接，使得学习者能够将观察到的职业技能行为与自身进行匹配，增进学习者对职业技能行为具象的、直接的理解，而无须经过缜密的运算与推理。长此以往，岗位工作经验逐渐内化为学习者的意识，去指挥和调动学习者的行为，帮助学习者成长为师傅。

第二个阶段是职业技能的顿悟。在职业技能实训中普遍存在一种突发性、不稳定性的"顿悟"现象，即对职业技能规范的猛然领悟，使得自身职业技能水平呈指数式上升，也包括身心愉悦、信心树立等过程与体验。职业技能的顿悟是一个复杂、高级的认知过程，离不开身体及感觉体验，还有大脑、情境等要素的协同参与，并逐渐突出身体经验与行为在顿悟过程中起到的重要作用。这无疑有利于打开职业技能形成过程中对顿悟问题的认知"黑箱"。

第三个阶段是职业技能的创新。伴随着产业结构优化升级带来的工作世界的嬗变，经常会有新的职业技能涌现，或在技能大赛中出现各式各样超乎人们想象的全新职业技能。职业技能的创新主要是由一般技能程序和技能反应图式共同作用的，一般技能程序为各类新技能提供基本技能框架，而技能反应图式主要负责提供新的参数设置和计算规则，进而赋予学习者新的适应性与创造性，从而实现其职业技能的创新。

第四个阶段是职业技能的流畅。流畅状态是学习者的职业技能与所从事职业的技能规范高度契合的一种心理状态，是学习者全身心融入工作世界中所呈现的最佳工作状态。如学习者在实习或工作中感受到高度的控制感和强烈的精神回馈，以至于忘却自我，超脱时空，仿佛与机器、设备、产品等融为一体或"得心应手"的一种心理状态。在这个过程中，身体一方面是学习的主体，另一方面也是学习的客体，是一个主体与客体交互影响的复杂过程。职业技能学习是以身体的体认和练习为根本依托，借助身体的主体客体化、客体主体化和主客一体化的不断嬗变而实现的。

(三)课余时间自学

大学生学习时间较为自由，因此在认真完成学校安排的课堂学业之后，我们还可以借助各种渠道进行自主学习，从学习软件到图书馆资料，线上、线下相结合。首先需要通过对各种资料的研究接触，建立一套科学规范的学习方法和理论体系。从书本中汲取营养，扩大学习范围，在专业技能过硬的情况下，尽可能地多学习专业知识。

在当下这个信息大爆炸的时代，几乎所有的知识信息都可以通过网络来获得，各类专业网站所能提供的资源也是无法忽视的重要知识来源。因此，线上学习已经成为当下自主学习的主要方式。与其他的学习模式相比，它具有无可比拟的优势。在线学习更容易实现一对一地学与教交流，同时充分尊重学生的个性，容易激发学生学习的兴趣，最重要的是它不受时间、空间的限制，可以实现与现实当中一样的教学互动。

当然，要想在课余时间更有效率地自学，就要学会合理使用各种网络电子工具，如中国大学慕课(MOOC)。MOOC 平台为学生提供了免费开放的学习平台，在这个平台上，学生可以根据自己的兴趣爱好去挑选课程及授课教师，为学生自主学习打下了基础。MOOC 可以不限时间、地点进行学习，学习节奏和进度完全由学生自己掌握，从而锻炼了学生的自我约束和自我激励的能力。MOOC 平台下的网络学习环境，可以使学生通过各种社交软件与他人进行沟通，探讨学习经验，分享学习体会。通过这种模式的学习，学生的学习目标变得更加有层次，学习途径和方法更加多样化。

第二节　职业技能大赛

职业技能大赛一共划分为六类：第一类，全国职业院校技能大赛省选拔赛和国赛；第二类，省教育厅以公文形式下发的除第一类外的各类技能竞赛；第三类，全国教指委、行指委(以教育部公布名单为准)组织的各类技能竞赛；第四类，行业协会、知名企业组织的在本行业内具有全国影响力和知名度的各类技能竞赛；第五类，学院、系(部)举办的校内师生技能竞赛；第六类，教师、学生以个人名义参加的各类竞赛。

一、全国职业院校技能大赛

(一)全国职业院校技能大赛简介

全国职业院校技能大赛是教育部牵头发起、联合34家部委和事业组织举办的一项公益性、国际性职业院校师生综合技能竞赛活动,是我国职业教育一项重大制度设计和创新。自2008年以来已成功举办16届,规模不断扩大,水平逐年提升,国内外影响力逐步增强,在引领职业教育"三教"改革、提高技术技能人才培养质量、促进高质量就业、服务经济社会发展、助力中外职业教育交流合作等方面发挥了重要作用,已经成为广大职教师生展示风采、追梦圆梦的重要舞台和中国职业教育的亮丽品牌。

全国职业院校技能大赛以提升职业院校师生技术技能水平、培育工匠精神为宗旨,以解决生产一线实际问题、促进职业教育专业建设和教学改革、提高教育教学质量、培养高素质技术技能人才为导向,以优化职业教育类型定位为牵引,立足国内,放眼世界,持续提升大赛的质量、成效和品牌影响力,更好地服务职业教育高质量发展。

全国职业院校技能大赛纵向贯通、横向融通的职业院校竞赛体系基本形成;赛项设置更加合理,实现对专业大类全覆盖,专业类覆盖率超过90%;赛项规程和赛题编制更加科学,与教学和产业需求衔接更加紧密;大赛成果在教学和生产一线得到广泛应用;对职业教育专业建设、教学改革、人才培养、对外交流的示范引领作用更加突出;大赛的社会关注度和影响力大幅提升,彰显中国职教特色、具备国际水准的技能赛事品牌得到认可。

全国职业院校技能大赛充分考虑大赛的教育教学属性,围绕职业教育国家教学标准、真实工作过程任务要求和企业生产现实需要设计比赛,重点考查和培养选手的职业素养、理论功底、实操能力、创新精神、合作意识,促进学生全面发展、终身发展,培养具备行业特质、中国情怀、国际视野的综合型技术技能人才、能工巧匠、大国工匠。

全国职业院校技能大赛推动职普融通、产教融合、科教融汇,推出职教本科组比赛,搭建职业教育与普通教育互通互联的立交桥;不断优化企业参与机制和形式,引入良性竞争机制,吸引更多产教融合型企业、龙头企业、跨国公司参与大赛,更好发挥企业在软硬件支持、技术转化、资金捐赠等方面的作用;将新的科技成果和企业技术融入比赛,推动职业教育与产业深度互动,推动职业教育提档升级。

(二)全国职业院校技能大赛赛项设置

全国职业院校技能大赛分高职组和中职组,高职组共设置赛项109个,涵盖19个专业大类。按照教育部办公厅印发的《全国职业院校技能大赛执行规划(2023—2027年)》通知,自2023年起,高职组有63个赛项每年举办一次,25个赛项在单数年举办,21个赛项在双数年举办,具体情况如表3-1所示。

表 3-1　全国职业院校技能大赛设赛指南(高职组)

专业大类	设赛方向	办赛频次
农林牧渔	动物疫病检疫检验	每年
农林牧渔	花艺	每年
农林牧渔	园林景观设计与施工	每年
资源环境与安全	地理空间信息采集与处理	每年
资源环境与安全	生产事故应急救援	每年
能源动力与材料	新型电力系统技术与应用	每年
能源动力与材料	新材料智能生产与检测	每年
土木建筑	装配式建筑智能建造	每年
土木建筑	建筑装饰数字化施工	每年
土木建筑	建筑智能化系统安装与调试	每年
土木建筑	建设工程数字化计量与计价	每年
水利	水利工程 BIM 建模与应用	每年
装备制造	数字化设计与制造	每年
装备制造	数控多轴加工技术	每年
装备制造	机器人系统集成应用技术	每年
装备制造	工业网络智能控制与维护	每年
装备制造	智能网联汽车技术	每年
装备制造	智能飞行器应用技术	每年
装备制造	机电一体化技术	每年
装备制造	生产单元数字化改造	每年
生物和化工	化工生产技术	每年
生物和化工	化学实验技术	每年
生物和化工	生物技术	每年
轻工纺织	服装创意设计与工艺	每年
食品药品与粮食	食品安全与质量检测	每年
交通运输	汽车故障检修	每年
交通运输	汽车营销	每年
交通运输	轨道车辆技术	每年
电子信息	智能电子产品设计与开发	每年
电子信息	嵌入式系统应用开发	每年
电子信息	应用软件系统开发	每年
电子信息	信息安全管理与评估	每年
电子信息	大数据应用开发	每年
电子信息	软件测试	每年
电子信息	5G 组网与运维	每年

续表

专业大类	设赛方向	办赛频次
电子信息	区块链技术应用	每年
电子信息	工业互联网集成应用	每年
电子信息	物联网应用开发	每年
医药卫生	护理技能	每年
医药卫生	中药传统技能	每年
医药卫生	检验检疫技术	每年
医药卫生	康复治疗技术	每年
财经商贸	业财税融合大数据应用	每年
财经商贸	智慧金融	每年
财经商贸	互联网+国际经济与贸易	每年
财经商贸	市场营销	每年
财经商贸	电子商务	每年
财经商贸	智慧物流	每年
财经商贸	会计实务	每年
旅游	导游服务	每年
旅游	酒店服务	每年
旅游	酒水服务	每年
文化艺术	视觉艺术设计	每年
文化艺术	数字艺术设计	每年
文化艺术	环境艺术设计	每年
文化艺术	声乐、器乐表演	每年
新闻传播	短视频创作与运营	每年
教育与体育	幼儿教育技能	每年
教育与体育	英语口语	每年
教育与体育	小学教育活动设计与实施	每年
教育与体育	体育活动设计与实施	每年
公安与司法	法律实务	每年
公共管理与服务	健康养老照护	每年
资源环境与安全	珠宝玉石鉴定	单数年
土木建筑	消防灭火系统安装与调试	单数年
土木建筑	建筑工程识图	单数年
水利	智能节水系统设计与安装	单数年
装备制造	模具数字化设计与制造工艺	单数年
轻工纺织	纺织品检验与贸易	单数年
交通运输	船舶航行安全管理技术	单数年
交通运输	城轨智能运输	单数年

续表

专业大类	设赛方向	办赛频次
交通运输	飞机维修	单数年
电子信息	网络系统管理	单数年
电子信息	数字化产品设计与开发	单数年
电子信息	云计算应用	单数年
医药卫生	老年护理与保健	单数年
医药卫生	临床技能	单数年
医药卫生	药学技能	单数年
财经商贸	商务数据分析	单数年
财经商贸	企业经营沙盘模拟	单数年
财经商贸	直播电商	单数年
旅游	烹饪	单数年
文化艺术	产品艺术设计	单数年
文化艺术	舞台布景	单数年
新闻传播	融媒体内容策划与制作	单数年
教育与体育	健身指导	单数年
公安与司法	司法技术	单数年
公共管理与服务	社区服务实务	单数年
资源环境与安全	环境检测与监测	双数年
土木建筑	建筑信息模型建模与应用	双数年
土木建筑	市政管线(道)数字化施工	双数年
装备制造	智能电梯装配调试与检验	双数年
装备制造	智能焊接技术	双数年
装备制造	数控机床装调与技术改造	双数年
装备制造	船舶主机和轴系安装调试	双数年
生物和化工	现代化工 HSE 技能	双数年
食品药品与粮食	药品生产	双数年
交通运输	高铁信号与客运组织	双数年
电子信息	集成电路应用开发	双数年
电子信息	移动应用设计与开发	双数年
医药卫生	婴幼儿健康养育照护	双数年
医药卫生	口腔修复工艺	双数年
财经商贸	关务实务	双数年
财经商贸	跨境电子商务	双数年
财经商贸	供应链管理	双数年
旅游	研学旅行	双数年
文化艺术	手工艺术设计	双数年

续表

专业大类	设赛方向	办赛频次
教育与体育	婴幼儿照护	双数年
公共管理与服务	人力资源服务	双数年

二、全国职业技能大赛

(一)全国职业技能大赛简介

全国职业技能大赛是由人力资源和社会保障部主办。2022 年 4 月，为迎接上海第 46 届世界技能大赛，大力弘扬劳模精神、劳动精神、工匠精神，激励更多劳动者，特别是年青一代走技能成才、技能报国之路，培养更多高技能人才和大国工匠，促进我国就业创业和高质量发展，人力资源和社会保障部组织开展 2022 年全国行业职业技能竞赛。2023 年 2 月，人力资源和社会保障部作为第二届全国职业技能大赛主办单位，牵头成立中华人民共和国第二届职业技能大赛组委会，负责统筹决策和部署推动赛事各项重点工作。组委会设秘书处、技术工作组、活动指导组、新闻宣传组、会议组、外事组、市场推广组和监督仲裁委员会。

第二届全国职业技能大赛以习近平新时代中国特色社会主义思想为指导，深入学习贯彻党的二十大精神，全面落实习近平总书记对技能人才工作重要指示精神和致首届全国技能大赛贺信精神，聚焦高质量充分就业、服务经济社会发展和实现劳动者全面发展，坚持智慧集约、公平公正、绿色安全、开放共享理念，引领带动广大劳动者技能水平提升，培养更多大国工匠、高技能人才，为全面建设社会主义现代化国家提供坚强有力的技能人才保障。

第二届全国职业技能大赛是一届智慧、绿色、安全、特色的技能盛会，全面提升新时代职业技能竞赛品牌影响力，展示技能人才队伍建设成效，交流推广技能人才培育经验做法。推动各地、各行业健全职业技能竞赛体系，实现以赛促学、以赛促训、以赛促评、以赛促建，不断提升技能竞赛工作水平。大力弘扬劳模精神、劳动精神、工匠精神，营造尊重劳动、尊重知识、尊重人才、尊重创造的良好社会氛围，进一步激励广大劳动者特别是年青一代崇尚技能、学习技能、投身技能、提升技能，走技能成才、技能报国之路。

(二)全国职业技能大赛赛项设置

全国职业技能大赛赛项分世赛选拔项目和国赛精选项目，共 109 项竞赛项目。其中，世赛选拔项目为 63 项，作为第 47 届世界技能大赛全国选拔赛，国赛精选项目为 46 项，如表 3-2 所示。

表 3-2　全国职业技能大赛设赛指南

赛项	行业	竞赛项目
世赛选拔项目(共 63 项)	运输与物流(7 项)	飞机维修、车身修理、汽车技术、汽车喷漆、重型车辆维修、货运代理、轨道车辆技术
	结构与建筑技术(13 项)	砌筑、家具制作、木工、混凝土建筑、电气装置、精细木工、园艺、油漆与装饰、抹灰与隔墙系统、管道与制暖、制冷与空调、瓷砖贴面、数字建造
	制造与工程技术(21 项)	数控铣、数控车、建筑金属构造、电子技术、工业控制、工业机械、制造团队挑战赛、CAD 机械设计、机电一体化、移动机器人、塑料模具工程、原型制作、焊接、水处理技术、化学实验室技术、增材制造、工业设计技术、工业 4.0、光电技术、可再生能源、机器人系统集成
	信息与通信技术(8 项)	信息网络布线、网络系统管理、商务软件解决方案、印刷媒体技术、网站技术、云计算、网络安全、移动应用开发
	创意艺术与时尚(6 项)	时装技术、花艺、平面设计技术、珠宝加工、商品展示技术、3D 数字游戏艺术
	社会及个人服务(8 项)	烘焙、美容、糖艺/西点制作、烹饪(西餐)、美发、健康和社会照护、餐厅服务、酒店接待
国赛精选项目(共 46 项)	传统赛项(26 项)	数控车、数控铣、电工、装配钳工、焊接、电子技术、CAD 机械设计、汽车维修、新能源汽车智能化技术、木工、砌筑、室内装饰设计、网络系统管理、信息网络布线、珠宝加工、时装技术、餐厅服务、烹饪(中餐)、烘焙、茶艺、社会体育指导(健身)、起重设备应用技术、石油钻井技术、电力系统运营与维护、计算机软件测试、机器人焊接技术
	新职业赛项(20 项)	智能制造工程技术、集成电路工程技术、人工智能工程技术、工业互联网工程技术、虚拟现实工程技术、互联网营销、连锁经营管理、供应链管理、人工智能训练、健康照护、物联网安装调试、工业机器人系统操作、工业机器人系统运维、无人机装调检修、建筑信息模型技术、增材制造设备操作、全媒体运营、区块链应用操作、服务机器人应用技术、家政服务(整理收纳)

三、行业协会组织的技能大赛

行业协会技能大赛部分设赛指南如表 3-3 所示。

表 3-3　行业协会技能大赛部分设赛指南

序号	赛事名称	组织单位
1	中国国际"互联网+"大学生创新创业大赛	教育部学生服务与素质发展中心
2	"挑战杯"全国大学生课外学术科技作品竞赛	共青团中央、中国科学技术协会、教育部、中国社会科学院、全国学联
3	全国大学生数学建模竞赛	中国工业与应用数学学会
4	全国大学生电子设计竞赛	教育部高等教育司和信息产业部人事司共同主办
5	全国大学生广告艺术大赛	全国大学生广告艺术大赛组委会、中国传媒大学、大广赛文化传播(北京)有限公司
6	外研社全国大学生英语系列赛	外语教学与研究出版社
7	两岸新锐设计竞赛·华灿奖	中国高等教育学会、中华中山文化交流协会、北京歌华文化发展集团
8	全国大学生市场调查与分析大赛	中国商业统计学会
9	全国大学生先进成图技术与产品信息建模创新大赛	教育部高等学校工程图学课程教学指导委员会、中国图学学会制图技术专业委员会
10	中国大学生服务外包创新创业大赛	教育部、商务部、无锡市人民政府
11	蓝桥杯全国软件和信息技术专业人才大赛	工业和信息化部人才交流中心
12	米兰设计周——中国高校设计学科师生优秀作品展	国家工业设计研究院(生态设计领域)、米兰设计周——中国高校设计学科师生优秀作品展组织委员会
13	全国大学生信息安全竞赛	教育部高等学校网络空间安全专业教学指导委员会
14	未来设计师·全国高校数字艺术设计大赛	工业和信息化部人才交流中心、未来设计师·全国艺术设计教师教学创新大赛组委会
15	"中国软件杯"大学生软件设计大赛	工业和信息化部等
16	华为 ICT 大赛	华为技术有限公司
17	全国高校商业精英挑战赛	中国国际贸易促进委员会、商业行业委员会教育培训部
18	中国好创意暨全国数字艺术设计大赛	全国高校计算机基础教育研究会
19	中国机器人及人工智能大赛	中国人工智能学会主办
20	"21 世纪杯"全国英语演讲比赛	中国日报社
21	iCAN 大学生创新创业大赛	中国信息协会
22	中华经典诵写讲大赛	教育部、国家语言文字工作委员会
23	百度之星·程序设计大赛	百度公司
24	全国大学生工业设计大赛	全国工业设计一流专业建设协同创新平台、广东省教育厅、广东省本科高校工业设计专业教学指导委员会
25	全国大学生计算机系统能力大赛	全国高等学校计算机教育研究会
26	全国大学生花园设计建造竞赛	北京林业大学

续表

序号	赛事名称	组织单位
27	全国大学生物联网设计竞赛	全国大学生物联网设计竞赛组委会
28	全国大学生能源经济学术创意大赛	中国优选法统筹法与经济数学研究会
29	全国大学生数字媒体科技作品及创意竞赛	中国人工智能学会
30	全国企业竞争模拟大赛	中国管理现代化研究会、决策模拟专业委员会
31	全国高校数智化企业经营沙盘大赛	中国商业联合会
32	全国数字建筑创新应用大赛	中国建设教育协会主办
33	"科云杯"全国大学生财会职业能力大赛	中国商业会计学会
34	全国大学生机器人大赛-RoboTac	全国大学生机器人大赛组委会
35	"一带一路"暨金砖国家技能发展与技术创新大赛	金砖国家工商理事会中方理事会、"一带一路"暨金砖国家技能发展国际联盟等
36	"码蹄杯"全国职业院校程序设计大赛	全国高等学校计算机教学与产业实践资源建设专家委员会
37	金砖国家职业技能大赛	教育部、人社部、金砖国家工商理事会
38	全国高职高专院校信息素养大赛	高等学校图书情报工作委员会
39	"畅享杯"全国数学商业技能大赛	中国商业联合会
40	全国证券投资模拟实训大赛	全国金融职业教育教学指导委员会
41	全国财经大数据处理综合技能大赛	中国商业会计学会
42	全国职业院校"网中网杯"技能大赛	中国商业会计学会
43	全国大学生审计技能大赛	中国企业财务管理协会
44	"IECC"全国职业院校关务技能网络竞赛	中国报关协会报关行业职业教育工作委员会
45	OCALE全国跨境电商创新创业能力大赛	中国国际贸易学会
46	全国大学生现代物业经营管理大赛	中国职业经理人协会
47	全国高校数智化商业决策创新大赛学生组	中国商业经济学会(国家一级学会)
48	"踏瑞杯"全国大学生人力资源管理知识技能竞赛	中国人力资源开发研究会
49	"外教社·词达人杯"全国大学生英语词汇能力大赛	中国外语教材与教法研究中心、上海外语教育出版社
50	"普译奖"全国大学生英语写作大赛	"普译奖"活动组委会、《海外英语》杂志
51	全国大学生英语翻译大赛	国际英语外语教师协会、中国英语外语教师协会
52	"创青春"中国青年创新创业大赛	共青团中央等9部门
53	"强国杯"技术技能大赛	工业和信息化部教育与考试中心

续表

序号	赛事名称	组织单位
54	全国电子信息行业新技术应用职业技能竞赛	人力资源和社会保障部
55	"中国-东盟教育交流周"——物联网技术大赛国际邀请赛	马来西亚国际文化交流中心
56	全国高校计算机能力挑战赛	全国高等学校计算机教育研究会
57	"强网杯"全国网络安全挑战赛	教育部高等学校网络空间安全专业教学指导委员会
58	"强国杯"技术技能大赛	工业和信息化部教育与考试中心
59	中泰职教联盟国际软件技能大赛	中泰职业教育联盟
60	全国职工职业技能大赛	中华全国总工会、科学技术部、人力资源和社会保障部、工业和信息化部
61	"经世杯"国际高校行业信息化与数字化设计应用大赛	中国通信学会、泰国皇家大学委员会、俄罗斯上海合作组织成员国高等教育标准研究中心
62	全国装配式建筑职业技能竞赛	中国建设教育协会、中国就业培训技术指导中心主办
63	"首冠杯"全国职业院校(高职组)大数据财务分析大赛	中国商业会计学会
64	"衡信杯"全国税务技能大赛	中国企业财务管理协会
65	高等学校师范类专业毕业生教学技能比赛	河南省教育厅
66	全国中文信息处理大赛	工业和信息化部

四、参加职业技能大赛的意义

职业技能大赛旨在培养学生"崇尚科学、追求真知、团结协作、勇于挑战"的精神,它在促进青年学生成才成长、推动高等职业教育教学改革、服务经济社会发展方面起到不可替代的作用。

1. 职业技能大赛提高了学生的职业素质

高校的办学目标是培养高素质的技能型人才,为社会建设和企业发展提供高质量的技术服务与技术支持。这些技能型人才工作在生产第一线,为了高质量地出色完成工作任务,除了需要娴熟的技术能力,还需要具备与客户和领导的沟通能力、团队共同协作的能力、吃苦耐劳的工作态度、刻苦钻研的精神品质、良好的职业道德和心理素质等。以上职业素质,都能在职业技能大赛中得到充分锻炼,参赛学生在备赛过程中须熟练掌握技能,比赛过程更是锻炼了学生应对大赛的心理素质,培养了学生的团队协作能力。在这个过程中,学生的自学能力和创新能力也得到了很大的提高。学生由被动式的课堂学习转为主动式的探索钻研,积极主动地自学新理念、新技术,将各种知识融会贯通,这对将来学生的职业发展至关重要。

2. 职业技能大赛提升了学生的就业能力

多年的调查发现，参加过职业技能大赛并取得好成绩的学生毕业后一般都能迅速找到自己满意的工作，并且这些毕业生也获得了企业的一致好评。分析其原因，学生参加职业技能大赛大大提升了自身的职业综合素质，而这些素质正是企业所需要的。职业技能大赛提升了学生就业能力的很多方面，除了工作更加积极外，还包括专业技术水平、团队协作能力等的提升。在企业中，任何一件事情的成功都是团队共同努力的结果，缺乏团队协作能力就无法融入企业团队中。职业技能大赛很多比赛项目是团体赛，一般三人一组或五人一组，在这样的小团队中，需要由队长负责协调各个队员，需要队员间相互配合协作，服从队长的安排，队员间的任何分歧都会影响比赛成绩。因此，经过技能竞赛的洗礼，学生会更加懂得团队协作的重要性，更懂得与人交流协作。

3. 竞赛学生所起到的带头示范作用

参赛学生备赛时的积极学习、刻苦钻研，赛场上的奋勇拼搏、力争上游，会对其他同学产生正面积极的影响，起到带头示范作用。其他未参赛的同学在这种学习竞赛的氛围下，也会对新技术、新知识产生浓厚兴趣，继而向参赛同学学习请教，见贤思齐，共同进步。因此职业竞赛促进了良好学习风气的形成。

总之，参加职业技能大赛，可以增强参赛学生的学习自信心，极大地激发参赛学生学习和探索的积极性，使参赛学生迅速成长为高素质技能型人才，激发学生的学习热情和创新意识，促进良好学风的形成，最终实现"学以致用、践以促学"的目标。

第三节 职业实践活动

实践是检验真理的唯一标准。对高校的学生来说，实践更是学习生涯中不可或缺的一部分。职业实践活动有利于学生更好地掌握所学知识，有利于学生更好地与社会对接，提早适应社会竞争模式，帮助学生在今后的职业道路上取得更好的发展。

一、职业实践活动概述

职业实践活动是按照高等教育培养目标，对高校在校大学生进行的有组织、有计划、有目的、深入实际、深入社会、依靠社会力量完成的一种贯彻思想政治教育、培养综合素质的教育活动，它是以社会为课堂、以培养人才为目的的社会系统工程。以职业实践活动为教育手段，可以更有针对性地培养学生的职业技能，检验完善个人的职业生涯规划，实现个人职业的长远发展。

高校的职业实践活动从宏观来说分为两部分：一部分是在校期间的按照人才培养方案设定的课程内的实训教学，是高等职业教育的重要环节；另一部分是到实际工作岗位中的实习环节，在在校期间的理论学习和实践练习的基础上，对职业岗位有一定认知的情况下，真实地参与职业活动。

二、职业实践活动的作用

没有走出校门，没有接触社会的学生对于外界事物的了解永远都只是水中月、镜中花，职业实践活动的开展是高校教学工作的重心之一，通过与企业的对接，让学生参与到实际的项目之中，与所学知识相结合，提高学生的实操水平。职业实践活动对于高校学生的积极作用具体表现如下。

首先，有利于学生了解国情、了解社会，增强社会责任感和使命感。现代大学生，大多是在书本知识中成长起来的，对我国的国情、民情知之甚少，而社会的复杂程度远不是读几本书、听几次讲座、看几条新闻就能了解的。社会实践活动则为他们打开了一扇窗。通过社会实践活动，接触行业一线的知识和信息，开阔眼界，形成对行业更加深入的了解。

其次，有利于学生正确认识自己，对自身成长产生紧迫感。通过广泛地参与职业实践活动，能让学生看到自己和市场需求之间的差距，看到自身知识和能力上存在的不足，比较客观地去重新认识、评价自我，逐渐摆正个人与社会、个人与人民群众的位置，对于"我的个性适合做什么样的工作""我喜欢什么类型的活动""我的管理能力、沟通协调能力、团队合作能力、创新能力等需要如何提高"这些自我探索的问题找到明确的答案，为将来的职业发展打好基础。

再次，有利于学生对理论知识的转化和拓展，增强运用知识解决实际问题的能力。大学生以课堂学习为主要获取知识的方式，这对大学生来说是无法改变的现实问题，但这些理论知识并不代表大学生的实际技能，往往难以直接运用于现实生活之中。对于高职类大学生，实践的意义尤为突出，职业实践使学生接近社会和自然，获得大量的感性认识和许多有价值的新知识，同时使他们能够把自己所学的理论知识与接触的实际现象进行对照，把抽象的理论知识逐渐转化为认识和解决实际问题的能力。

最后，职业实践活动有利于发展大学生的组织协调能力和创新意识。职业实践活动没有课堂教学上的太多的束缚和校园生活的限制，学生们的积极性能够被充分调动起来，兴趣高涨，思维也空前活跃，往往会产生一些创造性火花，在轻松自由的氛围下发挥出青年学生独有的想象力和创造力，并在实践中进行开拓、进行创新。

三、高校开展的职业实践活动

在"大众创业、万众创新"的时代背景下，河南某职业学院(以商务学院为例)结合社会就业需要为学生提供了大量的职业实践活动："双十一"的客服工作、各大企业的产品实际销售、境外贸易的对接等。这些不胜枚举的职业实践活动，使得该学院的同学们有着充足的可选择性。

(一)"双十一"实践活动

"双十一"实践活动是为进一步深化电子商务和物流专业课程改革,提高学生理论联系实际的能力,使学生在真实的工作场景中加深对电子商务基本知识的理解和仓储配送流程的真实体验。综合实训主要是结合所学专业知识与技能进行实际能力的训练,目的是对所学的专业知识进行全面的了解、理解和掌握,并能灵活运用。

"双十一"实践活动首先要进行岗前培训工作,主要讲解淘宝规则。有很多规则是我们在平时的学习中没有接触到的,比如,违反淘宝规则对卖家如何扣分、扣多少分,以及卖家如何应对买家的恶意行为,这些方面对于一个客服来说是应该具备的能力。作为一个卖家,不要轻易承诺买家,一旦承诺就要兑现诺言,还有些问题要追究卖家赔偿,比如,72小时延迟发货要赔付商品全额的30%,这些都是作为客服必须熟悉和了解的。顾客是上帝,作为客服,必须有良好的职业素质和道德修养,要耐心、细心解答顾客的疑问,真心为顾客服务。卖家最讲究的就是信誉,对于买家的差评、投诉,我们是不想见到的。其次要培训销售基本流程。

(二)新零售实践活动

新零售,是企业以互联网为依托,通过运用大数据、人工智能等先进技术手段,对商品的生产、流通与销售过程进行升级改造,进而重塑业态结构与生态圈,并对线上服务、线下体验以及现代物流进行深度融合的零售新模式。

线上、线下和物流结合在一起,才会产生新零售。2016年10月的阿里云栖大会上,马云在演讲中第一次提出了新零售:"未来的十年、二十年,没有电子商务这一说,只有新零售。"

"新零售"的核心要义在于推动线上与线下的一体化进程,其关键在于使线上的互联网力量和线下的实体店终端形成真正意义上的合力,从而完成电商平台和实体零售店面在商业维度上的优化升级。同时,促成价格消费时代向价值消费时代的全面转型。此外,有学者也提出新零售就是"将零售数据化"。移动云商城将新零售总结为"线上+线下+物流,其核心是以消费者为中心的会员、支付、库存、服务等方面数据的全面打通"。

(三)跨境电商实训

跨境电商实训,可以使学生清楚地了解跨境电商的工作流程和日常事务。每天在网络上与客人沟通交流,能够使自身英语能力得到很大提高。在工作实训中,学生会学到很多技巧,具体内容如下。

1. 上架技巧

影响商品排名的关键因素有两个,分别是"剩余时间"和"推荐商品"。

其中,"剩余时间"=宝贝有效期-(当前时间-发布时间),"宝贝有效期"有两种取值,分别是14和7,对应于产品发布时选择的有效期;"发布时间"就是你的宝贝上架的时间。

"推荐商品"这个因素对应于发布商品时的"橱窗推荐"选项。搜索结果根据是否"橱窗推荐"商品,被划分为两个区段:无论剩余时间是多少,推荐商品的区段排名都在未推荐商品区段的前面;同一区段内,剩余时间越短,排名越靠前。因此,商品剩余时间越少,商品就越容易让买家看到。同时还要考虑到在什么时候上网的买家人数最多,据统计,上网人数最多的时间段为 10:00—11:30、15:30—17:30 和 19:30—21:30。

基于以上两点考虑,为了获得更好的宣传效果,赢得更多更有利的商品机会,在新品上架过程中建议按照如下方法上架商品。

(1) 把握好店铺流量高峰期的 3 个时间段:10:00—12:00、15:00—17:00、20:00—22:00,所有商品下架时间最好控制在这 3 个时间段之内,意思就是上架时间也要控制在这 3 个时间段之内。休息日,也就是周六、周日全天都是高峰期。

(2) 可以对店铺流量高峰期以及相关的单个商品的访问高峰期的时间段进行统计,然后配合执行。例如,访问量最高的商品,安排在当天店铺访问量最高的时间段内进行上架设置,同时这个时间段要符合行业的高峰时间段。

(3) 对于商品较多的店铺,商品上架时间的安排,还要通过商品数量和时间计算。比如,某淘宝女鞋店铺,店铺总共有商品 200 种,上下架时间的计算方法如下:高峰期 10:00—11:00,14:00—16:00,20:00—22:00,一共 5 小时。周六、周日,从 10:00—23:00,一共是 13 小时,周一到周五 5×5=25(小时),周六、周日 13×2=26(小时),所以一个星期有 51 小时高峰期。全部平均的分配:(51×60)/200=15.3 分/个,计算结果表示每 15.3 分钟上架一个商品最合理。

最后,还需注意对竞争对手的商品上下架时间进行监测,最好是错峰进行上下架,不要在一个时间段内同时进行上下架操作。除此之外,若主要市场是在国外,时差问题也是至关重要的,但是浏览的高峰期不管是国内还是国外都是一致的,只要设定好了时间自动上架,时差问题也就迎刃而解了。

2. 学会尊重,要从内心深处尊重客户

无论是国内还是国外,所有的消费者对于商家的服务态度都很看重。即使是不用与客户面对面交流的电商,也要十分注重对服务态度的培养。

(1) 换位思考,诚恳待人。这一点说得轻松,做起来却并不轻松。在与客户的每次交流结束之后,回顾交流过程,问自己:"我真的做到了站在顾客角度吗?"此时,我们就会发现对于客户的很多不能理解的问题都可以理解了,很多不能接受的要求也能够接受了。

(2) 实事求是,不隐瞒缺点。网购的很多纠纷缘于卖家对于商品信息的隐瞒。如果对于自家商品盲目地赞美,而忽略和掩盖商品的缺陷,待买家入手之后会使其产生强烈的背叛感,可能还会导致其对店铺的举报以及言语攻击,会对店铺的声誉和长远发展造成巨大的隐患。

(3) 热情真诚,持之以恒。卖家真正的热情不仅是在成交前,而且要保持到成交之后。这种持久的热情的服务态度会在很大程度上抵达客户内心,从而拉近买方与卖方之间的距离,更加有利于交易的成功以及增加未来再次甚至多次交易的可能。

3. 提高应对买家的讨价还价能力

提高应对买家的讨价还价能力具体可以表现为以下内容。

(1) 先发制人,在客人进入店面时,就让对方做好接受一口价的准备。此种方法有很多,可以在公告栏上注明,也可以在留言栏上贴上告示,但是语气不能太过生硬,否则会让买家心理上不能接受,有时还会产生一种抗拒心理。因此,在语气上尽量委婉一点,比如:"温馨提示:小店刚开张,所有产品都是保本价销售,微薄利润,请勿再还价,谢谢您的理解,祝您购物愉快!"用此方法的前提是:你的产品质量本身就过硬且价格又确实合理。否则,可能会拒客户于千里之外。

(2) 对于客人的议价在确保盈利的基准上,可以适当满足。无论出于什么原因,任何买家都会认为产品价格比他想象得要高。这时,必须证明产品的定价是合理的。证明的办法就是突出产品优势,物超所值赢得买家的认可,多讲产品在设计、质量、功能等方面的优点。正所谓"一分钱一分货",通过透彻分析、讲解产品的各种优点来证明此商品是值得以这样的价格购买的。

(3) 店铺的促销活动,其实就是很好地规避讨价还价的方法。很多店铺都会或多或少地搞一些促销活动,当买家决定购买商品却在为价格而犹豫不决时,买家可以在优惠活动上满足他打价格战的心理。

四、开展职业实践活动的意义

"理论是灰色的,而生活之树常青",只有将理论付诸实践才能实现理论自身的价值,也只有将理论付诸实践才能使理论得以检验。同样,一个人的价值也是通过实践活动来实现的,也只有通过实践才能锻炼人的品质,彰显人的意志。通过开展职业实践活动,促使学生努力实践,自觉进行角色转化。从学校走向社会,首要面临的问题便是角色转换的问题。从一个学生转化为一个社会人,在思想的层面上,必须认识到二者的社会角色之间存在着较大的差异。学生时代只是单纯地学习知识,而社会实践则意味着继续学习,并将知识应用于实践,学生时代可以自己选择交往的对象,而工作后则更多地被他人选择。诸此种种的差异,不胜枚举。

【案例分析】

郭某某是河南某职业学院信息安全专业的学生。作为一名高职院校的学生,在学习一定知识和理论的基础上,重点进行实用性和操作技能的训练,夯实专业理论根基,在学习过程中既要注重基础也要扩大就业目标,多有一技之长傍身,在未来面对就业竞争的时候就多出一分先天的优势。

郭某某从入学那天起就对云计算专业技能很感兴趣,在大一的时候就通过了 RHCA-性能调优证书、RHCA-高级自动化 Ansible 证书、RHCA-分布式存储 Ceph 证书、RHCA-OpenShift 容器管理证书、RHCA-OpenStack 证书、RHCA-高级架构师证书等共 6 个证书的考试,获得红帽认证架构师(RHCA)认证。大二继续深入学习,获取红帽认证技师(RHCT)

认证，在当时国内仅有 800 多人拥有 RHCT 认证，全球不到 1 万人拥有。

郭某某参加了 2020 年河南省高等职业教育技能竞赛"云计算"赛项，凭借全面的专业知识，熟练的操作要领，做到全面练习，科学分配练习时间，选择练习时机及场所，并能够手脑并用，最终在竞赛中脱颖而出，取得省赛一等奖第一名的好成绩。2020 年 12 月，郭某某第一次代表河南省参加了全国大赛的云计算赛项，拿到了全国第六名，获得了国家二等奖。2021 年 6 月，教师亢某某及学生郭某某组成的参赛队作为河南省代表队在山东某职业技术学院参加全国职业院校技能大赛高职组"云计算"赛项，在为期 3 天的比赛中，师生勠力同心，拼搏奋战，经过反复打磨、不断优化比赛方案，最终荣获 2021 年全国职业院校技能大赛高职组"云计算"一等奖第一名。

2022 年 5 月 4 日，《人民日报》专版刊登了全国 100 名本专科生国家奖学金获奖学生代表名录，其中高职院校毕业生 14 名，郭某某同学榜上有名。全国 6 万名优秀本专科学生荣获 2020—2021 学年度国家奖学金，经过严格选拔和评审，100 名学生被评为本专科生国家奖学金获奖学生中的优秀代表。郭某某同学由于其专业技能突出，综合表现优异，被遴选为"全国百名本专科生国家奖学金获奖学生优秀代表"，河南省 2 名学生入选，高职生占 1 名，可喜可贺。

思考： 在校期间的专业知识学习和技能训练从哪些方面提升了职业技能？职业院校技能大赛在"以赛促教、以赛促学、以赛促改、以赛促建"中发挥了怎样的作用？

(资料来源：本书作者整理编写)

【知识拓展】

买土豆的故事

张三和李四同时受雇于一家店铺，拿同样的薪水。一段时间后，张三青云直上，李四却原地踏步。李四想不通，问老板为何厚此薄彼。

老板于是说："李四，你现在到集市上去一下，看看今天早上有卖土豆的吗。"一会儿，李四回来汇报："只有一个农民拉了一车土豆在卖。"

"有多少？"老板又问。

李四并没问农民有多少土豆，于是赶紧又跑到集上，然后回来告诉老板："一共 40 袋土豆。"

"价格呢？"

"您没有叫我打听价格。"李四委屈地申明。

老板又把张三叫来："张三，你现在到集市上去一下，看看今天早上有卖土豆的吗。"

张三也很快就从集市上回来了，他一口气向老板汇报说："今天集市上只有一个农民卖土豆，一共 40 袋，价格是两毛五分钱一斤。我看了一下，这些土豆的质量不错，价格也便宜，于是顺便买回来一个让您看看。"

张三边说边从提包里拿出土豆："我想，这么便宜的土豆一定可以挣钱，根据我们以往的销量，40袋土豆在一个星期左右就可以全部卖掉。而且，如果咱们全部买下还可以再适当优惠。所以，我把那个农民也带来了，他现在正在外面等您回话呢……"

在现在的市场竞争中，企业的发展最终靠的是全体人员积极性、主动性、创造性的发挥。

(资料来源：本书作者整理编写)

【本章小结】

面对如今越发激烈的市场竞争，对专业型人才的需要也越发迫切。那些备受追捧的专业型人才往往都具备高针对性、高实用性的职业技能。因此，职业技能的培训成为专业型人才培养的重中之重，学生也应该认识到技能的掌握对于未来工作的重要性。学生要时刻牢记自己身上的责任与担当，明确自己的市场地位，通过自身的职业技能分析自己在技能训练上的整体水平，确立自己的职业方向，凭借各种培训途径不断精进自身的职业技能，增强本领，做到活学活用，为今后更好的发展做好准备。

第四章 职业素养

目前我国就业形势严峻,大学生就业问题为社会各界广泛关注。一方面,大学生就业困难;另一方面,企业又招聘不到合适的人才。也就是说,大学生数量众多,但因其职业素养不高而无法满足就业市场对人才的需要。因此,为了满足市场对人才提出的要求,应加强培养学生的职业素养。

职业素养是指职业内在的规范和要求,是指一个人职业过程中表现出来的综合品质,包含职业道德、职业技能、职业行为、职业作风和职业意识等内容,它是我们在社会活动中需要遵守的行为规范。

【学习目标】

- 了解职业素养的概念及其基本内容。
- 学习怎样培养自己的职业素养。

第一节 职业素养概述

一、职业素养的内涵

(1) 良好的职业道德,文明的行为习惯。以培养具有社会公德、家庭美德、职业道德为核心,促进文明行为习惯的养成,强化道德实践活动和日常引导,注重职业道德意识和行为养成。

(2) 踏实的敬业精神,科学的创新理念。培养以胜任职业要求的敬业精神和创新精神,注重学生踏实认真的工作态度、吃苦耐劳的工作精神、认真负责的责任意识和严明自律的纪律观念教育,强化创新、创业教育,促进学生自我学习能力的提高和创新理念的形成。

(3) 真诚的协作意识,灵活的沟通艺术。培养学生的团队协作精神和良好的沟通技巧,以"大局意识、合作精神、谦虚谨慎、语言表达"为教育内容,促进学生与企业、与同事的融合能力。

(4) 健康的身心素质,鲜明的个性特长。培养学生健康的身体素质、心理素质,使其特长得以发挥,把学生的身心素质和个性特长作为人力资源培养的重要内容,着力培养"健康、阳光、活泼、坚韧、多才"的学生。

二、培养大学生职业素养的必要性

首先,职业素养是教育发展的重要要求。职业素养教育有利于提高学生未来的职业竞争力以及社会适应力,成为对社会以及国家真正有贡献的高技能、高素质的应用型人才。

其次,职业素养是就业以及创业的实际需要。从健康管理学生未来的发展上看,只有具备极强的职业素养,才会满足健康管理岗位的实际要求,学生才会成为一个各方面素质极强的健康管理职业人。

最后,职业素养是对职业成熟度的一种衡量指标,也是职业生涯实际发展成败的决定性因素。

三、职业素养的培养目标

职业素养的培养目标主要有以下几点。

(一)具有主人翁意识

想成为一名一流的员工,不应只是停留在"为了工作而工作、单纯为了赚钱而工作"等层面上,而应该站在公司领导的立场上,用公司领导的标准来要求自己,像公司领导那样去专注工作,以实现自己的职业梦想与远大抱负。以公司领导的心态对待工作,不做雇员,要做就做企业的主人,第一时间维护企业的形象,这个角色心态问题是职业素养培养目标的关键。

(二)学会迅速适应环境

在就业形势越来越严峻、竞争越来越激烈的当今社会,不能迅速适应环境已经成为个人素质中的一块短板,这也是无法顺利工作的一种表现。相反,善于适应环境是一种能力的象征,具备这种能力的人,相当于手中握有可以纵横职场的筹码。不适应环境者将被淘汰出局。适应环境有时不啻于一场严峻的考验,做职场中的"变色龙"方可游刃有余。

(三)化工作压力为动力

压力,是工作中的一种常态,对待压力,不可回避,要以积极的态度去疏导、化解,并将压力转化为自己前进的动力。人们最出色的工作往往是在高压的情况下做出的,思想上的压力,甚至肉体上的痛苦都可能成为取得巨大成就的"兴奋剂"。

(四)善于展现自己

在职场中,默默无闻是一种缺乏竞争力的表现。那些善于展现自己的员工,往往能够获得更多的锻炼和成长的机会,要把握机会适当地展现自己的才华而非刻意表现。

(五)低调做人，高调做事

工作中，学会低调做人，你将一次比一次稳健；善于高调做事，你将一次比一次优秀。在"低调做人"中修炼自己，在"高调做事"中展示自己，这种恰到好处的低调与高调，可以说是一种进可攻、退可守，看似平淡，实则高深的处世谋略。低调做人，赢得好人缘；做事要适当高调，"猛将必发于卒伍"。

(六)设立工作目标，按计划执行

在工作中，首先应该明确地了解自己想要什么，然后再去努力追求。一个人如果没有明确的目标，就像船没有罗盘一样。每一项富有成效的工作，都需要明确的目标去指引。坚定而明确的目标是专注工作的一个重要前提。工作前先把目标设定好，确立有效的工作目标。缺乏明确目标的人，其工作必将庸庸碌碌。

(七)做一个时间管理高手

时间对每一个人都是公平的，每个人都拥有相同的时间，但是在同样的时间内，有人表现平平，有人则取得了卓著的工作业绩，造成这种反差的根源在于每个人对时间的管理与使用效率上是有巨大差别的。因此，要想在职场中具备不凡的竞争能力，应该先将自己培养成一个时间管理高手。

(八)自动自发，主动就是提高效率

自动自发的员工，善于随时准备把握机会，永远保持率先主动的精神，并展现超乎他人要求的工作表现，他们头脑中时刻灌输着"主动就是效率，主动、主动、再主动"的工作理念，不要只做老板交代的事，工作中没有"分外事"，不是"要我做"，而是"我要做"，同时也要拥有"为了完成任务，能够打破一切常规"的魄力与判断力。显然，这类员工才能在职场中笑到最后。

(九)富有责任心

德国大众汽车集团认为："没有人能够想当然地'保有'一份好工作，而要靠自己的责任心去争取一份好工作！"世界上也许没有哪个民族比得上德国人更有责任心了，而他们的企业首先强调的还是责任，他们认为没有比员工的责任心所产生的力量更能使企业具有竞争力。显然，那些具有强烈责任心的员工才能在职场中具备更强的竞争力。工作就是一种责任，企业青睐具备强烈责任心的员工。

第二节　如何培养大学生的职业素养

企业在招聘员工时，会希望应聘者具有一定的工作经验。其实，大学生在学校所能学习的专业知识和社会经验距离就业市场的实际需求还有很大的差距，用人单位真正看中的

并不是简单的成绩,也不是表面的实践经历,而是职业意识和职业素养。

一、选择职业目标

职场是一个很特殊的环境。之所以说特殊,原因有以下3点。

首先,职场是一个以能力为基础,以兴趣为引导,以价值观为保障的环境。要进入一个行业,步入一个企业,占据一个岗位,首先是因为你有从事这项工作的能力。因此,你有这方面的能力,是一块敲门砖,很少有不论能力高低,只凭意愿大小而让一个人上岗的机会,因为那对企业来说,会有很大的风险。

其次,职场是一个综合素质的考验场,在职场中生存,需要有自己的"核心竞争力"。什么是你的核心竞争力,简单来说,就是你有多大的可被替代的机会成本。如果你离职的话,公司到底要付出多大的成本去弥补你的离开,是立刻,一个月,还是一年,时间越长,证明你的核心竞争力越大。而核心竞争力是一个综合素质的评估,涉及能力、状态、风格以及潜力等。

最后,职场永远只相信优胜劣汰,而不是简单的公平与否。很多身在职场的人,希望领导和企业能够一视同仁,一碗水端平。但可以直白地告诉你,这几乎是不可能的。机会面前是适者生存,因此,找准位置很重要,清楚自己的定位更重要,想要什么、想要在职场上成为什么,由你决定,而不是由企业决定。

正因如此,职业目标就是建立在自我认知清楚的基础上的"个性化定位",同样的环境,同样的机会,人不同,那么定位就不同,即使有相同的定位,而个性、能力、资源、视野等不同,也终究会造就不同的发展路径。因此,要找到适合自己的职业目标,首先是对自我有清晰的认知,否则,只能是"碰运气"式的尝试,而这种方式的风险总是很大。

(一)根据自己的兴趣确定就业方向

兴趣是最好的老师,也是最大的驱动力。比如,喜欢和人打交道,相对来说,销售、人事、行政都可以考虑;选一个大方向,再根据兴趣点选小方向。比如,喜欢挑战的,不满足现状,希望自己短期获得最大效益,做销售无疑最好;喜欢安稳的生活,行政、人事都可以选择。

(二)根据专业确定方向

不管你是否喜欢所选专业,你既然在大学读了四年,多少还是会学到一些东西。选择继续从事本专业相关的职业,不仅在面试的时候有优势,在工作中也有优势,企业在实际招聘中也会重点关注这一点。识别度高的专业尤其如此,如财务、计算机、机械设计制造、自动化等专业。

(三)根据性格确定方向

建议在选择职业前,做一个性格测试,根据结果来确定职业方向。比如,外向型的人相对来说最好从事和人打交道的职业,如市场公关、销售等。内向型的人适合从事与技术或者设备打交道的工作,如财务、工程、软件开发等。

(四)根据市场热度确定方向

相对来说,从众一般都不会犯错,而且市场上流行的职位一般招聘量大,就业也比较容易。不过缺点是有可能入门标准极端。比如,现在的计算机产业人才短缺,但是技术含量高;而销售同样缺人,但是准入门槛低。

如果你不知道如何做,那么就先就业后择业,找最容易入门的岗位,如销售,既能得到锻炼,也能有不错的发展。

二、学习职业礼仪

中国素有"文明古国""礼仪之邦"的美称,纵观中国上下5000多年的灿烂历史,"礼"是中国文化的根本特征和标志,是中国古代文化的核心。中国传统文化的核心人物儒家学说的创始人孔子曰:"不学礼,无以立。"并且还提出"六艺"作为古代儒家教授学生必须掌握的六种基本才能,即礼、乐、射、御、书、数。把"礼"放在了第一位,作为学习各种课程的先修课程、基础课程。现代人必须承认这样一个现实,我们生活在各种各样的人际关系中,革命导师马克思曾经说过,人是各种关系的总和,这样就免不了与人交往,要学会为人处世。在现代社会尤其是步入职场,处理各种人际关系非常重要。可能在某种意义上讲,它不亚于人的专业能力。

在家里我们要有家庭美德;在工作岗位我们要有职业道德;在公共场所,我们作为中华人民共和国的公民,要有公共道德。可见,德是一个人的形象与礼仪很好的体现,是礼仪的第一要素。那么是不是有了德,我们的形象与礼仪便得以完满呢?当然不是的,我们还必须要有学识,这是礼仪的第二要素。学识带来的底蕴,才是气质最根本的内涵。人们说,"腹有诗书气自华",就是这个道理。

在日常生活和工作中,礼仪能够调节人际关系,从一定意义上说,礼仪是人际关系和谐发展的"调节器",人们在交往时按礼仪规范去做,有助于加强人们之间互相尊重,建立友好合作的关系,缓和或避免矛盾和冲突。一般来说,人们受到尊重、礼遇、赞同和帮助就会产生吸引力,形成友谊关系;反之会产生敌对、抵触、反感,甚至憎恶的心理。

职场交往是讲究规则的,即所谓"不以规矩,不能成方圆"。比如,自己的办公桌,既是办公地点,就不能放太多的私人物品,文件归档是否及时,办公区的卫生情况、个人着装,这些都代表你的个人和公司的形象,给人的第一印象,要能够带来美感。因此,不只是这些礼仪,还有生活中的其他细节都应留意,也要学会设身处地地为他人着想。从电话、短信用语、鞠躬礼到文明用语,似乎我们都有太多的忽略。比如,在平时工作中我们接电话是否在铃响了三声内接起,是否先报自己的姓名、部门以及工作单位,是否做到了语调热情,大方自然,面带微笑,音量适中,表达清楚、简明扼要,文明礼貌,挂电话时要确定挂好电话后再与其他人说话,在身边应经常准备好笔和纸,以及时记录,等等。

礼仪具有很强的凝聚情感的作用。礼仪的重要功能是对人际关系的调节。在现代生活中人们的相互关系错综复杂，在平静中会突然发生冲突，甚至采取极端行为。礼仪有利于促使冲突各方保持冷静，缓解已经激化的矛盾。如果人们都能够自觉主动地遵守礼仪规范，按照礼仪规范约束自己，就容易使人际间感情得以沟通，建立起相互尊重、彼此信任、友好合作的关系，进而有利于各项事业的发展。

我们的自觉性与自我管理能力是养成礼仪习惯的基础，不断学习与巩固礼仪知识是养成良好礼仪习惯的辅助力量。良好的礼仪形象影响着我们的企业形象。良好的企业形象对我们的工作又有着很大的影响力，它为我们介绍业务提供公信力，是无形的营销资源，为我们的业务报价提供高端的心理预期，易于价格谈判的预先定位，为我们的品牌传播提供可以描述的元素，可以增强品牌在市场中的比较优势。

一所知名度很高的幼儿园老师上门家访，结果引出了转学风波，这是怎么回事呢？原来，幼儿园老师上门家访，前脚离开，后脚就引起了一场家庭会议。"我们一定要转园！"妈妈、奶奶斩钉截铁地说。园长想不通，别人抢着要求进园，这两位家长却强烈要求退园，并告知园长："不能把宝贝交给这样的老师"——一个穿着吊带背心家访的女老师，还是露脐装！

银行的一个服务窗口正在接受创建检查，接受检查的柜台服务员的礼貌用语、服务态度都表现得很规范，但是检查人员意外地要求他双手侧平举，就是这一举，暴露了他的工作装掉了一颗纽扣，很不雅观，结果是这位柜台服务员受到了处罚。

礼，养也，指一个人的修养；仪，仪式也，指表现的形式。礼仪体现在形象、素质、意识 3 个方面。可见，一个人的职业形象与其职业礼仪是分不开的。要怎样表现一个人的职业形象与职业礼仪，以决胜于职场呢？其实注意以下几点即可有很大提升。

(1) 形式，尊重为本。自尊第一，尊重他人。"礼者，敬人也"，也就是一种待人接物的基本要求。比如，在公共场合，接见重要人物时，手机应设为振动。

(2) 内容，善于表达。善待别人是一种教养，了解别人是一种智慧。

(3) 形式规范，即标准，"不以规矩，不能成方圆"。

而良好的职业形象必须具备以下要素：训练有素、懂得欣赏别人、恪尽职守。认真只能把事情做成，用心才能把事情做好。

三、锻炼表达能力

语言表达能力是大学生综合素质的突出体现，也是素质教育不可或缺的重要方面。由于受应试教育以及学生自身的影响，学校在教与学的过程中对学生语言表达能力的培养重视不够，既缺少系统的培养计划，也缺乏必要的实践训练，致使学生的语言表达能力存在一定的缺陷或不足。要全面贯彻落实素质教育，就必须重视大学生语言表达能力的培养，以全面提高大学生的整体素质和综合能力。

生活在 21 世纪的现代人，不仅要有自己独立的思想和见解，而且能够在其他人面前很好地表达自己；不仅要用自己的实际行动为社会做出贡献，还要用语言去感染、说服别人。

现在社会用人越来越注重表达能力和交际水平，这已经成为学校教育不可忽视的一个问题。我们的语文教学，特别是对交际能力、交谈能力、表达能力的培养，都与今后融入社会是紧密相关的。因此，撇开传统的语言教学模式，试着寻找一种创新的语言培养方式已成为提高当代大学生语言交际能力的必然要求。

四、拓宽知识面

没有足够的经验，导致临场的应变能力不足；知识系统的不健全，导致发言时无法将语言很好地组织起来，无法用恰当的语言来表达；个人扮演什么角色，没有认识清楚，导致所讲的话与身份不符。传统的语言培养方式已不能适应当代社会对口语人才的需求，所以寻找一种新型的创新式的语言培养方式已成为社会的一种趋势。培养大学生的语言表达能力的方法有以下几种。

(一)多与别人交流，多锻炼自己

要阅读一些能提高交际能力方面的书籍，多学习别人的经验。语言表达能力表现在人的交际能力上，交际能力是人在发展过程中起着重要作用的一种能力。卡耐基曾说过，一个成功的管理者，专业知识所起的作用是15%，而交际能力却占85%。放眼现实世界，我们确实可以感受到：成功的管理者或企业家无不和突出的交际能力连在一起。然而，现在有不少孩子不善交际，不会交际，甚至害怕交际，有的到了成年，还视交际如险滩。交际作为一种能力，是可以培养的，而且应该注意培养。那么，如何培养交际能力呢？

(1) 应该多参加各种体育活动。体育活动是一种必须直接与人正面接触和竞争的群体性活动。参与体育活动不仅需要智慧和力量，而且需要胆量。胆量，正是人际交往过程中所必需的一种要素。人们经常参加各种体育活动，既有利于提高自身身体素质，培养兴趣爱好，也有利于提高自己的交际能力。人一旦爱上体育运动，就会主动寻找对手进行活动，这种寻找，就是交际。

(2) 可以经常外出旅游。节假日期间，走出家门、走向社会、走进大自然，不仅能增长见识，陶冶性情，而且可以培养兴趣、开放胸襟。旅游属于一种开放性活动，交际也是开放性的，两者相通。交际需要人们坦诚、主动和热情。在旅游中，人们可以直接接触到一些新的朋友，了解新的交际内容；旅游结束，自己的见识广了，谈资多了，这又为以后的交际增加了话题。

(3) 可以有意识地独自做客、待客。串门做客，需要寒暄和问候，也需要交谈和收送礼物，这样的过程必然使人的交际能力得到一定的锻炼。

(4) 有意识地训练语言表达能力。交际能力的核心就是语言表达能力，因为交际的最直接形式是交谈。在交谈中，可以时常出现一些模棱两可、具有可辩性的话题让别人辩论；也可以有意地提出一些不正确的或片面的观点，据理反驳；日常话语中出现的差错，也不要那么刻意。平时要多参加演讲赛，在上课或开会时积极发言。

(5) 克服交际问题上的错误认识主要有以下三种。一是认为人的交际能力是天生的。实际上，交际作为一种能力，是在后天培养中逐步形成的，培养的方法主要是实践。二是认为能说会道不算本事。其实，与心灵手巧一样，能说会道确实也是一种本事。21世纪的人才应该具备以下几种素质：能言善辩；通文墨；眼观六路，耳听八方；会"小兴"，即能即兴抒发感情。这四种素质中就有首尾两点涉及"说"，可见"说"在未来社会中的重要性。三是认为交际会影响学习。适度地与志同道合者、优于自己的人交往，不但不会影响学习，反而有助于促进学习，有助于智力激活。交际是一种思想、观点和感情的相互碰撞，在频繁的碰撞中，双方都可以从中获得启示，获取灵感，共同提高。

(6) 最重要的是建立自信。只要你为人谦虚，待人和善，与人交流不成问题。至于能不能口若悬河并不重要，因为真正内向的人认为，口若悬河的人到正式场合语言表达不一定很流畅，因为他大多数语言都没经过大脑。因此，平时就应该放松一点，正常地与人交流和沟通。

(二)平时生活中注意"积累，仿写，创造"

(1) 积累。"工欲善其事，必先利其器。"这里的"器"在作文中就是指语言。作文简单来说，就是用语言来表达自己的思想。因此，能否掌握和运用经典的语言准确地表达自己的思想是作文成败的关键。而要做到这一点，就必须学会积累语言。我们平时阅读时，可以从各类杂志和书籍中收集一些精美的语句摘抄下来，然后每天熟练地朗诵，用以培养自己的语言感觉能力。俗话说，"拳不离手，曲不离口"，只有做到每天坚持，才能逐步提高语言的表达能力。之所以强调朗诵，是因为它是形成语感的良好途径。积累精美语句的工作虽然辛苦，但值得。它能为语言表达能力的提高打下坚实的基础；再者，它也可以增加我们的见闻，因为要收集精美的语言，我们就必须进行大量阅读，这样也就间接扩大了阅读量。"读书破万卷，下笔如有神。"我们的阅读量提高了，头脑里储存的东西多了，自然就会得到提高。

(2) 仿写。摘抄积累精美的语言虽然可以帮助我们培养语言感觉能力，但是只有积累，没有仿写，就不能将积累的语言很好地运用到实际写作中去。仿写是指在原文的语言结构和字数大体保持不变的基础上，根据情况改动或增减一些词语或句子，使之可以表达不同的意思。仿写应该与积累保持同步，坚持每天一次积累、一次仿写，时间长了，形成了一定的表达风格，自然就知道运用语言的技巧了。

(3) 创造。仿写还只是停留于模仿的基础之上，要想形成真正有自己语言特色的文章，就必须学会创造。在语言积累和仿写达到一定程度之后，我们就可以开始自己的创造了。所谓创造，就是用自己的语言来表述自己的想法。要学会创造，一定的语感是必备的，此外，还必须掌握一定的语言表达技巧。一般来说，经典的语言具备三个要素：语言的节奏；典雅词语的运用；修辞手法的运用。如同音乐、舞蹈一样，语言是有节奏的。所谓节奏，是由一对相反的因素按照一定顺序排列形成的。比如，音乐的节奏是由声音的高低、续停等形成的；舞蹈的节奏是由动作的刚柔、快慢等形成的；而语言的节奏则是由语言的舒缓与激越形成的。整齐的句子和短句子激越，散句子和长句子舒缓。所以要形成语言的节奏，就必须长短结合、整散结合。有创造性地表达语言是语言表达的最高境界，也是最难达到的一个境界。原因在于很多人认为，既然我已经背了很多精美的语言了，为什么不直接拿过来使用？既方便又省事。尤其在刚开始写的时候，总觉得很多地方写不好，于是就放弃创造，选择仿写。

其实，"阳光总在风雨后"，很多事情只有经过时间的磨炼才会实现，只要不断地坚持努力，成功就会向你招手微笑；一旦放弃，成功就会绝尘而去。黎明前的黑暗是最难熬的一段时间，但也是离阳光最近的时候。所以，千万不要放弃积累和仿写，因为只有"厚积"，才能"薄发"，才会有创造，积累得越多，仿写得越熟练，创造就会越多，对自己的语言表达以及思想积淀就越有益处。

五、学会时间管理

大学，是我们青春绽放的地方，一生中最美的时光都交付给了它。大学，是一生中最重要的阶段，是塑造我们性格、养成良好习惯的关键时期，对我们的人生有着举足轻重的作用。精彩的大学生活，带给我们的不仅仅是当下的荣耀与满足，更多的是对今后职业生涯的积淀。而在精彩的大学生活里，合理的时间管理有不容忽视的作用。拥有合理的时间管理可以助你成长、成功，而那些不会时间管理的学生则会在大学毕业后感叹自己4年什么也没有学到。

时间是物质运动的顺序性和持续性，是一种特殊的资源。具有供给毫无弹性、无法蓄积、无法取代、无法失而复得的四大独特性。因此，大学生进行合理的时间管理规划有其深刻的必要性、可行性和重要性。时间管理就是人对一生时间的使用进行管理，或者说，对自己使用时间的行动进行管理，是自我管理的一种形式。合理的时间管理就是要让人们用更少的时间取得更大的成就。

我们不知道生命从何时起，到何时终，所以常常无视生命和时间的联系，浑浑噩噩过了一天又一天。直到有一天失去了健康或濒临死亡，我们才惊觉时光的飞逝。时间是我们拥有的最宝贵的财富，也是使用频率最高的一个名词。古往今来，"时间就是生命""时间就是金钱"之类的话语数不胜数。可是，在我看来，时间比金钱更有价值，我们只有先拥有了时间，才能拥有创造金钱的机遇，所以我们必须小心谨慎地运用我们的时间资本。时间就像风，运用得当，便会把我们带向每一个目标。人生最重要的任务就是在有限的时间内，尽可能多做事，但并不意味着，我们必须时时刻刻地忙碌。相反，我们应该好好规划时间，管理好时间，使之发挥最大的功效。时间并非取之不尽、用之不竭，而持之以恒地进行时间管理可以让有限的时间价值最大化，使我们的人生意义非凡。

正如亨利·福特(Henry Ford)所言，时间如同一只贪玩的猫，它迎合着你，却又把你的日子像舔一杯牛奶一样，慢慢地舔食干净。所以，进行合理的时间管理有着不容忽视的作用。那么，我们究竟怎样才能合理地规划管理时间呢？

(一)要有明确的目标，并做出相应的计划

"凡事预则立，不预则废。"这里的"预"就是计划的意思。美国管理学家彼得·德

鲁克(Peter F. Drucker)也说，99%的管理活动的失败都与事先没有计划或计划错误有关。做计划就离不开目标，管理者在进行管理活动时，需要让大家看到团队的努力方向，这个方向的最终指向就是目标。我们要计划未来，因为未来是你今后经营整个人生的地方。一开始就带着目标上路，可以帮助我们养成一种理性的判断规则，迅速确定每项工作的轻重缓急，从而保证自己走在正确的路上，保证每一步的方向都是正确的。我们并不是有了工作才有了目标，而是有了目标才能确定人的工作。目标是我们奋斗的方向，工作只是我们实现目标计划中的一部分，是一种手段。

当然，我们的目标必须是正确的，目标的制定必须符合自己的实际情况，并经过自己的深思熟虑；必须明确而具体，能够用书面形式表达出来；必须与其他目标相互协调，不同领域的不要相互冲突，小目标要服从大目标，近期目标要服从长远目标。另外，我们计划的制订也是有一定讲究的，我们的计划必须是合理的、可操作的、分步骤进行的，具有灵活性。

(二)分清任务的轻重缓急

"二八定律"是管理学中一个重要的定律。它是指在任何特定群体中重要的群体通常只约占20%，而不重要的因子约占80%，因此只要控制20%的重要因子，就能控制全局。那么如何区分哪些因子是重要的，而哪些因子又是不重要的呢？主要有三条标准：事情重要不重要是相对于目标而言的，所以第一条标准就是做的这件事情能否直接为现实目标服务；第二条标准是做这件事情是否可以为实现目标创造条件，这些事情往往表现出"重要但不紧迫"的特点；第三条标准是做这件事情能否有助于预防危机的出现，一个人能否做到居安思危，安排时间预防未来可能出现的危机，是衡量一个人战略眼光是否长远、头脑是否清醒的重要标志。分清了事情的重要性，我们就可以据此安排我们做事情的正确顺序。

根据"时间管理四象限"定律，我们可以知晓，我们面临的工作任务有两个维度：重要性和紧迫性。这两个维度的地位是不同的，重要性是第一维度，紧迫性是第二维度，也就是说，重要性比紧迫性更重要。所以，我们优先要做的是"重要且紧迫"的事情；其次要做的是"重要但不紧迫"的事情；再次要做的是"不重要但紧迫"的事情；最后做的才是"不重要也不紧迫"的事情。这个定律给我们的一个重要的启示是：十万火急的事情未必最重要，不紧不慢的事情未必不重要。

(三)学会并保持做事有条理

有顺序并且细心地写下每一件你要做的事情，会使你把那些没有做完的工作、任务、项目做得更好。我们可以根据事情的轻重缓急，把重要的事情安排在第一时间处理，安排好做某件事情的时间；每天回顾一下任务清单，去除已完成的，合并未完成的，并顺便初步安排一下接下来的事情。需要说明的是，我们每天在任务清单上写下这些事情，只是提醒我们不要忘记它们，我们没有必要把每一件事情都做完。另外，写任务清单时，不需要太详细地写下所有内容，只需要写一些能够有提醒作用的关键词句即可。

(四)效率与效果并重

效率是时间管理的极其重要的组成部分,它是指输入与输出的关系。对于给定的输入,如果你能获得更多的输出,你就提高了效率。提高效率的时间使用方法,比起单纯地珍惜时间要先进得多,是信息时代人们的选择趋势。但是仅仅追求效率是不够的,我们更要注意效果。效率只是在一定目标和方向上的过程表现,而效果才是决定方向和目标的根本问题。管理学大师彼得·德鲁克(Peter Drucker)曾说过,效率是"以正确的方式做事",而效果则是"做正确的事"。只有当我们实现了预定的目标时,才可以说有效,它涉及的是活动效果,首先要求我们做正确的事,而不是正确地做事。现今社会,有很多人在高效率地做无益于自己未来的事,一件接一件,但实际上是南辕北辙。要避免这种情况,就必须使活动的每一步都指向预定的目标,即追求活动的效果。效率和效果是相互联系的,注重效率可以让我们更快地朝目标迈进,而注重效果则可以确保我们的工作是在坚实地朝着自己的目标迈进。效率和效果不可偏废,但并不意味着它们同等重要,当二者无法兼得时,我们应首先着眼于效果,再设法提高效率。

(五)注重劳逸结合

努力工作固然重要,但是弦绷得太紧就会断裂,所以我们在长时间地工作之后,需要抛开一切,好好放松。身体的每个器官都需要修复之后,才能正常运转。当然,适当的体育锻炼也是必要的,休息好了,对我们更好地学习是有利无弊的。正如列宁所说,休息是为了更好地工作。"磨刀不误砍柴工",休息并没有浪费时间,它是在为你更好地利用时间打基础。

时间管理其实就是自我管理,管理自己的一生。想要成功,就要先学会控制自己,管理自己。时间管理的方法简单而有效,如果我们将这些方法变成自己的习惯,自觉遵守,那么必定会对我们今后的职业生涯大有裨益。

六、学会有效沟通

沟通是一个很大的话题,对个人和企业来说又是一件极其重要的事情,对于一个人和一个企业的成功,沟通起着非常重要的作用。

面对沟通,我们首先要回答两个问题。第一个问题是:为什么要沟通?在我们的生活中和企业工作环境中,需要依靠个人独立完成的事情所占的比例在逐渐减少,许多事情基本上都是依靠彼此的协作和配合来共同完成,一个人的英雄时代已成为过去。复杂的事情能够做好的一般步骤是,先要统一大家思想,厘清解决思路;然后将大家组织起来,形成一个有效的协作体系;最后是发挥体系作用,共同配合实施完成。这三个过程都离不开成员之间有效的沟通。这里的有效沟通就是要有利于整体目标的实现,有利于将整体事情做成。我认为这就是有效沟通的本质特征,其应该具有明确的目的性,有利于解决问题,实现大家的整体目标,当然这种整体目标一定要对个人、企业以及整个社会从长远来说有贡献。

一般需要沟通的情况有以下几种。一是关于某事大家意见不一致，需要沟通后，事情才能办得成。事实上这类沟通可能是我们无意识中做得最多的沟通，事情的难点不是办，而是相关人员如何达成一致意见，或者征得相关人员对彼此观点的认可和理解，一旦通过沟通解决了统一思想或者产生情感共鸣，所有的问题也就都迎刃而解。二是关于某件事，具体掌握的材料不够或者具体运作的方法不会，需要向其他人调查情况或者请教思路。此类沟通是我们学习最有效的途径，是解决问题的调查研究，获取有利于问题解决的原始凭据最有效方法。三是关于某件事，别人不会，我准备主动帮助和影响他人。这种沟通对一个团队或一个组织来说最为重要，是发挥组织"1＋1>2"的基本条件，如果没有相互的主动帮助，配合协作，组织就无法发挥整体效能，就不能称为团队。第一种沟通和第二种沟通对于一般人来说都比较普遍，其实第三种沟通更需要我们去重视，只有大家都重视，才能将企业中的一个个单个的力量凝聚成一股无坚不摧的团队力量。

人表达自己的方式不一样，有的善谈、有的善听、有的善行。我不认为善于交谈就等于有效沟通，对个人、企业和社会来说，评价有效沟通的标准应该取决于具体的沟通是否有利于问题的解决，是否对个人的发展及企业和社会有贡献。

第二个问题是：沟通的目的和意义何在？对于个人和企业来说，我认为最终目的就是解决问题，通过解决问题来做好企业和社会中的事，最终实现个人、企业和社会的和谐共赢，实现大多数人的幸福生活。

在企业中，我们经常遇到的沟通都是因为对某事持有不同意见，需要坐下来一起探讨，其中，我认为应该坚持对事不对人的沟通原则，同时要学会换位思考，这条原则在谈判上表现得尤其明显。在企业内部，有时候双方各执一词，甚至争得面红耳赤，对于这种敢于较真的精神应该肯定，因为只有这种据实争执才能把事情的原委弄明白，但切记，争执不等于谩骂，更不等于人身攻击，如何理性控制情绪，对事不对人的原则应该时刻牢记。

在沟通的过程中，经常会出现局部冲突，面对沟通冲突问题，事实上我们不怕再次沟通，就怕不沟通而采取听之任之甚至老死不相往来的态度来处理。这里就需要沟通双方理性的坚持，选择再次沟通。在一些公司的内部有一个不成文的冲突解决原则就是，一旦沟通有冲突，下次主动沟通时，必须领导及时找下属，年长者找年轻者，男同志必须找女同志。同时，作为一个上级领导，应该随时关注自己的下属和下属之间有无沟通障碍，一旦发现有冲突或者潜在问题，应该及时主动地去协调解决。

从沟通的表达形式来说，可以分为直接沟通和间接沟通。直接沟通直观真切，表现形式就是直接或者电话交谈，优点是便捷快速，不但能够听到语意还能感知多方面体现出的情感；缺点是有时受个人情绪影响较大，不太系统，沟通常常会受善谈的一方所左右，难以体现信息的对等，比较适合于熟悉的人之间对分歧不大和比较简单问题的快速交流，同时对实际情况摸底调研沟通也很合适。间接沟通为非面谈式沟通，常见的形式为书信类、文件报告式沟通。此种形式沟通的优点是一般比较冷静理智，沟通交流观点比较系统、相对比较委婉，不太容易受感情和氛围因素影响；缺点自然是缺少情感交流，适合于正式方案类、决策类的沟通。

从沟通的场合选择来分，可以分为正式沟通和非正式沟通。正式沟通一般有明确的任务，气氛严肃，时间、地点选择严格，形式的选择一般以文字或者公开的面谈为主，双方都有较好的沟通准备，如各种形式的会议、正式的宴会以及领导和下属之间约见式的谈话等。非正式沟通一般不确定明确的主题，以双方情感分享和交流为主，即使涉及彼此关注的问题，一般也采取谦让和回避的态度，选择的时间和地点一般都比较随意，氛围轻松。常见的有一起娱乐、一起运动等。因此对于一个难以快速解决的问题，时常需要选择正式和非正式多种沟通形式组合，通过一步步沟通去慢慢解决。接下来以下列项目方案的解决为例。

【项目背景】

一个研发项目的团队人员由设计人员、制造人员等构成，是一个异地团队。项目在实施过程中设计变更频繁，造成项目进度拖期严重。在内部视频沟通会上，各部门各执一词，设计人员觉得自己的设计没问题，由于制造工艺达不到要求，只能改设计；而制造人员觉得很委屈，设计出来的产品精度那么高、成本那么高，到时候卖给谁？双方僵持不下。

问题：作为项目经理该如何进行沟通调解？

【观点1】

寻找产品实现流程，检查是否按流程实施的设计过程。一般情况下，产品设计前要和制造商进行沟通。如果设计一个制造不出来的产品方案，应该按流程迭代，直至可以生产，并且满足客户需求。如果成本和性能难以两全的时候，要看项目管理三角形，和相关方沟通确定。相关方要保成本，那就牺牲性能。反之亦然。可以考虑让设计人员做主导，制造商负责配合。当范围、成本等发生变更时，一般需要发起人决策。

【观点2】

一般而言，在设计过程中要考虑制造可行性，也就是大家常说的面向制造的设计(design for manufacturing, DFM)。对于设计的精度，一般会根据客户的要求得出系统的精度，从而向子系统进行分解。在此基础上，让制造部门进行制造可行性分析，可以通过专家判断或者是通过检测的方式来确认该精度是否能够达到。如果多方考证确实是达不到，那就与客户谈，看看精度是否可以放宽。

点评：

首先，建议找到这项工作的实际负责人和决策人。明确谁最终为市场负责，剩下就是平衡和取舍的问题。

其次，关于跨团队沟通就是双方要站在对方的立场上，这样更容易达成共识。

沟通不管是跨团队还是不跨团队，原则都一样，工具方法也都类似，只是结合场景不同应用而已。一句话，一个邮件，一场会议，不同的场景都能实现不同的沟通效果，有的好，有的坏，所以，面对面沟通更高效，建议不要用微信和邮件反复沟通。

最后，如果召开会议的话，要提前运作好，会议的结论一定是会议外达成的。

七、提高信息处理能力

大数据时代，高校大学生的信息处理能力是职业素养和综合素质的一个重要方面。信息处理能力包含了学生对信息搜索、分析与处理的方法和策略，不管在学校还是毕业后工作，信息处理能力都是一项必备的能力。今天的社会对学生综合素质要求越来越高，学生必须具有一定的知识技能才能适应社会发展，信息处理能力已成为其必备素养。加之信息技术的不断发展，也要求我们不断加强信息处理能力的培养和提升。

当前网络信息迅速膨胀，面对网上信息的庞大和无序，很多大学生往往无法判断和选择有用的信息，更不用说正确评价和筛选有价值的信息了。对特定范围内的网络信息，对信息的敏感度和信息的查找检索途径不清楚。因此，检索、处理信息能力是大学生综合素质高低的集中体现。信息能力就是人们获取、处理、传递、应用信息，然后把这些信息应用到实际工作中，并且在此过程中不断提高创新的能力。

(一)信息处理能力的内涵

自20世纪90年代以来，随着计算机技术的发展，在职业教育领域，大多数学者和教育家都认为个人的信息处理能力是一种关键能力或者是职业核心能力。如德国著名职业教育学家梅腾斯(Mertens)在20世纪70年代最早提出职业教育中的4种关键能力，即"基本能力""水平迁移能力""共同的知识原理""传统的经久不衰的能力"。其中，"水平迁移能力"是指有效地运用信息的能力。1992年澳洲教育委员会与职业教育暨就业培训部发布的关于"关键能力"的报告中，把"信息处理能力"称为"收集、分析与组织信息的能力"，纳入8种关键能力之一，其他7项为"沟通观念与信息的能力""计划与组织活动的能力""与他人合作在团体中工作的能力""运用数学概念与技巧的能力""解决问题的能力""运用科技的能力""理解不同文化的能力"。我国的一位学者提出的改变命运的6种能力为汲取知识的能力、创新能力、思维表达能力、信息接收与处理能力、科学管理能力和人际交往能力。其中的"信息接收与处理能力"是现代人为适应未来所应具备的6种能力之一。同时，在教育领域的人才培养中也提出了"信息素养"的新概念，它是从图书馆检索技能演变和发展而来的。它包括信息意识、信息知识、信息能力、信息道德等方面。在信息时代，由于人们获得的信息途径增多，得到的信息量成倍增加，甄别信息的难度增大。因此，必须将现代计算机信息处理技术与传统的检索技能相结合，才能满足人们对信息的需求。所以，信息处理能力是指人们运用现代计算机信息处理技术获取信息、加工与处理信息和应用与传递信息的能力。信息处理能力不仅是计算机的操作能力，而且是收集、分析、处理、交流和呈现信息的素质和能力。

(二)培养信息处理能力的重要性

近年来，随着移动互联网技术的迅速发展和云时代、大数据时代的来临，世界对信息的需求在快速增长，如何获取信息、分析处理信息并从中寻找出有价值的信息资源，对于企业、单位、个人都是非常重要的。对企业而言，不仅要在生产、经营和管理方面实现信息化管理，更重要的是企业如何通过对存储在企业的组织外部和内部的所有数据的分析，从而获取对新市场的洞察和预测分析，发现有价值的商业信息。因此，随着未来信息技术的发展，企业将越来越多地需要具备了良好的信息处理能力的高技能型人才。另外，信息时代还将改变传统的就业形式，会有越来越多的人选择自主创业，而个人的信息处理能力将在自主创业中起到很大作用。所以，培养高职学生信息处理能力是时代发展的需要，也是提高学生创新能力和就业能力的需要。

另外，由于计算机仿真技术、多媒体技术、虚拟现实技术和远程教育技术的发展，学习者可以克服时空障碍，更加主动地安排自己的学习时间和进度。特别是借助于互联网的远程教育，将开辟出通达全球的知识传播通道，实现不同地区的学习者、传授者之间的互相对话和交流，不仅有望大大提高教育的效率，而且还会给学习者提供一个宽松的内容丰富的学习环境。远程教育和在线学习将改变传统的教育模式，并为学习者提供一个终身学习的平台。因此，培养高职学生信息处理的能力，目的就是教会学生掌握现代教育技术，学会自主学习的方法，通过不断学习，完善自我，以提升个体在职场中的竞争优势。

(三)大学生如何提高信息处理能力

1. 根据专业确定信息处理能力培养目标

新时期国家产业的转型升级和经济发展方式的转变，企业需要越来越多的高端技能型专门人才，高校人才培养目标已转变成现代企业培养大量的高端技能型专门人才。在当今信息技术飞速发展的时代，越来越多的工作是与信息相关的，企业对员工的信息处理能力要求越来越高，而员工信息处理能力的强弱也直接反映出员工在获取信息、处理信息及应用信息方面的工作技能水平的高低。由于不同岗位对员工的信息处理能力要求不同，所以根据信息时代的特点，针对不同专业所对应的岗位工作对员工信息处理能力的需求不同，可以将大学生的信息处理能力分为通用信息处理能力和专业信息处理能力。通用信息处理能力是指学生在日常生活和工作中获取信息、整理信息、传递信息和展示信息等方面的能力，而专业信息处理能力则是指学生结合本专业来开展获取信息、整理信息、展示信息、开发信息和应用信息的能力。

通用信息处理能力的培养分为四个方面。第一个方面是获取信息能力，首先是定义简单的信息任务，确定搜寻范围，并运用阅读法、询问法和电子手段搜寻信息；然后是定义复杂的信息任务，确定搜寻范围，运用询访法和观察法搜寻信息等。第二个方面是整理信息能力，即如何选择信息内容，收集信息、辨别信息、整理信息和通过计算机编辑生成并保存信息等。第三个方面是传递信息能力，即如何通过口语和书面方式传递整理信息，以及通过计算机编排版面和电子手段传输信息。第四个方面是展示信息能力，即如何用演说传递信息，用文、图、表等多种形式展示信息，用多媒体手段辅助传达信息，用计算机编排版面展示信息等。

专业信息处理能力则是与专业学习相结合，在专业知识的学习过程中，运用通用信息处理方法去获取专业知识信息，学会整理和展示专业信息，并结合专业知识学习，培养自己验证信息真伪、辨别信息对错、筛选可靠信息、综合整理信息、形成评述类信息、提升开发信息和应用信息的能力。

我们应该结合自己所学的专业，尽早确定毕业后的工作方向，提前做职业规划，并以此为基础来确定自己需要什么样的信息处理能力，再通过各种方法途径来培养、锻炼自己的信息处理能力。因为不同的职业、行业，所需要关注和收集的信息都是不同的，越早制定职业生涯规划，就可以越快地融入未来要从事的工作，越早地提高自己在特定领域的信息收集、整理、归纳、总结能力，从而提高职业素养。

2. 学会使用正确的搜索途径和方法

首先，我们在进行搜索、检索的练习时，不可避免地会遇到各种各样的问题。比如，检索的内容是"最新的绘图软件试用版"，我们通常这样检索信息：把引号的内容直接复制到搜索框，然后查看结果。由于大学生普遍没有自己的检索策略、所检索的信息过时、检索信息效率不高，因此可以尝试建立自己的网络信息资源库，养成日常收集、汇总、整理信息资源的习惯，并学会根据实际需要使用关键词进行检索，提高信息资源的搜索、利用效率。

其次，要尝试使用不同的搜索引擎。现在的大学生主要是利用百度进行搜索，百度虽然是最大的中文搜索引擎，内容丰富，信息量大，但是我们不能局限于此，还有不少优秀的搜索引擎值得我们去关注与运用。比如，谷歌、维基百科这些科普百科类的搜索平台，以及知乎、Quora 等问答类平台。另外，还有知网、维普、万方等文献类的资源库，上面有很多专业的论文、著作、期刊等资源，个别专业领域的资讯在百度里或许搜索不到，而在这些资源库则可以轻松获取。因此，我们应该学会对不同搜索引擎的选择与运用，从而增强信息的检索与处理能力，提升自身的信息素养。

3. 学会利用学校的图书馆资源

大学图书馆是培养学生信息素养和能力的重要途径之一，我们应该利用图书馆资源加强对自身信息检索与处理能力的培养，让图书馆的教育功能得到最大限度的发挥。首先，要注重对图书馆资源的运用。图书馆馆藏丰富，了解图书馆的基础知识、数据库检测技术、网络应用技术、电子图书，多参加信息资源平台、网络资源平台、文献与图书的检索平台等方面的培训，这些知识和技能都是大学生应该掌握的内容。其次，要学会利用图书馆的现代信息服务设备。利用各种通信设备和计算机网络系统等手段，可以进行远程学习，在互联网上有很多网络学习的平台和途径，只是很多人不知道或者不会使用，学会搜索、使用网络学习资源，就可以在上网学习的过程中锻炼自己的信息处理能力，拓宽学习的渠道。图书馆是高校的教育支柱之一，我们没有理由不充分利用它的教育功能，特别是教育资源高度信息化的今天，不管是学校还是学生，都应该努力促使图书馆的信息管理和使用功能优势实现最大化。

大学生信息检索与处理能力的培养是一项艰巨、复杂的教育工程。这种能力的培养不仅是学科学习的结果，还是各个学科综合运用的成果。我们只有不断地学习有用的信息处理技能，并积极地进行信息检索与处理的实践，才能提升信息处理能力。新时代大学生应该学会在利用信息技术获取知识的同时,也能合理、科学地获取有用的信息,从而实现信息处理能力的提升,以此带动职业素养的提高,促进自身的全面发展。

八、讲究团队协作

正所谓"三个臭皮匠,赛过诸葛亮""众人拾柴火焰高""一箭易断,十箭难折"……在我们日常生活中可以明显地感觉到团队合作很重要。那么,我们怎样去理解这种团队合作的重要性呢?

(一)通过团队合作,有助于提高团队成员的积极性和效率

一个人战斗会产生一种孤独感。团队具有目标一致性,从而产生了一种整体的归属感。正是这种归属感使每个成员感受到在为团队努力的同时也是在为自己实现目标,与此同时,也有其他成员在一起为这个目标而努力,从而激起更强的工作动机,所以对于目标贡献的积极性也就油然而生,从而使工作效率比个人单打独斗要高。

(二)通过团队合作,有利于激发团队成员的学习动力,有助于提高团队的整体能力

大部分人都有希望他人尊重自己和不服输的心理,都有精益求精的欲望。这些心理因素都不知不觉地增强了成员的上进心,使成员都不自觉地要求自己进步,力争在团队中做到最好,来赢得其他成员的尊重。当做不到最好时,上述的心理因素可促进成员之间的竞争,力争与团队最优秀的成员看齐,以此来实现激励功能。在不断地激励中,团队的整体能力会得到提高。团队成员内部竞争,有一定程度上的激发作用,这来源于团队成员的心理欲望,但是要控制好这种欲望,避免因团队个别成员的个人英雄主义而影响团队的凝聚力。

2004年6月,拥有NBA历史上最豪华阵容的湖人队在总决赛中的对手是14年来第一次闯入总决赛的东部球队活塞队。赛前,很少有人会相信活塞队能够坚持到第七场。从球队的人员结构来看,科比、奥尼尔、马龙、佩顿,湖人队是一个由巨星组成的"超级团队",每一个位置上的成员几乎都是全联盟最优秀的,再加上由传奇教练迈克尔·杰克逊(Michael Jackson)对其的整合,在许多人眼中,这是20年来NBA历史上最强大的一支球队,要在总决赛中将其战胜只存在理论上的可能性,更何况对手是一支缺乏大牌明星的平民球队。然而,最终的结果却出乎所有人的意料,湖人队几乎没有做多少抵抗便以1:4败下阵来。

湖人队的OK组合过分强调个人在团队中的作用,以寻求个人强者自居的心理,从而争风吃醋,在比赛中单打独斗,全然没有配合,如同一盘散沙,不但没有了激励作用,而且其战斗力也大打折扣。

(三)团队合作可以完成个人无法独立完成的大项目

现在很多项目,都不是一个人在战斗。毕竟人无完人,一个人的力量有限,一个人单

打独斗难以把全部事情都做尽、做全、做大。但是多人分工合作的话，就会有人多力量大的优势，就可以把团队的整体目标分割成许多小目标，然后再分配给团队的成员一起完成，这样就可以缩短完成大目标的时间从而提高效率。

(四)通过团队合作可以约束、规范和控制成员的行为

在团队内部，当一个人与其他人不同时，团队内部所形成的那种观念力量、氛围会对这个人施加一种有形和无形的压力，使他在心理上产生一种压抑和紧迫感。在这种压力下，成员在不知不觉中随同大众，在意识判断和行为上表现出与团队中大多数人的一致性，从而达到去约束、规范和控制个体行为的目的。规范和控制个体行为有助于团体行动的标准化，有利于提高团队的办事效率。

综上所述，团队合作在实现既定目标上具有很多优势，有着不可替代的作用，这也是团队合作的重要之所在。因此我们要学会与他人合作，做一只合群的大雁，这样才会使得我们的团队能飞得更高、更快、更远。

九、提升抗压能力

能力不好不一定不会成功，但是情绪管理不好一定不会成功。当我们把情绪毫无保留地发泄在我们周围的人身上，那种和谐的关系就可能被破坏。就像被打碎的杯子，巧妙地恢复原样后仍然会有裂缝。所以一定要恰当处理自己的情绪。

怎样培养一个人的抗压能力？结合国外有关应激心理学、健康心理学和积极心理学的研究成果，抗压能力可从以下5种能力的培养来加以提升。

(一)培养主观幸福感

训练主观幸福感能力旨在培养个人体验快乐、知足、自豪、欣喜、感激等愉悦情绪的能力。虽然这些情感体验大多是人们与生俱来的生理反应，但通过幸福感训练，人们可以强化对这些情感体验的强度和持久度。美国心理学家弗莱德逊(Fredrickson)指出，感觉好远远不等同于没有威胁，它可使人们变得更好，更具有乐观精神和压弹能力，更与他人合得来，并建议人们通过发现应激中的有意义的事情来提高个人的愉悦情绪体验。此外，幸福感训练还可降低对诸如内疚、耻辱、悲伤、气愤、嫉妒等不愉悦情绪体验的感受强度，以减少生活的应激状况。

(二)培养乐观人格

训练乐观态度能力旨在培养个人自信乐观、自主行动、人际温暖与洞察、表达自如、坚韧力等的人格特质。心理学界早在20世纪70年代就将乐观作为一个重要的人格特质来加以研究，并强调经验学习对培养乐观态度的重要性。美国著名心理学家塞利格曼(Seligman)的畅销书《学会乐观》，讲的就是怎样通过个人努力来提高自身的乐观态度和应激能力。美国著名人格心理学家科斯诺和麦克雷也主张，主观幸福感的决定因素是人格

因素。如外向性格的人容易产生正面情绪，而焦虑性格的人容易产生负面情绪。所以，培养乐观人格是提高压弹的最有效手段。

(三)培养认知调整

训练认知调整能力旨在培养个人认知调整的能力。它以美国著名心理学家阿尔伯特·艾利斯(Albert Ellis)的 ABCD 理论为基础，强调认知调整对压弹的支配作用。具体地说，ABCD 理论主张，在诱发事件 A(activating event)，个人对此所形成的信念 B(belief)和个人对诱发事件所产生的情绪与行为后果 C(consequence)三者关系中，A 对 C 只起间接作用，而 B 对 C 则起直接作用。换言之，一个人的情绪困扰的后果 C，并非由事件起因 A 造成，而是由人对事件 A 的信念 B 造成的。所以，B 对于个人的思想行为方法起决定性的作用；而要调整 B 对 C 的不良影响，就要靠质疑 D(dispute)来调整，这里 D 起的作用就是认知转换的作用。它促使当事人多从正面、光明的角度来辩证看待逆境，化危机为转机，从而从逆境中磨炼人的抗压能力，从失意中提高人的生活智慧。美国第 35 任总统约翰·肯尼迪曾说，"在中文当中，'危机'是由两个字组成的，一个是'危'字，一个是'机'字"。这句话充分说明了危机中孕育着生机这一辩证原理。

(四)培养幽默化解能力

训练幽默化解能力旨在培养一个人幽默、诙谐调整心态的能力。幽默可以化解烦恼，释放情绪，并使人不断体验愉悦心情。在国外对幽默的研究中，幽默一向被视作健康人格的突出表现。但是，中国人自古以来就不重视幽默对健康的重要性，中国人亟须加强幽默训练，学会以幽默来化解生活烦恼。幽默不仅可以提高一个人的压弹能力，也可以提高一个人的创新思维。

哲学家一向把幽默视为"浪漫的滑稽"；医学家则认为幽默是人的一种健康机制，是美容心理的良方；而社会学家和心理学家则把幽默看作有助于一个人适应社会的工具。幽默的作用可以概括为以下几个方面。

——幽默是一种易于让人接受的批评方式，它可以用于解嘲，避免难堪局面。

——幽默可以减轻人际矛盾和冲突，是协调人际关系的润滑剂。

——幽默可以使人们很好地释放和宣泄紧张情绪。

——幽默有助于健康，还有助于智力的发挥。

总之，幽默是生活的调味品，它可以使人在欢声笑语中忘却烦恼，化忧愁为欢乐，变尴尬为从容，最终使沉痛的心情变得开朗、豁达和轻松。

(五)培养感恩心态

"感恩"是一种回报父母师长、回报亲友、回报国家与社会，包括回报大自然的深厚情感。同时，"感恩"又不仅仅是一种情感，更是一种生活智慧和处世哲学，是一种人生的境界。我们中华民族是一个懂得感恩、崇尚感恩的民族。因此，我们广大青年学生要培养感恩的心态，懂得感恩，学会感恩。培养感恩心态，是成功人生的必修课。

【案例分析】

在经过对本章职业素养相关知识的学习之后，让我们通过阅读以下关于职业素养的 10 个小故事来分析讨论有关问题。

1. 无声的教育：老禅师的育人技巧

相传古代有位老禅师，一日晚上在禅院里散步，看见院墙边有一张椅子，他立即明白了有位出家人违反寺规翻墙出去了。老禅师也不声张，静静地走到墙边，移开椅子，就地蹲下。

不到半个时辰，果真听到墙外一阵响动。少顷，一位小和尚翻墙而入，黑暗中踩着老禅师的背脊跳进了院子。当他双脚着地时，才发觉刚才自己踩上去的不是椅子，而是自己的师傅。小和尚顿时惊慌失措，张口结舌，只得站在原地，等待师傅的责备和处罚。

出乎小和尚意料的是，师傅并没有厉声责备他，只是以很平静的语调说："夜深天凉，快去多穿一件衣服。"

2. 人格的力量：张伯苓先生以身作则

我国著名教育家张伯苓，1919 年之后相继创办南开大学、南开女中、南开小学。他十分注意对学生进行文明礼貌教育，并且身体力行，为人师表。

一次，他发现有个学生手指被烟熏黄了，便严肃地劝告那个学生："烟对身体有害，要戒掉它。"没想到那个学生有点不服气，俏皮地说："那您吸烟就对身体没有害处吗？"张伯苓对于学生的责难，歉意地笑了笑，立即唤工友将自己所有的吕宋烟全部取来，当众销毁，还折断了自己用了多年的烟袋杆，诚恳地说："从此以后，我与诸同学共同戒烟。"果然，从那以后，他再也不吸烟了。

3. 一句话：保罗校长"妙手回春"

"我一看你修长的小拇指就知道，将来你一定会是纽约州的州长。"一句普通的话，改变了一个学生的人生。

此话出自美国纽约大沙头诺必塔小学校长皮尔·保罗之口，话语中的"你"是指当时一名调皮捣蛋的学生罗杰·罗尔斯。小罗尔斯出生于美国纽约声名狼藉的大沙头贫民窟，这里环境肮脏、充满暴力，是偷渡者和流浪汉的聚集地。因此，他从小就受到不良环境的影响，读小学时经常逃学、打架、偷窃。一天，当他从窗台上跳下，伸着小手走向讲台时，校长皮尔·保罗将他逮个正着。出乎意料的是，校长不但没有批评他，反而诚恳地说了上面的那句话，并给予其语重心长的引导和鼓励。

当时的罗尔斯大吃一惊，因为在他不长的人生经历中只有奶奶让他振奋过一次，说他可以成为 5 吨重的小船的船长。他记下了校长的话并坚信这是真实的。从那天起，"纽约州州长"就像一面旗帜在罗尔斯的心里高高飘扬。他的衣服不再沾满泥土，他的语言不再肮脏难听，他的行动不再拖沓和漫无目的。在此后的 40 多年间，他没有一天不按州长的身份要求自己。51 岁那年，他终于成了纽约州的州长。

4. 宽容的力量：陶行知的四块糖果

陶行知先生当校长的时候，有一天看到一名男生用砖头砸同学，便将其制止并把他叫到校长办公室。当陶校长回到办公室时，男孩已经等在那里了。

陶行知掏出一颗糖给这位同学："这是奖励你的，因为你比我先到办公室。"接着他又掏出一颗糖，说，"这也是给你的，我不让你打同学，你立即住手了，说明你尊重我。"

男孩将信将疑地接过第二颗糖，陶先生又说道："据我了解，你打同学是因为他欺负女生，说明你很有正义感，我再奖励你一颗糖。"

这时，男孩感动得哭了，说："校长，我错了，同学再不对，我也不能采取这种方式。"陶行知先生于是又掏出一颗糖："你已认错了，我再奖励你一块。我的糖发完了，我们的谈话也结束了。"

5. 赞美的力量：暗室中的一根蜡烛

据气象台的天气预报，最近将有台风袭击一座海滨小城。

小城里的百姓惊慌起来，积极地投入预防工作中。一位母亲忙碌着，旁边站着她的小女儿。

"这该死的台风……"母亲一边收拾东西，一边诅咒。

"我喜欢台风。"旁边的小女孩不同意母亲的说法。

母亲感到很诧异，因为台风破坏力极强，毁坏庄稼、吹倒房屋、阻塞交通，给人们生活带来巨大的不便并造成损失，可眼前这个小不点儿居然说她喜欢台风。

"孩子，告诉妈妈，你为什么喜欢台风？"母亲小心翼翼地问。

"上次台风来了，就停了电。"小女孩不假思索地回答。

"停了电又怎么样？"

"晚上就会点蜡烛。"

"你喜欢点蜡烛吗？"

"是的，那回(指上次台风吹过的晚上)我点着蜡烛走来走去，你说我像小天使。"

母亲顿时无言，旋即放下手中的活儿，抱起小女孩，亲吻着她的小脸蛋，凑近她的小耳朵并说了一句话："孩子，你永远是天使！"

6. 开花的佛桌：给浪子回头的机会

曾经有一个小和尚，极得方丈宠爱。方丈将毕生所学全数教授，希望小和尚能成为出色的佛门弟子。没想到小和尚在一夜之间动了凡心，偷偷下了山，五光十色的城市迷住了他的眼睛，从此他只管放浪形骸。

20年后的一个深夜，窗外月色如洗，澄明清澈地洒在他的掌心。他忽然忏悔了，披衣而起，快马加鞭赶往寺里请求师父原谅。方丈深深厌恶他的放荡，不愿再收他为弟子，说："你罪孽深重，必堕阿鼻地狱，要想佛祖饶恕，除非桌子上开花。"小和尚失望地离开了。

第二天，方丈踏进佛堂时，看到佛桌上开满了大簇大簇的花朵。方丈在瞬间大彻大悟，连忙下山寻找弟子，却为时已晚，心灰意懒的浪子重又堕入荒唐的生活，而佛桌上的那些花朵只开放了短短的一天。是夜，方丈圆寂，临终遗言："这世上，没有什么歧途不可以回头，没有什么错误不可以改正。"

一个真心向善的念头，是最罕有的奇迹，好像佛桌上开出的花朵。而让奇迹陨灭的，不是错误，是一颗冰冷的、不肯原谅、不肯相信的心。

7. 正人先正己

在美国的加利福尼亚州，有一位女士养了一只珍贵的鹦鹉。这只鹦鹉非常美丽，可是它有一个坏毛病：经常咳嗽且声音沙哑难听，好像喉咙里塞满了令人作呕的痰。女主人十分焦虑，急忙带它去看兽医，生怕它患上了什么呼吸系统的怪病。

检查结果证明，鹦鹉完全健康，根本没有任何毛病。女主人急忙问，为什么鹦鹉会发出那么难听的咳嗽声，医生回答说："俗话说，'鹦鹉学舌'。它之所以发出咳嗽声，一定是因为它经常听到这样的声音，你们家一定有人经常咳嗽，是吗？"

这时，女主人有些不好意思了。原来，她自己有抽烟的习惯，所以经常咳嗽，鹦鹉只不过是惟妙惟肖地把女主人的咳嗽声模仿出来而已。

8. 恶语伤人六月寒

一头熊在与同伴的搏斗中受了重伤，它来到一位守林人的小木屋外乞求得到援助。

守林人看它可怜，便决定收留它。晚上，守林人耐心地、小心翼翼地为熊擦去血迹、包扎好伤口并准备了丰盛的晚餐供熊享用，这一切令熊无比感动。

临睡时，由于只有一张床，守林人便邀请熊与他共眠。就在熊进入被窝时，它身上那难闻的气味钻进了守林人的鼻孔。

"天哪！我从来没闻过这么难闻的味道，你简直是天底下第一大臭虫！"

熊没有任何语言，当然也无法入眠，勉强地挨到天亮后向守林人致谢上路。

多年后一次偶然相遇时，守林人问熊："你那次伤得好重，现在伤口愈合了吗？"

熊回答道："皮肉上的伤痛我已经忘记，但心灵上的伤口永远难以痊愈！"

9. 给每一株野草开花的时间

一位隐士住在山中，他很勤劳，每年春天，台阶上的野草刚探出头便被他清理掉了。

一天，隐士决定出远门，叫了一位朋友帮他看守庭院。与他相反，这位朋友很懒，从不修剪台阶上的野草，任其自由疯长。

暮夏时，一株野草开花了，五瓣的小花氤氲着一阵阵幽香，花形如林地里的那些兰花一样，不同的是花边呈蜡黄色。这位朋友怀疑它也是兰花中的一种，便采撷了一些叶子和花朵去请教一位研究植物的专家。专家仔细地观察了一阵，兴奋地说：

"这是兰花的一个稀有品种，许多人穷尽了一生都很难找到它，如果在城市的花市上，这种腊兰的单株价格至少是一万元。"

"腊兰？！"这位朋友惊呆了。而当那位隐士知道这个结果时，惊呆的人又多了一个，他不无感慨地说：

"其实那株腊兰每年春天都会破土而出，只不过它刚发芽就被我拔掉了。要是我能耐心地等待它开花，那么几年前就能发现它的价值了。"

10. 永不凋谢的玫瑰

在苏联的一所学校，校园的花房里开出了美丽的玫瑰花，每天都有很多同学前来观看，但都没有人去采摘。

一天清晨，一个四岁的小朋友(就读于该校幼儿园)进入花房，摘下了一朵最大、最漂亮的玫瑰花。当她拿着花走出花房时，迎面走来了该校的校长。校长很想知道小女孩为什么要摘花，便弯下腰亲切地问：

"孩子，你可以告诉我你摘下的花是送给谁的吗？"

"送给奶奶的。奶奶生了重病，我告诉她学校里有一朵很大的玫瑰，奶奶不信，我这就摘下来送给她看，希望她早点好起来，等奶奶看完了之后我会把花送回来。"

听完孩子的回答，校长的心颤动了。他牵着小女孩的手，从花房里又摘下了两朵大玫瑰花，说道：

"这一朵是奖给你的，你是一个懂事的孩子；这一朵是送给你奶奶的，感谢她养育了你这样的好孩子。"

这位校长是谁呢？他就是伟大的教育家、万世敬仰的育人楷模苏霍姆林斯基。

思考：

1. 你认为提升自身的职业素养有哪些意义？
2. 你是怎样看待兴趣、性格和职业选择的？
3. 谈谈专业学习的重要性，高职毕业生能胜任哪些职业层次的职业？
4. 根据自身情况，制订提高自身职业素养的计划。

(资料来源：本书作者整理编写)

【知识拓展】

霍兰德职业兴趣自测是由美国职业指导专家霍兰德根据他本人大量的职业咨询经验及其职业类型理论编制的测评工具。

霍兰德认为，个人职业兴趣特性与职业之间应有一种内在的对应关系。根据兴趣的不同，人格可分为研究型(I)、艺术型(A)、社会型(S)、企业型(E)、常规型(C)、实际型(R)六个维度，每个人的性格都是这六个维度的不同程度组合。

霍兰德的职业兴趣理论主要从兴趣的角度出发来探索职业指导的问题。他明确提出了职业兴趣的人格观，使人们对职业兴趣的认识有了质的变化。霍兰德的职业兴趣理论反映了他长期专注于职业指导的实践经历，他把对职业环境的研究与对职业兴趣个体差异的研究有机地结合起来，而在霍兰德的职业兴趣类型理论提出之前，二者的研究是相对独立进行的。霍兰德以职业兴趣理论为基础，先后编制了职业偏好量表和自我导向搜寻量表两种职业兴趣量表，作为职业兴趣的测查工具，霍兰德力求为每种职业兴趣找出两种相匹配的职业能力。兴趣测试和能力测试的结合在职业指导和职业咨询的实际操作中起到了促进作用。

霍兰德将其职业人格类型理论运用于美国劳工部制定的职业条目词典，帮助进行职业分析，将其中 12 099 种职业赋予霍兰德人格类型代码，编纂了《霍兰德职业代码词典》，为各类人员按照自己的职业兴趣类型搜寻合适的职业提供了广泛的应用前景。

霍兰德的职业兴趣理论还提出，兴趣是描述人格的另一种方法，是职业选择中一个更为普遍的概念。在霍兰德的理论中，人格被看作兴趣、价值、需求、技巧、信仰、态度和学习个性的综合体。就职业选择而言，兴趣是个体和职业匹配的过程中最重要的因素。霍兰德职业兴趣理论是最具影响力的职业发展理论和职业分类体系。

霍兰德职业兴趣理论对于企业招募人才的价值分析如下。

职业兴趣作为一种特殊的心理特点，由职业的多样性和复杂性反映出来。职业兴趣上的个体差异是相当大的，也是十分明显的。因为，一方面，现代社会职业划分越来越细，社会活动的要求和规范越来越复杂，各种职业间的差异也越来越明显，所以对个体的吸引力和要求也迥然不同；另一方面，个体自身的生理、心理、教育、社会经济地位、环境背景不同，所乐于选择的职业类型、所倾向于从事的活动类型和方式也就不同。

不同职业的社会责任、满意度、工作特点、工作风格、考评机制各不相同。同时，这种差异决定着不同职业对于员工的职业兴趣有着特殊的要求。现代人力资源管理的基本原则是将合适的人放在合适的岗位上。人与职位的匹配应该包括两方面的内容：一方面是人的知识、能力、技能与岗位要求相匹配；另一方面更为重要，就是人的性格、兴趣与岗位相适应。因此，企业在招募新员工时，就非常有必要对申请在本企业工作的人员进行职业兴趣的测评，了解申请者的职业兴趣和人格类型。通过测试，企业可以得知它所能提供的职业环境是否与申请者的职业兴趣类型相匹配，换句话说，企业可以考察到申请者是否适合在本企业的职业环境中工作。所以，企业在招募人才的过程中，如果能够坚持以霍兰德的职业兴趣理论为指导，不仅可以招募到适合本企业的人才，还可以在招聘工作中减少盲目性。通过职业兴趣的测试，企业还可以给予新员工最适合的工作环境，以期他们能最大限度地在工作中发挥他们的聪明才干。

霍兰德职业兴趣理论对于职业选择和职业成功的价值分析如下。

职业兴趣是职业选择中最重要的因素，是一种强大的精神力量，可以帮助个体明确自己的主观趋向，从而能得到最适宜的活动情境并给予最大的能力投入。根据霍兰德的理论，个体的职业兴趣可以影响其对职业的满意程度，当个体所从事的职业和他的职业兴趣类型匹配时，个体的潜在能力可以得到充分的发挥，工作业绩也更加显著。在职业兴趣测试的帮助下，个体可以清晰地了解自己的职业兴趣类型和在职业选择中的主观倾向，从而在纷繁的职业机会中找寻到最适合自己的职业，避免职业选择中的盲目行为。尤其是对于大学生和缺乏职业经验的人，霍兰德的职业兴趣理论可以帮助他们做好职业选择和职业设计，成功地进行职业调整，从整体上认识和发展自己的职业能力。另外，职业兴趣也是职业成功的重要因素。

(资料来源：百度百科"霍兰德职业兴趣理论")

【本章小结】

　　培养职业素养，对于每个职业人的职业生涯起着决定性作用，是指一个人在工作环境下所必须具备的知识、技能、态度和价值观等多方面的综合能力，而这种能力的培养和提升对于每个职业人的职业生涯有着重要的意义。良好的职业素养可以帮助职业人建立信任和尊重。职业人需要通过良好的沟通技巧、专业知识和道德标准来赢得客户和同事的信任和尊重。只有用实际行动去证明自己是一个值得信赖的人，才能获得更多的机会和资源。

　　职业素养与职业成功密切相关。在竞争激烈的职场中，只有拥有一定的专业技能和良好的职业素养，才能更好地应对工作压力、提高工作效率并取得优异的表现。这样才能够通过加薪、晋升等方式取得职业成功，实现个人价值。良好的职业素养还能够带来更多的工作机会。在求职找工作时，拥有良好的职业素养和口碑是面试官更愿意录用职位申请者的重要因素之一。不仅如此，在职场中，职业人员不断学习、增加技能、完善素养，也能够为未来职业打下更为坚实的基础。我们应该加强职业素养的培养，尤其是对于初入职场的年轻人来说。具体而言，我们需要不断加强自己的职业道德修养，更新自己的专业知识，不断提升个人的沟通交流技巧和团队合作能力。只有通过不断努力和学习，才能在职场中站稳脚跟，获得更多的职业机会和发展空间。

第五章 就业指导

当代很多大学生陷入"毕业即失业"的窘境，离开校园后对未来感到非常迷茫，难以从眼花缭乱的万千种职业中挑选出适合自身的，对自身所具备的潜能和价值缺乏清晰的认识，找不到自我角色定位。此外，还存在一大批就业观并不端正的大学生群体，认为找工作离自己很遥远，是即将离开学校时或离开学校后才需要去考虑的事情，在校期间不做任何就业规划，想当然地认为毕业后会有多个工作主动供自己挑选，或者一味依靠家人坐等入职通知……

站在人生的十字路口，怎样实现更好的就业是摆在每位学子面前不得不思考的现实问题。那么，我们应该从什么时候开始着手择业准备？在择业期我们都需要了解哪些内容？在找工作时又如何让面试官眼前一亮、耳目一新？基于此，本章将结合当代大学生的就业现状和就业需求，从择业准备、求职技巧、就业手续办理等方面进行针对性分析，以期帮助大学生树立正确就业观、掌握更多就业技能、顺利实现由大学生到职场人的身份转变。

【学习目标】

- 了解我们应该做好哪些择业准备。
- 学习并掌握自荐信的基本知识和撰写要求。
- 学会制作个人简历。
- 了解面试的常见类型，掌握应试技巧。
- 了解就业手续的办理程序。

第一节 择业准备

在求职过程中，我们可能会遇到这样或那样的困难，遭受这样或那样的眼光，会迷茫，会不知所措，如何从根本上解决或减少此类问题的发生，是我们每个大学生都需要考虑的问题。

知己知彼，方能百战百胜。无论是战争，还是人生，"知己知彼"都是夺取胜利、获得成功的密钥。"知己"即自知，要对自身有了解，要从实际出发，立足当下；"知彼"即知人，要了解对方和周遭环境，行动前要有所准备，不盲从。找工作也是如此，我们不仅要对自己有充分了解，还要为找工作做足准备。择业准备作为就业的开始，不容忽视、不可轻视。尤其是在这个高速发展的信息化社会，谁提前做好了择业准备工作，谁能掌握更多、更新的就业信息，谁就能在就业市场上抢占先机。关于择业准备，我们需要知悉国家出台的就业政策，正确认识就业岗位，提高自身就业意识。

一、就业政策

就业是经济的"晴雨表"和社会的"稳定器"。高校毕业生作为祖国的未来，其就业更是稳就业、保就业工作的重中之重。党的十八大报告中明确提出，要抓住高校毕业生这一重点群体，促进和实现更高质量就业；党的十九大报告中又进一步强调，要坚持就业优先战略和积极就业政策，要同时扩展和促进大学毕业生就业和创业途径；党的二十大报告中也明确指出，要深入实施就业优先战略，促进高质量充分就业。这一系列举措充分反映了我们党对解决大学生就业问题始终保持高度重视，为持续推进就业工作发展指明了方向。近年来，随着我国高等教育普及化发展，高校毕业生规模逐年扩大。国家统计局数据显示，自 1999 年高校扩招政策实施至 2021 年，我国高校毕业生规模由 90 万人增加至 909 万人，2022 年高校毕业生规模更是高达 1076 万人，这是我国史上高校毕业生人数首次超过 1000 万，其规模和增量均创历史新高。与此同时，受经济形势速度下行、外部环境不确定和新冠肺炎疫情常态化的影响，高校毕业生群体就业压力日渐加大。作为重要的民生问题，党和政府对高校毕业生就业问题给予了充分的重视。为促进高校毕业生更加充分更高质量就业，帮助更多高校毕业生知晓各项促就业政策，国家和教育部在全国范围内组织开展有关高校毕业生就业创业的政策宣传、工作推进等活动，并下发相关就业政策公告。

(一)多措并举促进高校毕业生就业

1. 更大力度开拓市场化、社会化就业渠道

(1) 深入开展市场化岗位开拓行动。各地各高校都要深入开展"书记校长访企拓岗促就业专项行动"，各高校二级学院(系)领导班子成员也要积极参与。鼓励并尽可能最大化开展高校对接企业和用人单位集中走访活动，深化多领域校企合作。

(2) 充分发挥市场吸纳就业的作用，各地各高校及相关部门要积极举办"万企进校园计划""全国中小企业人才供需对接大会""民企高校携手促就业""全国中小企业网上百日招聘高校毕业生""全国民营企业招聘月"等活动，尽可能创造用人单位进校招聘的机会，拓宽高校毕业生的就业渠道。

2. 充分发挥政策性岗位吸纳作用

(1) 优化政策性岗位招录安排。各地教育部门要配合有关部门统筹做好政策性岗位招录时间安排，尽早安排高校升学考生、公务员和事业单位、国有企业等政策性岗位招考及各类职业资格考试，最大限度发挥政策性岗位稳就业作用，稳定并适度扩大招录高校毕业生规模。

(2) 积极拓宽基层就业空间。各地教育部门要配合有关部门深挖基层医疗卫生、养老服务、社会工作、司法辅助、科研助理等就业机会，组织实施好基层就业项目。

(3) 积极配合做好大学生征兵工作。各地各高校要密切军地协同，加大征兵宣传进校园工作力度，畅通入伍绿色通道。各地教育部门要研究制定细化方案和实施办法，落实好退役普通高职(专科)士兵免试参加普通专升本招生、退役大学生士兵专项硕士研究生招生

计划等优惠政策。

3. 精准开展重点群体就业帮扶

(1) 健全就业帮扶机制。各地各高校要重点关注脱贫家庭、零就业家庭、残疾等困难高校毕业生，建立帮扶台账，开展"一人一档""一人一策"精准就业帮扶工作，健全"一对一"帮扶责任制。

(2) 深入实施宏志助航计划。组织实施"中央专项彩票公益金宏志助航计划——全国高校毕业生就业能力培训项目"，线上、线下相结合，开展就业能力培训，提升毕业生就业竞争力。

4. 完善就业与招生培养联动机制

(1) 健全完善就业反馈机制。各地各高校要建立完善就业与招生、培养联动的有效机制，把高校毕业生就业状况作为高等教育结构调整的重要内容。实行专业淘汰制，重点布局社会需求强、就业前景广、人才缺口大的学科专业，淘汰或更新不适应社会发展的学科专业。实行高校毕业生就业去向落实率红黄牌提示制度。深入开展高校毕业生就业状况跟踪调查。

(2) 深化就业工作评价改革。努力探索实施高校毕业生就业工作合格评价，建立部、省两级就业工作合格评价机制，促进高校就业工作制度化、规范化。

5. 加强组织领导

(1) 压紧压实工作责任。各地各高校要把高校毕业生就业摆在突出重要位置，落实就业"一把手"工程。

(2) 加强就业工作机构和队伍建设。各地教育部门、各高校要积极创造条件认真落实高校毕业生就业机构、人员、场地、经费"四到位"要求，根据本地实际情况，明确各项指标要求并报至教育部备案。

(3) 做好就业总结宣传工作。大力宣传就业工作典型高校、用人单位和先进人物。各地各高校要多渠道、多方位宣传国家就业创业政策，营造良好氛围。

(二)鼓励高校毕业生到基层就业

1. 鼓励毕业生到基层就业主要优惠政策

(1) 对高校毕业生到中西部地区和艰苦边远地区基层就业单位就业、履行一定服务期限的，按规定给予学费补偿和国家助学贷款代偿。

(2) 结合政府购物服务工作的推进，在基层特别是街道(乡、镇)、社区(村)购买一批公共管理和社会服务岗位，优先用于吸纳高校毕业生就业。

(3) 艰苦边远地区基层机关招录高校毕业生可适当放宽学历、专业等条件，降低开考比例，可设置一定数量的职位面向具有本市、县户籍或在本市、县长期生活的高校毕业生。

(4) 艰苦边远地区县乡事业单位公开招聘高校毕业生可适当放宽年龄、学历、专业等条件，可以拿出一定数量岗位面向本县、本市或者周边县(市)户籍人员(或者生源)招聘；乡镇事业单位招聘本科以上高校毕业生、县级事业单位招聘硕士以上高校毕业生，以及招聘行业、岗位、脱贫攻坚急需紧缺专业高校毕业生，可以结合实际情况，采取面试、直接考察的方式公开招聘；可以根据应聘人员报名、专业分布等情况适当降低开考比例，或不设开考比例，划定成绩合格线。

2. 学费补偿和助学贷款代偿政策

(1) 对到中西部地区和艰苦边远地区基层单位就业的中央部门所属高校应届毕业生实行学费补偿或国家助学贷款代偿，本专科生每人每年最高不超过 12 000 元，研究生每人每年最高不超过 16 000 元。本科、高职(专科)、研究生和第二学士学位毕业生补偿学费或代偿国家助学贷款的年限，分别按照国家规定的相应学制计算。每年补偿学费或代偿国家助学贷款总额的 1/3，3 年代偿完毕。

(2) 各省(自治区、直辖市)制定吸引和鼓励本地所属高校毕业生面向艰苦边远地区基层单位就业的学费补偿和国家助学贷款补偿办法。

3. 基层就业户口档案政策

落实省会及以下城市放开对高校毕业生落户限制的规定，高校毕业生在基层就业可根据需要自愿迁移户口。人事档案按规定转至就业地县级人力资源和社会保障部门所属公共就业和人才服务机构，或有关单位的组织人事部门。

4. 中央基层就业项目简介

近年来，中央有关部门组织实施的引导高校毕业生基层就业项目，主要包括大学生志愿服务西部计划、"三支一扶"计划、农村义务教育阶段学校教师特设岗位计划。

5. 中央基层就业项目优惠政策

(1) 公务员招录优惠：每年拿出公务员考录计划的一定比例，专门用于定向招录服务期满且考核称职(合格)的服务基层项目人员。服务基层项目人员也可报考其他职位。

(2) 事业单位招聘优惠：各省(区、市)县(乡)基层事业单位公开招聘时，应根据本地区实际拿出一定数量或比例的岗位，对"三支一扶"等服务期满考核合格的人员进行专项招聘，并增加工作实绩在考察中的权重，聘用后可以不再约定试用期；省市事业单位公开招聘时，对"三支一扶"等服务期满且考核合格的人员同等条件下优先聘用。

(3) 考学升学优惠：服务期满后 3 年内报考硕士研究生初试总分加 10 分，同等条件下优先录取；高职(专科)学生可免试入读成人本科。

(4) 国家补偿学费和代偿助学贷款政策：参加中央基层就业项目的毕业生，符合规定条件的，可享受相应的学费补偿和助学贷款代偿政策。

(5) 服务期满自主创业的，可享受税收优惠、行政事业性收费减免、创业担保贷款和贴息等有关政策。

(6) 参加基层服务项目前无工作经历的人员，服务期满且考核合格后两年内，在参加机关事业单位考录(招聘)、各类企业吸纳就业、自主创业、落户、升学等方面可同等享受应届高校毕业生的相关政策。

(7) 各基层就业项目服务年限计算工龄。服务期满到企业就业的，按照规定转接社会保险关系。

(三)鼓励高校毕业生应征入伍

1. 优先征集政策

(1) 大学生入伍优先报名应征、优先体检政考、优先审批定兵、优先安排使用，大学生参加体检开辟绿色通道，高校新生应在户籍所在地参加应征；高校应届毕业生和在校生可在学校所在地参加应征，也可在入学前户籍所在地参加应征。

(2) 报名网址：全国征兵网 http://www.gfbzb.gov.cn/。

(3) 报名时间：上半年男兵的报名时间为上年 12 月 1 日至当年 2 月 10 日，女兵的报名时间为当年 1 月 1 日至当年 2 月 10 日；下半年男兵的报名时间为上年 12 月 1 日至当年 8 月 10 日，女兵的报名时间为当年 7 月 1 日至当年 8 月 10 日。

2. 学费资助及优待政策

(1) 学费补偿、国家助学贷款代偿、学费减免，本专科生每人每年最高不超过 12 000 元，研究生每人每年最高不超过 16 000 元。

(2) 入伍大学生按规定享受优待政策，义务兵家庭优待金由批准入伍地发放，其家庭享受军属待遇。

3. 升学优惠政策

(1) 设立"退役大学生士兵"专项硕士研究生招生计划，每年专门面向退役大学生士兵招生约 8 000 人，并向"双一流"建设高校倾斜。

(2) 在部队荣立二等功及以上，免试(指初试)攻读硕士研究生。

(3) 在完成本科学业后 3 年内参加全国硕士研究生招生考试，初试总分加 10 分，同等条件下优先录取。

(4) 高职(专科)学生应征入伍，退役后在完成高职(专科)学业的前提下，可免试入读普通本科，或根据意愿入读成人本科，自 2022 年专升本招生起执行。

4. 复学政策

(1) 高校学生(含高校新生)服役期间按国家有关规定保留学籍或入学资格，退役后 2 年内允许复学或入学。

(2) 经学校同意，大学生士兵退役后复学可转入本校其他专业学习。

(3) 退役复学后免修军事技能等课程，可直接获得学分。

5. 在部队选拔培养政策

(1) 符合条件的取得全日制本科学历和学士学位的毕业生(含毕业学年入伍，服役期间取得的)，入伍 1 年半以上，可选拔为提干对象。

(2) 参加全军统一考试，录取到有关军队院校学习。

(3) 优先选取士官。

(4) 参加保送入学对象选拔,同等条件下优先推荐。

6. 退役后技能培训政策

面向自主就业退役士兵开展职业技能培训,实施学历证书+若干职业技能等级证书制度和学分银行制度,建立学习成果认定、积累和转换机制,按规定享受培训资助。

7. 退役后就业服务政策

(1) 退役后1年内,凭用人单位录(聘)用手续,可办理就业报到手续,户档随迁。

(2) 退役高校毕业生士兵可参加户籍所在地省级毕业生就业指导机构、原毕业高校就业招聘会,享受就业信息、重点推荐、就业指导等就业服务。

(3) 乡镇补充干部、基层专职武装干部配备时,注重从退役大学生士兵中招录;在军队服役5年(含)以上的高校毕业生士兵可以报考面向服务基层项目人员定向考录的职位。

(4) 教育部在"24365校园招聘服务"活动中开辟大学生士兵岗位专区,畅通求职就业渠道。

(四)促进离校未就业高校毕业生就业

(1) 各地区要将离校未就业高校毕业生全部纳入公共就业人才服务范围,采取有效措施,力争使每一名有就业意愿的未就业高校毕业生在毕业半年内都能实现就业或参加到就业准备活动中。

(2) 有关部门、各高校要密切协作,做好未就业高校毕业生离校前后信息衔接和服务接续,切实保证服务不断线。教育部门要将有就业意愿的离校未就业高校毕业生的实名信息及时提供给人力资源和社会保障部门。人力资源和社会保障部门要建立离校未就业高校毕业生实名信息数据库,全面实行实名制就业服务。

(3) 各级公共就业人才服务机构和基层就业服务平台要及时主动与实名登记的未就业高校毕业生联系,摸清其就业需求,提供有针对性的就业服务。教育部门和高校要加强对离校未就业高校毕业生的跟踪服务,为有就业意愿的高校毕业生持续提供岗位信息和求职指导。

(4) 各地区要结合本地产业发展需要和高校毕业生就业见习意愿及需求,扩大就业见习规模,提升就业见习质量,确保凡有见习需求的高校毕业生都能得到见习机会。要根据当地物价水平,适当提高见习人员见习期间基本生活补助标准。高校毕业生见习期间参加职业培训的,按现行政策享受职业培训补贴。

(5) 各地区要继续推动离校未就业高校毕业生技能就业专项行动,结合当地产业发展和高校毕业生需求,创新职业培训课程,提高职业培训的针对性和实效性。在高校毕业生集中的城市,要提升改造一批适应高校毕业生特点的职业技能公共实训基地。国家级重点技工院校和培训实力雄厚的职业培训机构,要选择一批适合高校毕业生的培训项目,及时向社会公布。

(五)做好就业服务

1. 岗位信息服务

(1) 教育部会同社会招聘服务机构推出"24365校园招聘服务",举办各类区域性、行业性、联盟性专场招聘会。高校毕业生可用学信账号登录"国家24365大学生就业服务平台"(http://www.ncss.cn/)或微信搜索关注"国家大学生就业服务平台"公众号并绑定学信账号,获取求职意向登记、岗位一键搜索、职位精准推荐、在线求职应聘等一站式服务。

(2) 各地各高校不定期举办各类线上、线下招聘活动,高校毕业生可以通过各地各高校就业指导部门及其网站获取信息服务。

2. 就业指导服务

(1) 教育部推出"互联网+就业指导"公益直播课,通过新华网、央视频、学习强国、中国教育电视台等平台,围绕就业形势与政策、职业生涯教育、求职择业指导、行业发展趋势等主题,帮助毕业生答疑解惑。毕业生可通过"大学生就业资讯"公众号获取课程直播信息,通过"国家24365就业服务平台"(http://www.ncss.cn/)学职平台板块回看课程。

(2) 组织开展"宏志助航计划",教育部推出全国高校毕业生就业能力培训网络平台,提供就业指导和职业技能类网络课程,帮助大学生拓展职业视野、了解行业发展和岗位要求、提高职业技能和就业竞争力,学生可通过"国家24365就业服务平台"(http://www.ncss.cn/)宏志助航板块进入。符合条件的在校生还可在高校报名参加线下培训。

(3) 各地各高校开展线上、线下就业指导活动,提升毕业生求职就业能力。毕业生可以在各地各高校的就业指导部门获取指导服务,也可通过"国家大学生就业服务平台"公众号访问"我的辅导员"与辅导员关联,获得辅导员的帮助指导。

3. 签约及去向登记

(1) 教育部推出"全国高校毕业生网上签约与毕业生去向登记平台"(以下简称"网签平台"),毕业生和用人单位可根据高校的要求,选择在线签约和去向登记。平台可通过"国家大学生就业服务平台"(http://www.ncss.cn/)网上签约/去向登记板块进入。

(2) 毕业生可使用平台完成线上签约/解约、线下签约/解约、登记就业协议信息等。

(3) 签约就业协议的毕业生在网签平台上传就业协议,经学校(院系)审核通过后,完成去向登记。其他去向的毕业生通过平台选择毕业生去向类型,按照具体要求填写相关去向信息,上传证明材料,经学校(院系)审核通过后,完成去向登记。

4. 查询反馈服务

教育部提供毕业生就业去向查询反馈服务。每年6—9月,应届毕业生可以登录学信网在"学信档案"中查看本人毕业去向,并可在线反馈信息是否准确。如信息不准确,可备注说明具体情况,由毕业生所在高校根据反馈情况及时更新。

(六)建议

近年来,高校毕业生就业政策不断演进,呈现以下特点:一是工作机制日益健全;二是政策体系日益完善；三是政策措施与时俱进；四是政策力度不断加大。但是，就业毕竟是同学们自身的事情，同学们要想从就业困境中彻底解脱出来，除了学校、政府、企业等外界各方的共同帮扶，还需要同学们自身的努力才能够实现。首先，高职院校及专科院校的同学们应在认清自我的基础上，努力调整心态，建立正确的择业观。同时还要在不断完善个人素养的基础上，努力突破传统就业观的束缚，以一颗不畏艰难、不怕阻碍的恒心不断朝着个人理想迈进。其次，作为高职院校及专科院校毕业生，要树立自我发展的自信心，认清与本科生、研究生甚至中职毕业生相比自身的优势所在，从而在大学期间就做好自身的职业生涯规划，针对社会的需要不断完善个人的知识和能力，为今后的就业奠定良好的基础，正所谓"机会都是留给有准备的人"。最后，同学们应当在专业教师的指导下，瞄准未来就业方向，不仅要认识到社会转型时期各企业对高端人才以及新兴技术人才的需要，更要结合自身能力现状对准我国各类人才缺口产业，反其道而行之，实现自身顺利就业。比如，幼教、男护士等都是我国人才缺口较大的岗位，是本科毕业生不愿意从事，中职毕业生能力不达标的易就业行业。此外，随着我国产业结构的优化调整，各类二、三线城市的经济发展实力不断提升，而这些区域对人才的需求量较大，同学们在这些城市中也可以谋求到很好的个人发展。

【案例分析】

1. 小刘是市场营销专业的大四学生。新年伊始，已经进入大学最后实习阶段的他，和众多学生一样开始寻找工作。在新春人才市场大型招聘会上，他选择了市内某大型商场品牌家电的销售岗位，为了应聘成功，他利用招聘会前的一周时间，对该品牌的家电产品做了细致的市场调查，从市场份额、产品性能和竞争对手等各方面的情况都做了详细的了解，并拿出了一份翔实的市场调查报告。最后他击败了众多的应聘者，被该品牌成功录用。

2. 在某大学举办的招聘会上，毕业生小李的父母在招聘会尚未开始时，就早早地到达会场打听单位的情况。招聘会开始很久以后，小李姗姗来迟，并由家长陪同面谈。面谈过程中，小李的发言时间还没有父母多，结果谈了一家又一家，最终一无所获。

思考：

1. 小刘成功的原因与小李失败的原因分别是什么？
2. 我们在应聘之前应该做哪些准备？

(资料来源：本书作者整理编写)

二、岗位认知

当前，国家大力支持职业教育发展，职业院校也越来越重视培养素质高且技能强的应用技术型人才。各职业院校结合学校特色，按照"校企合作、工学交替"的人才培养模式，注重学校对接地方产业、专业对接行业企业、教师对接职业岗位，注重强化学生技能提升，尤其是学生技能竞赛、创新创业活动、岗位实习等。其中，岗位实习是学生在校期间必须完成的一项专项任务。所以，每位大学生都应对自己所要实习的工作岗位有一个清晰的认知和定位，明确自己需要做好哪些准备、应当掌握哪些技能。

(一)岗位、岗位认知及岗位认知实习的内涵

1. 岗位

岗位是指组织内部要求某一个体或群体完成的单项或多项工作职责及其为此所赋予该个体或群体的权力的总和。通常情况下，岗位是跟随实际工作需要而设定的，也就是我们常说的"因需设岗、因事设岗"。

2. 岗位认知

岗位认知是指对某一工作岗位的理解和认识，包括岗位职责、技能要求、岗位的价值与地位、薪资待遇、发展前景等。通常情况下，岗位的职责要求、技能要求、能力要求与岗位价值成正比。

(1) 当岗位需要承担的职务责任越大时，该岗位的价值就越高。

(2) 当岗位需要的知识和技能越多时，该岗位的价值就越高。

(3) 当岗位需要解决问题的能力要求越高时，该岗位的价值就越高。

3. 岗位认知实习

岗位认知实习是指学生在正常的学习年限期间，进入真实的工作情景，通过实践的方式帮助自己了解所学专业的实际应用。其目的是提高学生对本专业的认知水平，增加感性认识，丰富专业知识，提高敏感性。可以说，岗位认知实习是大学生从学校踏入社会走向职场的桥梁，是学生理论知识走向实践生产的过渡。

(二)建立正确的岗位认知习惯

1. 正确认知自己

"人贵有自知之明"，全面、客观的自我认知是心理健康的前提和基础，是认识个人和社会这一对立统一关系的重要基础，更是学生建立正确岗位认知、促进有效择业的前提和依据。择业前，首先，以一颗平常心正确认识自己。面对自我，能否就自身的优势与特长、劣势与不足给出客观、准确的评价，关系到是否能避免在实习过程中的盲从性。其次，冷静分析自身性格特征，为有效择业做好准备。性格特征是个体在工作中发挥作用的最有效因素。一千个人有一千种性格，热情、爽朗、积极、外向、沉稳、内敛、果敢、温柔、豁达、冷静、羞怯、慢热、拘谨、自卑……不同的工作岗位适合拥有不同性格特征的个体，针对自己的性格特征选择匹配的工作岗位，在一定程度上能够扬长避短，有利于在实习岗位中发挥自己的价值和作用。最后，发现自己的兴趣所在，兴趣是学生学习、择业和工作的内在驱动力，也是学生职业生涯的快乐源泉。根据自身兴趣和实际掌握的专业特长情况选择实习或就业岗位，有助于培植学生长久坚定的工作信念，树立远大理想。

2. 正确认知实习的行业背景、工作岗位

通常，各院校以社会经济发展需求、技术技能发展趋势和教育教学改革实际等要求为

依据，构建紧密对接行业企业需求的专业体系与人才培养方案。但在现实生活中，存在不少学生未提前调查、深入了解自己即将踏入的职场的行业背景，对所要实习的工作岗位也存在较大的认知偏差。每个行业，甚至每个工作岗位都有其独特的魅力和不同的要求，这些要求也决定了各个行业的生存法则。工作岗位的特征更是能直观反映我们是否拥有与该岗位所匹配的性格特征、专业技能等。比如，销售岗位需要充满热情、服务意识强的人才，而检验岗位则适合沉稳冷静、仔细认真的人才。认知上的偏差致使学生在选择实习岗位时有一定的盲目性，主要表现在以下几个方面：一是知道岗位名称，但并不了解该岗位的实际工作内容与环境；二是已经进入企业实习，但对该企业所属的行业背景、发展前景等一无所知，对该工作岗位所应遵守的基本职业道德要求和理念也知之甚少；三是随意地或被动地选择工作岗位，但工作后发现该岗位既不适合自己，也非自己喜欢；四是对工作岗位期望值过高，想当然地认为工作会获得丰厚的报酬和机会，但实习后大失所望。因此，提前了解、正确认知实习的行业背景与工作岗位，知悉其对应的应当遵守的基本规则和行为理念，可以帮助我们有效纠偏，进而达到有效择业的目的。

3. 正确认知实习目的

大家普遍认为，好的企业有其独特的经营模式、深厚的文化底蕴、新颖的经营理念、完备的新员工的培养培训计划。因此，在选择实习单位时，绝大多数学生都想进入知名企业，想要获得薪资高、待遇好、保障全的工作岗位，这是人之常情。薪资高、待遇好、保障全的企业更能从物质条件上极大程度地刺激学生的主观能动性，激发学生的内在潜力。然而，我们不得不承认，与知名企业相比，那些处于发展上升期的中微企业才更需要注入年轻血液，也更愿意给学生提供实习就业的岗位和机会。我们实习不仅仅是为了获取报酬，更是为了加深并运用所学的专业理论知识、增强我们的实践能力、培养自身分析问题和解决问题的能力。通过实习，可以帮助我们正视自己、正视社会、融入社会，发现自己在专业领域上的特长和短处，最终找到适合自己的工作岗位。不是一味地看中企业名气，而是弹性地看待工作岗位，正确认知实习目的。即便不能直接前往知名企业实习，也可以此为奋斗目标，在实践中不断打磨自己，用发展的眼光看待职业生涯，抓住机遇，在职场中充分发挥自己的能动性和创造力，向着自己的职业目标逐步靠拢。

(三)岗位认知实习

1. 岗位认知实习的必要性

学生参加岗位认知实习，可以迫使学生快速成长，让其更好、更快地学会处事、学会待人、学会生活、学会适应社会。我们已经发觉，让学生进行岗位认知实习是非常重要且必要的：参加岗位认知实习是课程改革形势的要求，是高职人才培养方案规定的教学内容，是培养学生高素质、高技能、高情商的重要手段，是切实落实工学交替教学模式的要求，是培养学生职业能力、锤炼学生就业意识的关键教学环节。

2. 岗位认知实习的意义

(1) 有助于学生深入理解自己所学专业，激发学习动力。高考结束后，很多考生在填报志愿时并不了解各个专业的背景知识，也不清晰自己究竟想要学习什么专业，考生家长、教师及上过大学或社会经验丰富的亲朋好友就充当了考生志愿填报的指导者，甚至决策者。入学后，随着知识的拓展，学生慢慢对自己所学的专业有了一定的了解和浅显的认识。参加岗位认知实习，可以帮助学生实现专业理论与社会实践的接轨，从而更加真实、更加直观、更加深入地认识、理解所学专业，了解相关岗位的工作情况，对标行业所需的人才要求(学历、执业资格证书、专业技能、外语、计算机等)，帮助大家厘清差距，激发自身学好专业知识、弥补不足的内在动力。

(2) 有助于学生深入了解未来职场环境，规划人生目标。作为大学生，最怕的就是对未来没有自己的想法和规划。对职业教育而言，让学生将所学专业与实际工作接轨是一件非常重要且必要的事情。通过参加岗位认知实习，可以让学生置身于实际工作环境中，通过社会实践亲身感受所处环境的文化氛围，近距离接触未来的职场情境。这种真实的工作环境可以帮助学校和家长检验学生参与社会生活的能力，提高同学们的处事待人、沟通协调等能力，帮助同学们熟悉职场节奏、适应职场生活，培养同学们的综合素质，为大家明确未来努力方向、合理规划人生目标打下坚实的基础。

(3) 有助于高校加强校企合作，深化实践教学改革。实践证明，"工学结合、校企合作"是中国特色高等职业教育人才培养模式的有效尝试，是高等职业教育体制机制和教育模式改革的重大创新。组织学生参加岗位认知实习这一举措拉近了学校与企业之间的关系，为学校和企业搭建了互联互通桥梁，创造了合作共赢平台。学生通过岗位认知实习进入企业参加工作，从学生角度来看，能够将自己所学知识运用到实践生产中，学习到课本以外的内容，有利于培养学生知行合一；从企业角度来看，可有效缓解企业的用人需求，降低企业的用人成本；从学校角度来看，可以在互惠互利的基础上逐步和企业建立起合作关系，共同商谈学生培养方式，借助企业的资源实现实践教学的改革。

三、就业意识

就业意识是指个体对即将走向的工作岗位的工作内容、薪资待遇、社会价值等的认知，主要包括对内和对外两个层面：对内即对自身就业能力的认知，对外即对工作岗位的憧憬与把控。就业意识是大学生制订就业计划和决策的前提，也是大学生追求人生价值的集中体现。就业意识的形成并非一蹴而就，而是一个漫长的过程，也是一个变化的过程，会随着时间的推移或兴趣的改变等有所调整。

(一)大学生就业意识存在的问题

1. 自我定位不准，就业预期较高

大学生在面向就业时，由于涉世未深，对社会环境不够熟悉，往往很难对自身情况做出客观、准确的判断，进而导致自我定位不准，期望值过高，主要表现在以下几方面。一是对岗位薪资要求较高。实际薪资与有些毕业生的理想薪资相差较大。近年来，毕业生数量激增，整体就业形势不容乐观，大学生个体又缺乏实际工作经验，因此，对岗位薪资要

求过高是大学生实现就业的严重心理障碍。二是对工作所在地要求较高。大部分大学生对大城市和发达地区向往已久，认为自己寒窗苦读数十载，应该有一个不错的职业归宿，对小地方和落后地区的工作岗位不屑一顾。三是对工作职位要求较高。很多大学生存在眼高手低现象，希望能够从事一份舒适、轻松的工作，不愿从底层做起，缺少脚踏实地的奋斗精神，基层服务意识较为淡薄。基于此，部分大学生错过了多次就业机会，浪费了大量宝贵时间，最终高不成低不就，不能如期就业或无法实现高质量就业。

2. 依赖心理较强，缺乏自主意识

有些学生依赖心理较强，自主谋生意识和信息获取意识较弱，主要表现在以下几方面。一是小事自己做主，大事家长做主。生活上过分依赖家庭关系，遇到问题习惯性依靠父母和亲朋帮助解决，进入社会后则明显缺乏自我分析能力和判断能力。二是职业信息获取的主动性不强。在校学习期间，习惯性依赖课堂教学和教师指导，被动接受或不知道如何查找与自己所学专业相关的职场招聘信息、行业标准、工作要求、工作内容等。三是职业信息认知单一。择业时，大部分学生只关注职位信息本身，如薪资待遇、工作地点、工作时间等，对职位信息背后的单位信息、行业信息等关注较少，对职业发展现状和发展前景认识不足。在求职过程中，听取他人意见固然重要，但作为新时代大学生，我们应该拥有也必须拥有展翅飞翔、独自遨游的本领。

3. 心理适应力差，缺乏抗压素质

面对社会和家庭的双重压力，很多大学生出现了不同程度的心理问题，暴露出其心理适应力差，缺乏一定的抗压素质，主要表现在以下几方面。一是就业焦虑心态。该心态是在自我内心紧张和心理矛盾的作用下产生的一种烦躁情绪的可视化表现。高校的常年扩招使得每年毕业生人数激增，就业竞争愈演愈烈，加之许多大学生在择业时内心期望值较高等因素，使得许多大学生在就业时产生焦虑心理。二是就业自卑心态。该心态常因短暂性受挫出现，如未及时调整则会限制自身才能展现。由于缺乏社会经验，一部分大学生在择业时不敢勇于推荐自己，害怕被拒，面试时也较为紧张，一旦接连受挫就会极大程度打击其自信心，轻言放弃，缺乏坚持，从而影响就业。三是就业摇摆心态。不少大学生在择业时，既希望自主决定又害怕承担风险；想寻求帮助又担心失了面子；渴望竞争却缺乏勇气……最终在用人单位面前摇摆不定、难以取舍，丧失良机。

4. 职业生涯规划能力弱，缺乏危机意识

职业生涯规划对每一位大学生都至关重要，是学生建立自我认知、树立职业目标、明确职业路径、提升个人核心竞争力的有力保障。但现实生活中，仍存在一大批大学生职业观念较弱，职业生涯规划能力较差，缺乏对职场的敏锐度和忧患意识，主要表现在以下几方面。一是时间分配不合理。大学期间，很多学生都安于现状，缺乏危机意识，将自己大部分的时间和精力都用来应付日常课堂和各种考试上，对外界市场行情和社会变化漠不关心或关注度较低。二是职业生涯规划意识淡薄。现阶段，很多大学生对于职业生涯规划的概念仍然模糊，没有深入了解其内涵，不知道其包括哪些内容，也不知道该如何制定职业

生涯规划,更不能正确认识职业生涯规划教育对自身发展的影响。三是职业目标不明确。不少大学生认为找工作是毕业以后的事情,上学期间无须考虑过多,没有明确的奋斗目标,故而不能把个人兴趣、爱好与专业很好地结合,在盲目就业后,因前期准备工作不足且目标不明确而易在短期内频繁跳槽,不利于积累工作经验、提升工作能力。

(二)如何培养正确的就业意识

1. 培养自我认知的能力

了解自己、正确认知自己有助于提高学习效率和择业能力,而且对学生的整个职业生涯和社会生活都有深远意义。所以,择业前要先认清自己,培养自我认知能力。多问自己是什么样的性格,这样的性格都适合什么岗位;多问自己属于哪种气质类型,这种气质类型习惯什么样的交流模式;多问自己拥有哪些兴趣,这些兴趣能为自己未来的工作增添哪些动力;多问自己专业知识是否学扎实了,在此基础上自己还需要做哪些准备;多问自己是否有了清晰的职业目标,距离实现自己的目标还有多大差距;多问自己对即将踏入的行业究竟有多少了解,在这个行业生存发展都需要遵守哪些行规、具备哪些职业素养。

2. 提高职业信息认知能力

职业信息认知是指根据某一职业的工作要求、工作内容、工作环境、单位背景、政策环境、就业环境等内容做出自己的认识和判断。职业信息认知能力即指对职业信息认识是否全面、判断是否正确的能力。培养并提高自身的职业信息认知能力有助于对当前的就业形势做出合理判断,从而帮助我们更好地择业。首先,我们一定要认识到职业信息的重要性;其次,一定要主动地、多途径地获取相关职业信息。可以利用自身社会关系、就业指导中心、社会实践、社会兼职、人才市场、各种招聘会及各种网络媒体等途径获取尽可能多的职业信息,了解最新的职业发展动态,并通过信息整合、信息对比等形成自己对该职业的认知与判断。

3. 提高自主创新能力

"互联网+"时代的到来,对高校人才培养有了更高的标准,对当代大学生也有了更高的要求。早在 2014 年,李克强总理就提出了"双创"概念,即"大众创业、万众创新"。要提高自主创新能力,就需要同学们积极培养自身丰富的创造能力、敏锐的洞察能力、发散的思维能力等。需要特别注意的是,应着重培养自己的好奇心,激发自己的求知欲望,养成独立思考的习惯,不盲目崇拜权威,不过分拘泥常规,敢于提出自己的见解。在校期间,注重日常积累,学会交叉思维,锻炼自己尝试使用不同方法、从不同的角度解决同一问题。积极参加各种大学生挑战竞赛,通过比赛,知己长补己短,化比赛压力为创新动力,最大限度挖掘自身创造潜力,全方位提高自主创新能力。

4. 加强就业危机意识

危机意识是未雨绸缪,是防微杜渐,是指预防和应对危机的意识。"生于忧患而死于安乐。"但长期以来,我国大学生的就业危机意识并不强烈,习惯了"象牙塔"生活,

"佛系""躺平""摆烂"等心态狂扫大学校园,"毕业即失业""就业恐慌"等现象频繁冲击高校毕业生,就业难已经成为摆在众学子面前不争的事实。因缺少相应的心理准备,大学生群体中出现了形形色色的心理健康问题。客观认识就业危机,加强就业危机意识,有助于大学生形成乐观面对就业难的良好心态,减少因就业危机引发的心理问题;有助于督促大学生尽早掌握应对就业难的技能,增强大学生抵御就业风险、战胜就业危机的能力。

5. 增强社会实践意识

"纸上得来终觉浅,绝知此事要躬行。"学到的理论知识不应只停于课本、仅装于脑袋,更应落实到自身行动上,做到知行合一。不能只培养发现问题的能力,还需培养解决问题的能力。利用课余时间,根据自身特点,有目的、有计划地参加实践活动,达到"以知促行、以行求知"的目的,培养知识获取与更新的能力。通过参加社会实践,能够帮助自己更清晰地看到自身与他人的差距,增强就业紧迫感与危机感,进而不断提高自身素质;能够从中获得满足感与成就感,激发自我的社会责任意识;能够锻炼自己的人际交往能力、组织协调能力和团队合作能力等,提升自我竞争力;能够从中获取更多可靠的、新鲜的职业信息,了解职业要求,进而实现高质量就业。

(三)培养就业意识的重要性

就业是民生工程、民心工程、根基工程,高校毕业生就业更是重中之重,特别是近两年来,高校毕业生就业工作被摆在越来越重要的战略位置。从中央到地方再到高校,都在不断加大就业优先政策实施力度,千方百计地促进毕业生顺利就业。近几年,受新冠肺炎疫情、全球经济下行压力加大等多重因素的叠加影响,毕业生求职困难增多、压力增大,"懒就业""缓就业"等现象也层出不穷。如何培养大学生树立符合时代发展的正确的就业意识、顺应当今局势变化的就业择业观,已成为摆在众人面前不得不思考的重大课题。作为新时代大学生,我们也应该从自身出发,积极培养并增强自身的职业生涯规划意识和就业意识,扭转传统固化思维,将课堂学习、老师指导和社会实践有效融合,端正就业态度,树立正确的就业观念,主动适应社会变化,只有这样,才能更好地实现毕业与就业的有效衔接,才能有助于实现高质量就业,才能有效促进相关社会矛盾的解决。

第二节 求 职

求职,是对人生的一种自我选择,从某种意义上来讲也是把自己作为一种特殊商品——人才商品成功推销出去。学会求职,是一门学问。学会并擅长推销自己,方可在就业时掌握更多的优先权和主动权,这不仅需要大家具备应有的素质、能力,还需要大家掌握一些实用的求职技巧,并能出色发挥,如此才更容易在当今激烈的人才竞争中脱颖而出。

一、自荐技巧

(一)自荐材料的撰写

自荐材料作为一份文件材料，通常包含以下几方面内容：材料名称、目录、自荐信、个人基本情况、附件等。在准备材料时，也可根据实际情况和用人单位要求进行增减。

1. 材料名称

自荐材料文件的封面通常以"自荐材料(自荐书)""应聘材料(应聘书)"等来命名。因"应聘"一词隐含有让对方回应的意味，所以，如投递单位有提前发布招聘或要约，则可使用"应聘材料/应聘书"来命名，如投递单位没有提前发布招聘或要约，则使用"自荐材料/自荐书"更为合适。

2. 目录

如果自荐材料的篇幅较长、页数较多，则需制作材料目录以便浏览查阅。

3. 自荐信

(1) 标题。自荐信通常放于自荐材料的开篇位置，标题无须花哨或冗长，建议使用"求职信/自荐信"，居于首行正中，字体要求醒目，从格式上看使人一目了然，用以发挥其要素性和形式性功能。

(2) 称谓。自荐信称谓即该信的呈阅对象。呈阅对象可以个人称谓和单位称谓划分，也可以具体称谓和概括称谓划分。"个人称谓"即呈阅对象为个人，可使用"尊敬的×××"字样；"具体性个人称谓"即呈阅对象为具体的、特定的某个人，可使用"×××有限公司××董事长"或"××董事长"字样；"概括性个人称谓"即呈阅对象为概括的、模糊的某些人或某类人，可使用"×××有关企业领导"字样；"具体性单位称谓"的呈阅对象为具体的、特定的某个单位，可使用"×××有限公司"字样；"概括性单位称谓"即呈阅对象为概括的、模糊的某些单位或某类单位，可使用"×××有关企业"字样。

需要注意的是，如果采用个人称谓，通常另起一行紧随"您好"表示问候，如采用单位称谓则可不加；如果不确定呈阅对象的单位或职务，则可使用概括性个人称谓的表述方式，即"尊敬的领导"。

(3) 引据。引据是自荐信的第一段内容，要求表达准确清晰、用词干净简洁。该段通常先进行自我介绍，紧接着说明为何致信。如："我是+××大学+××专业(+学历层次)+毕业生+姓名，欣悉贵公司拟聘用+岗位名称，故特呈自荐书以应聘。"如果对方未发布招聘公告，但我们又想尝试进入该单位工作，则可表述如下："我是+××大学+××专业(+学历层次)+毕业生+姓名，非常渴望到贵公司+目的，实现+心中理想/其他，故特呈自荐书以求职。"

(4) 事由。事由是自荐信的重点内容。通常由三部分组成：第一部分叙述自己对该单位的认知情况，体现出高度认同感；第二部分起承上启下的作用，可用简洁的语言表明自己的求职意愿；第三部分需分条说明自身条件与招聘岗位/求职岗位的匹配性。

(5) 结尾。结尾部分跟在事由后面，需给呈阅对象一个完整鲜明的印象，切勿表述拖沓。结尾段主要有以下几个作用：一是强调求职意愿，表达信心和决心；二是表达谢意，如"冒昧呈书添扰，谢谢您的收阅"；三是表达期待，如"真诚期盼您的回复"等。

(6) 署名。署名位于信的右下方，通常有两种表述方式，一种是"自荐人/求职人：×××"，另一种是"×××呈/敬呈"，具体可依据自荐信的风格任选其一。

需要注意的是，如果是手写签名，切记不能龙飞凤舞、字迹潦草，以免影响第一印象。

(7) 日期。日期位于署名下方，可以写该信的成文日期，也可以写呈文日期，即投递时间。通常情况下，该日期尽可能靠近投递时间，以免留下拖沓印象。

4. 个人基本情况

上述自荐信意在通过简要介绍来表达自身的谋职诉求，其后应紧跟详细的个人基本情况介绍，以期给对方呈现一个完整的、贴合岗位需求的个人形象。该部分内容要素较多，可采用表格形式，详情可参见表 5-1 个人简历模板。

需要注意的是，个人情况介绍的服务对象是求职，所有信息都是为了帮助我们求职成功。因此，在介绍自我爱好、履历等内容时，要尽可能围绕此次求职意向和岗位要求进行展开。

5. 附件

附件内容是对自荐信、个人基本情况介绍的补充与印证，其主要作用是证明上述所言的真实性，以期得到对方的青睐予以聘用，如毕业证、学位证、荣誉证书、资格证书、发表的论文、出版的书籍、活动新闻与照片等。

(二)自荐的具体技巧

1. 积极主动

为了使用人单位能更全面地了解自己的情况，提前做好自荐材料的准备工作。应做到主动呈交、主动进行自我介绍；不消极等待回音，积极询问结果；等等。一位经过多次求职失败后成功的学生曾说："也许我应该更主动一点。因为在求职的时候，大家都在同一条起跑线上，而善于推销自己的学生便将主动权掌握在了自己手中。"

2. 如实全面

首先，按照要求展示全面、完整的自我信息，如需包括个人的基本情况、教育背景、学习情况、在校表现、实践经验等。其次，在介绍时讲究实事求是，避免使用华而不实、故弄玄虚的词汇或语言，尤其是在介绍自己取得的成果时，拿成绩、数据和事实说话，既不过高吹捧，也不过于谦虚，表述一定要恰如其分。

3. 重点突出

一是在介绍自身兴趣、特长、能力等情况时要有重点，要尽可能贴合所求职位的要求，根据职位需要有针对性地介绍自身优点，有选择性地坦诚自我缺点。二是在举例说明时要有重点，根据应聘职位的不同强调自己所匹配的经历和收获。比如，应聘科研岗位时，可以重点介绍大学期间所参加的研究课题，并说明自己在其中扮演了什么样的角色，该角色对课题进展和完成情况的重要性，通过该课题体现出了哪些与岗位要求所匹配的技能，等等；又如，应聘管理人员时，可结合自身学生干部或社会实践经历重点介绍自己曾参与并组织了哪些重大活动，达成了什么样的效果，收获了哪些与之相匹配的经验；等等。

4. 有的放矢

很多学生在毕业时喜欢采取广撒网的方式进行求职，结果大多石沉大海，这种做法是不可取的，在很大程度上会打击我们的求职信心，最终影响发挥。找工作是双向的、有选择的，不应该盲目、盲从，选择岗位时要有的放矢。求职前要沉心静气，认真思考自己适合哪些职业，仔细比对有哪些用人单位在招聘这些岗位。然后，有针对性地制作自荐材料，有目的地投递简历。

二、简历制作

简历体现着求职者的基本情况，是求职者求职意愿的集中体现，是求职者就业的"助推器"，也是用人单位筛选人才的重要工具。好的简历能让毕业生从数百名应聘者中脱颖而出；相反，不合格的简历也会让毕业生与理想的工作失之交臂。

(一)简历的主要内容

1. 个人基本信息

个人基本信息是简历的基础性内容，也是简历的必备要素。一般包括求职者的姓名、性别、年龄、籍贯、民族、政治面貌、联系电话、邮箱等。需要注意的是，不要将自己的身份证号码、详细的家庭住址等放入简历中，以免在简历投递过程中被"有心人"利用，导致个人信息泄露。

2. 求职意向

求职意向是向用人单位表明此次求职的目的，告知对方自己希望得到什么样的工作，并能从中显示出你未来能有什么作为。在选择求职意向时，要结合自己的实际情况选择匹配的意向岗位。

3. 教育背景

教育背景是对自身学历情况、专业知识学习的介绍，可以在一定程度上体现自身的专业性。通常情况下，需要采用倒叙的方式列出自己的毕业院校等信息，主要包括在该校就读的起止时间、所学专业等，以便用人单位对你的求学经历、专业背景有个大致了解和判断。需要注意的是，如果在校期间成绩优异，可以将自己的专业课程及成绩单作为加分项展示出来，但如果成绩平平或较差，此项可作模糊处理，只列出所学的专业课程，规避成绩介绍。

4. 实践经历

实践经历可以体现出求职者的综合能力与实践能力，主要包括校园实践和社会实习两方面。当下，用人单位对大学毕业生的实践经验越来越看重，有不少岗位在招聘时明确要求应聘者需要具备某种实践经历或有经验者优先考虑，因此，该部分内容是简历中的核心内容。填写该部分内容时，需结合应聘岗位的要求对自身的实践经历进行有侧重的筛选和排序。需要注意的是，在描述时尽量避免使用比如"承担大量的工作""获得了不俗的成绩"这种华而不实的形容词，学会使用职业话语体系，将个人收获和成绩尽可能地进行量化表达。

5. 职业技能与获奖情况

职业技能与获奖情况是学生在校期间个人能力的有力展现。职业技能主要包括个人外语水平、计算机水平、相关专业资格证书(教师资格证、建造师证、普通话证等)，获奖情况包括国家级、省级、校级等荣誉证书。填写该项内容时，通常结合岗位需要采用级别优先于时间的原则进行罗列。需要注意的是，该项内容一定要如实填写，不能弄虚作假。

6. 特长及爱好

特长及爱好可以作为选择项，根据实际情况进行调整。如果自身特长与应聘岗位有很大的联系，则可作为加分项列出。

7. 自我评价

自我评价是求职者对自身的客观性评价，但往往会被很多求职者忽略。在进行自我评价时，一般需结合岗位需要从专业知识、能力素养、性格特点三个层面展开概括。

8. 照片

在简历上附上个人近期一寸免冠照片，主要是为了获得良好的第一印象。需要注意的是，在选择照片时，如用人单位没有特别强调，需尽量避免使用艺术照和大头贴。

(二)简历制作的误区

1. 以"万能模板"应万变

很多大学生由于自身写作底子略微薄弱或是存有偷懒速成的心态，在求职时，把希望完全寄托于网络流行的"万能简历模板"，稍加修改就化为己用。无论里边的板块内容是否合适，都直接复制、粘贴，甚至对于板块内容中自己没有做过的一些实践经历等也依然照搬照抄，抑或是自揭其短，坦诚地填写"无"。还有的同学为图省事，无论去哪一个行业哪一家公司都选择使用同一份简历，可谓一份简历打遍天下，但这样的简历毫无针对性，很难吸引所有人的目光。

2. 罗列内容，重点不明

把简历当自传来写，个人所有的成长经历铺陈开来一一罗列。个人信息详尽周全；教育背景从小学写到大学；实践经历事无巨细；爱好特长各种各样；自我评价面面俱到。内容完备了,要素齐全了,但这样洋洋洒洒,详略不分,抓不到重点,不仅做不到"简",更谈不上有"力"。

3. 要素缺失,条理不清

在简历的基本要素中,通常包括个人基本信息、求职意向、教育背景、实践经历、职业技能与获奖情况、特长及爱好和自我评价等构成要素。这些要素并非要全部体现在每个人的简历当中,需要因人而异、看己所需。但对应届毕业生而言,求职意向、教育背景、实践经历、技能证书等要素是必不可少的。有些同学在制作简历时,不知其所以然,随心所欲地遗漏必备要素,导致简历的重点内容有残缺,信息也严重不足,以致招聘单位无法根据简历来更好地了解自己,错失良机。此外,还有一些同学忽视了招聘单位的阅读期待,刻板地使用固定顺序来呈现各板块内容或是随机组合,以致打乱了板块内容间的内在连贯性,显得毫无章法、没有逻辑。

4. 不拘细节,阅读体验差

有很多同学的简历中或多或少会出现下述问题:错别字、标点符号乱用、语言表意不明、字号字体不统一、页面格式设置不合理、版面不美观或过于花哨等。表面上看好似是求职者行事不拘细节或写作能力有限,但从本质上体现出该求职者求职态度不够端正、做事不够严谨细致、职业素养不够高,不仅导致阅读体验大打折扣,还会让用人单位质疑其求职态度和动机。

5. 语言模糊,表达不准确

在简历介绍中,有些同学喜欢使用"具有丰富的兼职经验""熟练操作多种办公软件""获得多项奖励"等较为含糊的表达。诸如此类的模糊语言从侧面展现出求职者对此项事件的不确定性,同时暗示了求职者内心的不自信,不能令人信服。

(三)简历制作的基本原则

1. 简洁为先,详略得当

简历制作讲究简洁为先,主要指版式简洁、内容简洁和语言简洁。版式简洁即简历需作留白处理,使人一目了然,避免观感吃力。内容简洁即简历篇幅要适中,避免过于冗长或过于简单,推荐遵守"一页纸原则"。语言简洁即句式简洁,文字要简略得当、通俗易懂,尽量用短小精悍的短语或短句代替长句和复杂句,同时避免使用过于抽象、单调或情感色彩过重的修饰词。只有一份布局合理、详略得当、用词精准的简历,才能更快抓住用人单位的眼球,引起他们的兴趣。

2. 精心编排,认真检查

简历上的内容虽然简洁,但在简历上可谓寸土寸金,每一处都需要精心编排设计,制作完成后,要反复阅读,仔细琢磨,认真检查文字上是否有错别字、排版是否舒适、重点是否突出等。此外,还需注意以下两点内容:一是简历中使用的字体最好不超过两种,且不推荐使用特殊或艺术字体,避免因电脑版本不同造成阅读障碍,通常情况下,中文字体推荐采用宋体、楷体和黑体，英文字体推荐使用 Times New Roman 和 Palatino Linotype；二是简历的整个版面的左、右两边要做到对齐，简历中的内容格式(行间距、字符缩进等)要保持一致。

3. 重点突出，杜绝作假

制作简历时，简历内容应根据所投递的行业、公司、岗位的不同而随之变化，注意突出重点，使所呈现的实践经历、技能等尽可能与求职岗位相匹配。此外，不要试图编造虚假的实践经历或成绩，否则，在与用人单位真正面对面时，经验丰富的面试官可以从很多细节中找出你弄虚作假的痕迹，其结果不言而喻。

需要注意的是，我们投递的电子简历版本最终需以 PDF 格式(有特殊要求的除外)呈现，其标题一般为"应聘岗位+姓名+联系方式"。在进行电子投递时，也可在邮件开头准备一段既简短活泼又能表现个人优势的话术，与简历一同投递。最后，要提前准备好其他证书等扫描件留作备用。

下面给大家介绍一张个人简历模板，如表 5-1 所示，求职者可以根据自己的需求对内容进行修改。

表 5-1　个人简历模板

姓　　名		性　　别		
出生日期		民　　族		
籍　　贯		政治面貌		照片
学　　历		电　　话		
毕业院校		E-mail		
求职意向				
教育经历				
实践经历				

续表

所获荣誉	
技能证书	
自我评价	

三、面试

面试是面试官通过面对面交流的方式来进一步观察、检验、评价求职者个人能力和综合素质的关键步骤。面试中的表现也关系到我们能否顺利找到一份心仪的工作。在简短的面试环节中，用人单位无法用"路遥知马力"的策略来慢慢考察我们是否具备他们想要或需要的能力与素质，更多只能依靠大家所提供的个人材料和面试当场的表现来进行打分。所以，做好充分的面试准备、掌握恰当的面试技巧有助于在面试时提高第一印象分值，加大面试成功概率。

(一)四种常见的面试类型

1. 结构化面试

结构化面试也叫"个体面试"，即用人单位对求职者单独进行的面试，是一种应用较多的面试方法，通常由"自我介绍"和"答题"两部分组成。在自我介绍完毕后，面试官会按照固有程序，依据招聘岗位所需要的胜任特征，采用特定的题库、评价标准和评价方法对求职者进行现场评价。该面试方法具有考题规范化、考官规范化和考务规范化等特点。

2. 无领导小组讨论

无领导小组讨论是通过群体间的互动体验来检验个体领导能力的一种测评工具，也是群体面试中常见的面试方式。该面试方法是在无领导情境下，将随机划分的一组求职者组建为临时工作小组，由该小组成员共同讨论给定问题并做出最终决策，在讨论过程中，面试官不作任何参与，而是通过观察该小组成员在讨论过程中的表现(有效发言次数、时间观念、调节争议促使意见一致、举止仪表等)对其进行评分，并以此推断求职者的个人能力和素质是否符合招聘岗位要求。

3. 半结构化面试

半结构化面试将结构化面试和非结构化面试进行有机结合，有效避免了单一方法使用上的不足，是如今使用越来越广泛的一种面试方法。该面试方法具有双向沟通性，将用于考察求职者核心知识技能的部分采取结构化面试，将用于考察求职者个人潜力、创造力、与人交往等能力素质的部分采取非结构化面试，既保证了面试内容与过程的规范化，又兼顾了求职者和面试形式的个性化。

4. 情景面试

情景面试又叫情景模拟面试，是结构化面试的特殊形式。该面试方法是指用人单位通过对招聘岗位的分析来确定工作情节，并以此设计出一系列情景性问题，面试官会对所有求职者询问同样的问题来观察其在特定情景中的反应，然后将求职者的回答与预先设定的答案做对比的一种评价方法。由于该面试方法是根据拟招岗位进行的情景设定，所以具有很强的针对性、直接性和真实性。

(二)面试准备

1. 了解用人单位的基本情况

面试是一个双向过程，不仅是面试官对求职者的考察，也是求职者对用人单位自身实力的验证。面试前，求职者需要对自己即将前往的面试的单位进行多方位了解，如用人单位的所在地、发展背景、发展规模、文化传承、用人机制等，以避免面试选择的盲目性。

2. 了解求职岗位的必要信息

要想使自己在面试中所展现出的能力与素质与用人单位招聘岗位所需的核心竞争力尽可能相匹配，则在面试前对该求职岗位的了解是必不可少的。在浏览招聘信息时，不要只关注其薪资待遇等，要着重注意该岗位的招聘条件，逐条分析招聘条件并深入挖掘其对应的能力与素质，结合自身情况，有针对性地梳理总结。

3. 调整好心态和情绪

收到面试通知并决定前往参加后，我们就要做好相应的准备，以积极的心态迎接即将到来的面试。简单来说，就是要做到"放平心态、主动出击、自信热情"。面试是我们求职生涯的必经之路，参加面试前，尽可能地让自己的心态放平和，不要瞻前顾后、计较得失，主动了解用人单位情况、求职岗位信息和面试方式，做到心中有数，以自信、乐观、热情的精神面貌出现在用人单位和面试官的面前。

4. 注重个人仪表

注重个人仪表，既是对用人单位的尊重，也是对自己的尊重。如果求职者邋里邋遢、不修边幅，并不会让面试官觉得此人生活很随性、很好接触，而是会让人产生一种该求职者对用人单位和此次面试毫不重视的感觉，严重影响我们在面试官心中的第一印象。

因此，注意个人仪表，以整洁大方、清爽得体的形象示人，有助于我们给面试官留下良好印象。

(三)面试中的礼仪

1. 面试中的服饰礼仪

大学生求职面试时，面试官首先看到的是个人着装，因此，着装对于面试而言有着"先入为主"的作用。适度的自我包装，可以增加我们面试成功的砝码。选择面试服装时，要根据我们面试的行业和岗位来决定，总体要求是要做到干净利落、大方得体。除了岗位需要，要避免选择奇装异服或过于孩子气的衣服，不能穿吊带、背心、短裤、拖鞋等，尽可能让自己看起来成熟、稳重又不失朝气。男生的头发要修剪整齐，不宜过长，发型要简单、朴素，服装可选择穿西装；女生可化淡妆，选择服装时应在美观的前提下尽可能自然，不刺眼，避免轻佻。此外，配饰并非必需品，能不佩戴就减少佩戴，以免画蛇添足。

2. 初次见面的礼仪

初次见面时，求职者一定要按时守信，切记不能迟到。我们需要根据约定时间，提前到现场做好面试准备，既能体现自己对此次面试的重视，也能反映出自己在日常生活中有较强的时间观念。如果确有不可避免的客观因素或突发状况可能导致面试迟到或需另改面试时间时，应主动给面试方打电话并诚恳地说明原因。当到达指定面试地点后，主动向接待人员问好并按要求做好面试前的资料审查等工作。在等候面试时，需要注意坐姿，不要东张西望，不要大声与其他同伴交谈。当轮到本人面试时，听到面试方喊自己的名字或者序号后，要先敲门，待面试官允许方可进入面试房间，进门后要主动、有礼貌地向面试官问好并随手轻轻将门关好，待得到入座指令后应先道谢，再按指定位置落座开始本轮面试。

3. 面试中的倾听礼仪

如果说语言表达是良好沟通的重要因素，那么认真倾听则是有效沟通的重要基础。面试过程中，我们作为被动方一定要用心倾听面试官所说的每一处铺垫和提问，在听的过程中可以身体微微前倾，做好表情管理，并伴有眼神的交流和目光的注视，适时点头，确保自己准确了解说话方所表达的主要内容和意图，可适时给予一些积极回应，如"是的""好的"，但不要随意打断面试官讲话，不要感情用事去争辩，耐心倾听面试官把话讲完，做到全神贯注，对听到的重要信息和问题等进行有重点的记录，及时反馈。整体来说，要保持不卑不亢、落落大方，做到有礼有节，不故意讨好，也不傲慢无礼。

4. 面试告别中的礼仪

一般情况下，每个人的面试时长是有限的。面试临近尾声时，面试官的神情也会逐渐放松，当听到面试官说"面试到此结束"等话语时，则表明面试进行完毕。此时，我们可以徐徐起身，将椅子扶正，向面试官表示谢意并进行道别，然后再走出面试房间并随手关门。出场后，也不要忘记向接待人员进行道谢。

(四)面试中的语言技巧

1. 语言技巧

面试是双方思想的相互交流，语言表达在其中发挥了至关重要的作用。一是要口齿清晰、语言流利。在回答面试官问题时，我们要注意保持语速适中，避免说话过快或过慢，减少磕巴现象，避免不文明用语出现。二是要语气平和，语言通俗易懂。无论是自我介绍，还是回答问题，多使用较为平缓的陈述语气，采用通俗朴实的语言风格，避免浮夸或过分雕琢。说话音量要根据面试距离和面试方式而定，如果是面对面交谈则正常音量(不宜过大)即可，如果是群体面试或面试场地较为开阔时，则需以每个面试官都能听清你的讲话(不宜过小)为原则进行音量调整。

2. 应答技巧

掌握一定的应答技巧，可以帮助大学生在面试交谈时更好地展示自我水平。一是表达要准确。尽可能避免"可能""也许""大概"等模棱两可的词语。一般而言，对于单纯的信息型问题我们的回答应该简单、干脆；对于论述型问题我们应该亮明观点，紧扣主题，不要随意发挥；对于专业型问题我们要回答准确，不模棱两可。二是表达要适度。在回答面试官提问时，要有个人见解，不随意附和面试官的观点，不人云亦云，将自己想要表达的意思表达清楚即可，尽量避免长篇大论，以免脱离主题、言多必失。三是表达要诚实。"知之为知之，不知为不知"是回答问题最好的态度。当面试官问到自己确实不会或不熟悉的问题时，可以诚恳地承认自己的不足，切记不懂装懂、含糊其词或默不作声。

(五)签订劳动合同

1. 签订劳动合同的要点

(1) 审查限制性条款。大学生在签约时应注意认真审核、推敲相关条款，对其中不合理甚至违法的部分要提出异议，避免日后吃亏。

(2) 审查试用期条款。大学生要熟悉与试用期有关的法律、法规，并认真审核试用期条款。试用期长短涉及工资、转正、经济补偿金、培训费以及职工自行流动等问题。

(3) 明确工作岗位和地点。

(4) 审查工资、补助和奖金条款。

(5) 审查违约条款。一般情况下对违约的情形、赔偿的范围、处罚的方式以及违约金的计算方法以及数额都有说明。因此，要注意有关违约责任是否合法、公平和能否承受。

(6) 审查商业秘密和禁业条款。这类条款对大学生而言，意味着加重自身义务，可能因此限制择业自由和发展空间。

2. 选择劳动合同期限时的注意事项

(1) 不要认为劳动合同期限越短越好。大学生不要片面追求有固定期限的劳动合同，一定要选择合适的期限。

(2) 要重视无固定期限劳动合同的签订。它有三个方面的优点：首先，对劳动者更有利,尤其是防止用人单位在使用完劳动者的"黄金年龄段"后不再使用劳动者;其次,这种合同是可以解除的;最后,有助于劳动者成为具有专门职业技能的人才。此外,同学们在签订合同时一定要查看用人单位的各种证照,而且必须看原件,以免上当受骗。如果用人单位不和求职者签订合同,同学们一定要收集证据,证明自己与用人单位之间存在事实上的劳动关系,认定劳动关系的依据主要有:用人单位的考勤表;发放给劳动者的"工作证""服务证"等身份证件,以及"登记表""报名表"等;向劳动者支付劳动报酬的凭证。

【知识拓展】

任何事情都不会白白经历

1999年,她作为北京广播学院播音系的优秀毕业生,被分配到电视台。满心想拿起话筒一展才华,台里却安排她先到行政办公室帮忙,工作内容是装订人事档案……

"她刚分进电视台的时候,其实并没有机会坐上主播台。她的第一份工作,是给全台的员工装订档案。长多少,宽多少,要按照统一的标准去裁剪,档案里模糊或空白的信息,要填补完整。就这样,一把尺子,一瓶浆糊,朝九晚五,日复一日……

她也郁闷过、苦恼过,但最后还是选择了开心面对,全力以赴。几个月以后,台里的一个晚会要用新人,她入选了。再往后,她顺利地坐上了主播台,一直到今天。

那段经历看似平凡、琐碎、不起眼的工作,要做好也有大学问,也许你的第一份工作并不是那么理想。但活儿不分大小,没有好坏,只有认真地把手头上的事儿做好了,才能有下一次机会。任何事情都不会白白经历。"

坐得住"冷板凳",守得住初心,在看不见未来时积蓄能量,于热闹纷纭中保持清醒……这是《新闻联播》主播欧阳夏丹的青春选择,"什么都不白学,总有一天都会用上"是种启示。

【案例分析】

1. 宁可保守

男生小新毕业于国内知名传媒大学。在应聘一家广告公司的策划岗位时,他的专业能力及谈吐均受到了面试官的好评,可最终显示未被录用。后来才得知,问题竟是出在自己面试当天的穿着上。他想当然地认为广告公司追求的是自由、开放的前卫思想,所以在面试当天挑选了一套自己非常喜欢并认为能够展现自我个性的暗黑系潮服,佩戴了骷髅头戒指,殊不知这身装扮不但没给面试加分,反而让面试官觉得他过于随意,对此次求职不够重视。

2. 慎用香水

女生露露在毕业求职时,很幸运地通过了一家公司的储备干部选拔。由于她表现出众,能力和素质都非常符合该招聘岗位的要求,面试官和用人部门对她的印象特别好,为此,公司领导还特地加了一轮面试,希望和众人口中的优秀求职者进行直接交流。但没想到,领导和露露交谈没到三分钟就开始喷嚏连连,后续更是连正常交谈都无法进行,而露露则尴尬地坐在面试间,不知所措。后来她才发现,自己为了给领导留下更好的印象,加试当天特意喷了香水,因怕天热出汗,还多喷了一些,偏偏这位领导有严重的过敏性鼻炎,刺激性气味会让他三五天都无比难受,可谓弄巧成拙。最终,露露的此次求职也以失败告终。

思考:
1. 你认为小新和露露面试失败的根本原因是什么?
2. 你认为大学生在面试求职过程中存在哪些误区?
3. 你掌握了哪些求职技巧?
4. 结合自身情况,制作一份求职简历。

(资料来源:本书作者整理编写)

第三节 就业手续办理

毕业生就业手续的办理关系到毕业生的切身利益,也是国家和地方各级政府就业政策落实的关键,是各方共同关注的话题。但是部分高校的就业指导教师和毕业生对如何办理就业手续很模糊,甚至忽略了就业手续的重要性,导致毕业生在后期的工作和生活中遇到了诸多问题。因此,同学们必须清楚地了解就业手续的办理。

一、签订就业协议书

就业协议书是明确毕业生、用人单位和高校三方在毕业生就业过程中权利与义务的书面表现形式,能解决毕业生的户籍、档案、保险等一系列问题。签订就业协议书是毕业生求职过程中的最后环节,也是走向工作岗位的起始环节。就业协议书作为三方的意向性协议,能够为毕业生解决就业问题,保障毕业生在就业过程中的权利与义务,约束用人单位及时签订劳动合同,维护毕业生的就业权益。因此,毕业生一旦与用人单位达成就业意向,就应及时签订就业协议书。签订就业协议书是一种法律行为,因此毕业生在签约前要认真阅读签约须知,熟悉了解签订就业协议书的注意事项,从而使签订就业协议书的内容合法、程序合法,保证就业协议书真实有效,符合国家政策和法律、法规的规定。

二、毕业生的档案调转及户口迁移

(一)已落实就业单位的毕业生

毕业时已落实就业单位的毕业生,其档案及户口的办理分为两种情况:一种情况是毕业生已经签订了就业协议书,这种情况下,毕业生须到户籍所在地的户籍管理部门将户口迁移至就业单位所在地，档案也由学校的管理部门投递到毕业生的就业单位所在地档案管理部门；另一种情况是毕业生选择档案回原籍(生源地)，此种情况下，只需由学校的管理部门将档案投递到毕业生的生源所在地档案管理部门即可。

(二)未落实就业单位的毕业生

毕业时没有落实就业单位的毕业生，根据政策规定并依据毕业生本人意愿，可要求将其档案保留在学校，学校要按规定在2年择业期内为其进行保留；在择业期内，毕业生可随时要求办理就业手续，进行档案调转及户口迁移。

(三)升学毕业生的档案调转

对于考取专升本或研究生的毕业生，可持录取通知书到毕业院校的档案管理部门办理档案调转，将其档案转至上一级院校。

三、办理人事代理

人事代理是各级人力资源和社会保障部门按照国家有关人事政策法规要求，在其服务项目范围内，为各类人才提供人事档案管理、职称评定、养老保险金收缴等全方位服务，是实现人员使用与管理分离的一项人事举措。由于很多用人单位不具备档案保管的职能，或者将员工档案委托人力资源和社会保障部门的档案管理机构进行保管，毕业生应及时到就业单位报到，并办理人事代理手续，同时确认自己的档案已投递到档案管理部门。

代理方可以提供服务的具体内容如下。

(1) 为委托方提供人事政策咨询，并协助委托方研究制定人才发展规划和人事管理方案等。

(2) 为委托方管理人事关系、档案。办理专业技术人员专业技术职务任职资格的申报工作；办理高校毕业生见习期满后的转正定级手续，调整档案工作；出具因公或私出国、自费留学、报考研究生、婚姻登记和独生子女手续等与人事档案相关的证明材料。

(3) 为委托方接转党团组织关系，建立流动人员党团组织，开展组织活动。

(4) 为委托方代办失业、养老等社会保险。

(5) 为委托方代办人才招聘业务，提供人才供需信息，推荐所需专业技术人员和管理人员，负责聘用人员合同签证。

四、毕业生党、团组织关系的转接

(1) 团组织关系的转接由各支部在"组织关系接转"页的上半栏内用钢笔或中性笔填写"因(毕业)组织关系转出"，并注明转出日期及团费缴纳截止日期。毕业生团关系(指入团志愿书或中学团委开具的团关系证明)由学院团委、团总支负责存入毕业生档案。毕业生持团员证到相关部门办理团关系转入手续。

(2) 党组织关系的转接。毕业生在离校前，高校党组织部门根据毕业生提供的拟转党组织名称，为毕业生党员开具党员组织关系介绍信，学生根据介绍信名头上所写的单位或组织部门，由本人持介绍信在介绍信有效期内到相关部门办理组织关系转入手续。

【案例分析】

张小帅，男，河南某职业学院英语专业大专毕业4年，在4个不同的城市换了5份工作，从事过医药销售、保险、教师等职业。目前对于自己的职业发展处于迷茫状态。

这是一个大学生在职业初期缺乏职业规划导致职业发展混乱的典型案例。古语云："凡事预则立，不预则废。"在一个人的职业生涯中也一定要有一个中长期的发展目标和计划。在职业发展上，没有计划其实就是正在计划失败。职业规划师首先分析了张小帅过往的职业经历，发现他在职业初期缺乏规划，跳槽过于随意和频繁，导致了他的内职业生涯缺乏积累。职业生涯发展的理论指出：内职业生涯是指从事一项职业时所具备的知识、观念、心理素质、能力、内心感受等内在因素的组合及其变化过程，而相对应的外职业生涯则是指从事职业时的工作单位、工作地点、工作内容、工作职务、工作环境、工资待遇等外在因素的组合及其变化过程，内职业生涯的发展直接决定和制约了外职业生涯的发展。所以，对于像张小帅这样刚毕业的大学生来说，最重要的不是去片面追求高薪、好职位、好环境等外职业生涯，而是要在做好职业定位和规划的前提下可持续地积累自己的经验、能力等内职业生涯要素。脱离了内职业生涯发展外职业生涯就像镜花水月一样不切实际。

从性格类型分析结果上看，张小帅的性格类型是内向、感觉、情感判断型，这种性格类型比较细心，感情丰富，同时有管理方面的潜力。较适合从事能让他有满足感的工作，如教师、客户、销售、外贸等。

其实，张小帅从事的教师这个职业从职业性格类型分析上看是比较符合要求的，但是职业规划师不仅要考虑当事人的性格因素，还要综合考虑职业价值观、职业兴趣等因素。从测评结果和自述的情况上看，张小帅是一个企图心很强的人，他希望自己能拥有很多的财富，从而让他人认可自己；而从职业兴趣测试的结果上看，他的职业兴趣类型是事业型，适合从事的典型职业有：推销员、销售经理、企业家、政治家等。因此，教师这个职业可能无法长久地引发张小帅内心的激情。另外，从个人优势、劣势分析和职业竞争力上来讲，张小帅目前比较明显的优势是他所学的英语专业，且具备良好的口语能力，但是在当今竞争激烈的学历社会当中，他仅有的大专学历又成了劣势。另外，过往频繁跳槽的经历也会成为他在面试时不得不面对的一个硬伤。所有的跳槽从经济学上讲都是有机会成本的，跳槽后你损失的可能是经验的积累、企业已有的信任度和职业发展的可持续性。

最终，在综合分析了张小帅的自身情况、行业职业信息，以及对各地区的职场进行比较之后，在职业规划师的步步引导下，张小帅得出了结论：到江浙沿海外贸活动频繁的二线、三线城市开始从事外贸工作。这些地区对外贸人才的需求较大，以他的英语专业和口语优势为切入点。具体的发展策略是先考取外贸单证资格，从外贸跟单开始做，熟悉流程和产品后再转成外贸业务。工作5—8年后，积累一定的外贸客户、人脉和经验，自身条件比较成熟的时候，可以考虑自我创业。但在这之前，一旦选择了自己要从事的职业，就不要再变动，沉下心来，认真工作。

思考：

毕业后是一份工作坚持到底好，还是频繁换工作多尝试好，或者谈谈你的其他想法。

(资料来源：本书作者整理编写)

【本章小结】

选择职业是每位同学人生中的大事。身为一名大学生，同学们应当学会自我剖析，了解自己的优势与不足，对自己有一个客观、全面的认识和定位，在老师的引导下，找到适合自己的职业，尽早做好迎接挑战的准备，不断拓宽个人的发展空间，尽快实现自己的人生价值！

第六章 创新创业教育

习近平总书记指出,"创新是社会进步的灵魂,创业是推动经济社会发展、改善民生的重要途径。青年学生富有想象力和创造力,是创新创业的有生力量,希望广大青年学生在创新创业中展示才华、服务社会"。纵深推进大众创业、万众创新是深入实施创新驱动发展战略的重要支撑,大学生是大众创业、万众创新的生力军,支持大学生创新创业具有重要意义。当代大学生,是中国最具活力的群体,如果失去了创新的精神以及能力,那么整个民族将失去发展的动力。正如梁启超先生在《少年中国说》中所说的"少年智则国智,少年富则国富,少年强则国强,少年独立则国独立,少年自由则国自由,少年进步则国进步"。而高校作为培养社会主义建设者的摇篮,除了需对大学生提供创业指导之外,更需注重对大学生进行创业精神的培养。创新创业教育本质上是一种实用教育,是以培养具有创业基本素质和开创型个性的人才为目标,不仅是以培育在校学生的创业意识、创新精神、创新创业能力为主的教育,更是要面向全社会,针对那些打算创业、已经创业、成功创业的创业群体,分阶段、分层次地进行创新思维培养和创业能力锻炼的教育。

【学习目标】

- 了解创新创业政策,认知创新创业概念,做好创新创业准备。
- 进行创新创业规划。
- 投入创新创业实践。

第一节 创新创业准备

自主创业,并非像一些未涉商海的人所想象的或像文学影视作品中描绘的那样潇洒有趣,实际上,对一个创业者来说,经常会遇到诸如资金、人事、市场等方面的各种困境。如果条件不成熟就盲目创业,会导致投入大、产出小,目标不准,资金套牢等困境。正如彼得·德鲁克在《21世纪的管理挑战》里所揭示的那样,知识工作者的工作寿命,未来将超过组织的寿命。我们必须认清自己的优势和价值观,提前为下半生做好准备。

一、了解创新创业政策

为了支持和鼓励创新创业与经济更好地融合发展,国务院、有关部委以及多地人民政府相继出台了一大批有利于创业的政策,如《国务院关于大力推进大众创业万众创新若干政策措施的意见》(国发〔2015〕32号)、《国务院办公厅关于进一步支持大学生创新创业的指导意见》(国办发〔2021〕35号)等文件。

2022年11月,人力资源和社会保障部等八部门决定实施重点群体创业推进行动,发布《关于实施重点群体创业推进行动的通知》,纵深推进大众创业、万众创新,激发创业创新主体活力,催生更多市场主体,更好发挥创业带动就业的倍增效应。以下为人力资源和社会保障部及教育部出台支持创新创业的部分相关文件。

《国务院办公厅关于进一步支持大学生创新创业的指导意见》

国办发〔2021〕35号

各省、自治区、直辖市人民政府,国务院各部委、各直属机构:

纵深推进大众创业万众创新是深入实施创新驱动发展战略的重要支撑,大学生是大众创业万众创新的生力军,支持大学生创新创业具有重要意义。近年来,越来越多的大学生投身创新创业实践,但也面临融资难、经验少、服务不到位等问题。为提升大学生创新创业能力、增强创新活力,进一步支持大学生创新创业,经国务院同意,现提出以下意见。

一、总体要求

以习近平新时代中国特色社会主义思想为指导,深入贯彻落实党的十九大和十九届二中、三中、四中、五中全会精神,全面贯彻党的教育方针,落实立德树人根本任务,立足新发展阶段、贯彻新发展理念、构建新发展格局,坚持创新引领创业、创业带动就业,支持在校大学生提升创新创业能力,支持高校毕业生创业就业,提升人力资源素质,促进大学生全面发展,实现大学生更加充分更高质量就业。

二、提升大学生创新创业能力

(一)将创新创业教育贯穿人才培养全过程。深化高校创新创业教育改革,健全课堂教学、自主学习、结合实践、指导帮扶、文化引领融为一体的高校创新创业教育体系,增强大学生的创新精神、创业意识和创新创业能力。建立以创新创业为导向的新型人才培养模式,健全校校、校企、校地、校所协同的创新创业人才培养机制,打造一批创新创业教育特色示范课程。(教育部牵头,人力资源和社会保障部等按职责分工负责)

(二)提升教师创新创业教育教学能力。强化高校教师创新创业教育教学能力和素养培训,改革教学方法和考核方式,推动教师把国际前沿学术发展、最新研究成果和实践经验融入课堂教学。完善高校双创指导教师到行业企业挂职锻炼的保障激励政策。实施高校双创校外导师专项人才计划,探索实施驻校企业家制度,吸引更多各行各业优秀人才担任双创导师。支持建设一批双创导师培训基地,定期开展培训。(教育部牵头,人力资源和社会保障部等按职责分工负责)

(三)加强大学生创新创业培训。打造一批高校创新创业培训活动品牌,创新培训模式,面向大学生开展高质量、有针对性的创新创业培训,提升大学生创新创业能力。组织双创导师深入校园举办创业大讲堂,进行创业政策解读、经验分享、实践指导等。支持各类创新创业大赛对大学生创业者给予倾斜。(人力资源和社会保障部、教育部等按职责分工

负责)

三、优化大学生创新创业环境

(四)降低大学生创新创业门槛。持续提升企业开办服务能力,为大学生创业提供高效便捷的登记服务。推动众创空间、孵化器、加速器、产业园全链条发展,鼓励各类孵化器面向大学生创新创业团队开放一定比例的免费孵化空间,并将开放情况纳入国家级科技企业孵化器考核评价,降低大学生创新创业团队入驻条件。政府投资开发的孵化器等创业载体应安排30%左右的场地,免费提供给高校毕业生。有条件的地方可对高校毕业生到孵化器创业给予租金补贴。(科技部、教育部、市场监管总局等和地方各级人民政府按职责分工负责)

(五)便利化服务大学生创新创业。完善科技创新资源开放共享平台,强化对大学生的技术创新服务。各地区、各高校和科研院所的实验室以及科研仪器、设施等科技创新资源可以面向大学生开放共享,提供低价、优质的专业服务,支持大学生创新创业。支持行业企业面向大学生发布企业需求清单,引导大学生精准创新创业。鼓励国有大中型企业面向高校和大学生发布技术创新需求,开展"揭榜挂帅"。(科技部、国家发展改革委、教育部、国资委等按职责分工负责)

(六)落实大学生创新创业保障政策。落实大学生创业帮扶政策,加大对创业失败大学生的扶持力度,按规定提供就业服务、就业援助和社会救助。加强政府支持引导,发挥市场主渠道作用,鼓励有条件的地方探索建立大学生创业风险救助机制,可采取创业风险补贴、商业险保费补助等方式予以支持,积极研究更加精准、有效的帮扶措施,及时总结经验、适时推广。毕业后创业的大学生可按规定缴纳"五险一金",减少大学生创业的后顾之忧。(人力资源和社会保障部、教育部、财政部、民政部、医保局等和地方各级人民政府按职责分工负责)

四、加强大学生创新创业服务平台建设

(七)建强高校创新创业实践平台。充分发挥大学科技园、大学生创业园、大学生创客空间等校内创新创业实践平台作用,面向在校大学生免费开放,开展专业化孵化服务。结合学校学科专业特色优势,联合有关行业企业建设一批校外大学生双创实践教学基地,深入实施大学生创新创业训练计划。(教育部、科技部、人力资源和社会保障部等按职责分工负责)

(八)提升大众创业万众创新示范基地带动作用。加强双创示范基地建设,深入实施创业就业"校企行"专项行动,推动企业示范基地和高校示范基地结对共建、建立稳定合作关系。指导高校示范基地所在城市主动规划和布局高校周边产业,积极承接大学生创新成果和人才等要素,打造"城校共生"的创新创业生态。推动中央企业、科研院所和相关公共服务机构利用自身技术、人才、场地、资本等优势,为大学生建设集研发、孵化、投资等于一体的创业创新培育中心、互联网双创平台、孵化器和科技产业园区。(国家发展改革委、教育部、科技部、国资委等按职责分工负责)

五、推动落实大学生创新创业财税扶持政策

(九)继续加大对高校创新创业教育的支持力度。在现有基础上,加大教育部中央彩票公益金大学生创新创业教育发展资金支持力度。加大中央高校教育教学改革专项资金支持力度,将创新创业教育和大学生创新创业情况作为资金分配重要因素。(财政部、教育部等按职责分工负责)

(十)落实落细减税降费政策。高校毕业生在毕业年度内从事个体经营,符合规定条件的,在 3 年内按一定限额依次扣减其当年实际应缴纳的增值税、城市维护建设税、教育费附加、地方教育附加和个人所得税;对月销售额 15 万元以下的小规模纳税人免征增值税,对小微企业和个体工商户按规定减免所得税。对创业投资企业、天使投资人投资于未上市的中小高新技术企业以及种子期、初创期科技型企业的投资额,按规定抵扣所得税应纳税所得额。对国家级、省级科技企业孵化器和大学科技园以及国家备案众创空间按规定免征增值税、房产税、城镇土地使用税。做好纳税服务,建立对接机制,强化精准支持。(财政部、国家税务总局等按职责分工负责)

六、加强对大学生创新创业的金融政策支持

(十一)落实普惠金融政策。鼓励金融机构按照市场化、商业可持续原则对大学生创业项目提供金融服务,解决大学生创业融资难题。落实创业担保贷款政策及贴息政策,将高校毕业生个人最高贷款额度提高至20 万元,对 10 万元以下贷款、获得设区的市级以上荣誉的高校毕业生创业者免除反担保要求;对高校毕业生设立的符合条件的小微企业,最高贷款额度提高至 300 万元;降低贷款利率,简化贷款申报审核流程,提高贷款便利性,支持符合条件的高校毕业生创业就业。鼓励和引导金融机构加快产品和服务创新,为符合条件的大学生创业项目提供金融服务。(财政部、人力资源和社会保障部、中国人民银行、中国银保监会等按职责分工负责)

(十二)引导社会资本支持大学生创新创业。充分发挥社会资本作用,以市场化机制促进社会资源与大学生创新创业需求更好对接,引导创新创业平台投资基金和社会资本参与大学生创业项目早期投资与投智,助力大学生创新创业项目健康成长。加快发展天使投资,培育一批天使投资人和创业投资机构。发挥财政政策作用,落实税收政策,支持天使投资、创业投资发展,推动大学生创新创业。(国家发展改革委、财政部、国家税务总局、中国证监会等按职责分工负责)

七、促进大学生创新创业成果转化

(十三)完善成果转化机制。研究设立大学生创新创业成果转化服务机构,建立相关成果与行业产业对接长效机制,促进大学生创新创业成果在有关行业企业推广应用。做好大学生创新项目的知识产权确权、保护等工作,强化激励导向,加快落实以增加知识价值为导向的分配政策,落实成果转化奖励和收益分配办法。加强面向大学生的科技成果转化培训课程建设。(科技部、教育部、国家知识产权局等按职责分工负责)

(十四)强化成果转化服务。推动地方、企业和大学生创新创业团队加强合作对接,拓宽成果转化渠道,为创新成果转化和创业项目落地提供帮助。鼓励国有大中型企业和产教

融合型企业利用孵化器、产业园等平台，支持高校科技成果转化，促进高校科技成果和大学生创新创业项目落地发展。汇集政府、企业、高校及社会资源，加强对中国国际"互联网+"大学生创新创业大赛中涌现的优秀创新创业项目的后续跟踪支持，落实科技成果转化相关税收优惠政策，推动一批大赛优秀项目落地，支持获奖项目成果转化，形成大学生创新创业示范效应。(教育部、科技部、国家发展改革委、财政部、国资委、国家税务总局等按职责分工负责)

八、办好中国国际"互联网+"大学生创新创业大赛

(十五)完善大赛可持续发展机制。鼓励省级人民政府积极承办大赛，压实主办职责，进一步加强组织领导和综合协调，落实配套支持政策和条件保障。坚持政府引导、公益支持，支持行业企业深化赛事合作，拓宽办赛资金筹措渠道，适当增加大赛冠名赞助经费额度。充分利用市场化方式，研究推动中央企业、社会资本发起成立中国国际"互联网+"大学生创新创业大赛项目专项发展基金。(教育部、国资委、中国证监会、中国建设银行等按职责分工负责)

(十六)打造创新创业大赛品牌。强化大赛创新创业教育实践平台作用，鼓励各学段学生积极参赛。坚持以赛促教、以赛促学、以赛促创，丰富竞赛形式和内容。建立健全中国国际"互联网+"大学生创新创业大赛与各级各类创新创业比赛联动机制，推进大赛国际化进程，搭建全球性创新创业竞赛平台，深化创新创业教育国际交流合作。(教育部等按职责分工负责)

九、加强大学生创新创业信息服务

(十七)建立大学生创新创业信息服务平台。汇集创新创业帮扶政策、产业激励政策和全国创新创业教育优质资源，加强信息资源整合，做好国家和地方的政策发布、解读等工作。及时收集国家、区域、行业需求，为大学生精准推送行业和市场动向等信息。加强对创新创业大学生和项目的跟踪、服务，畅通供需对接渠道，支持各地积极举办大学生创新创业项目需求与投融资对接会。(教育部、国家发展改革委、人力资源和社会保障部等按职责分工负责)

(十八)加强宣传引导。大力宣传加强高校创新创业教育、促进大学生创新创业的必要性、重要性。及时总结推广各地区、各高校的好经验好做法，选树大学生创新创业成功典型，丰富宣传形式，培育创客文化，营造敢为人先、宽容失败的环境，形成支持大学生创新创业的社会氛围。做好政策宣传宣讲，推动大学生用足用好税费减免、企业登记等支持政策。(教育部、中央宣传部牵头，地方各级人民政府、各有关部门按职责分工负责)

各地区、各有关部门要认真贯彻落实党中央、国务院决策部署，抓好本意见的贯彻落实。教育部要会同有关部门加强协调指导，督促支持大学生创新创业各项政策的落实，加强经验交流和推广。地方各级人民政府要加强组织领导，深入了解情况，优化创新创业环境，积极研究制定和落实支持大学生创新创业的政策措施，及时帮助大学生解决实际问题。

国务院办公厅

2021年9月22日

(一)开业补贴政策

大中专学生初创企业,正常经营 1 年以上的,可凭创业者身份证明及工商营业执照、员工花名册、工资支付凭证等资料,申请 5 000 元的一次性开业补贴,补贴从就业专项资金中列支。领取失业保险金期间的失业人员自主创业的,可凭工商营业执照及其他有效证明,按规定程序申请领取 5 000 元的一次性创业补助——《河南省人民政府关于进一步做好新形势下就业创业工作的实施意见》(豫政〔2015〕59 号),如表 6-1 所示。

表 6-1 一次性创业补助领取所需材料一览表

材料名称	材料类型	来源渠道	材料必要性
员工花名册	原件	申请人自备	必要
就业创业证	原件、复印件	政府部门核发	必要
开业补贴申请表	原件	政府部门核发	必要
符合相应身份的证明材料	原件	申请人自备	必要
工商营业执照	原件、复印件	政府部门核发	必要
创业者身份证	原件、复印件	政府部门核发	必要
工资支付凭证	原件	申请人自备	必要
适用对象	首次创办企业或从事个体经营、自工商登记注册之日起正常经营 1 年以上的大中专学生(含毕业 5 年内的普通高校、职业学校、技工院校毕业生及在校学生,毕业 5 年内留学回国人员)、就业困难人员、贫困家庭劳动力、返乡农民工		
办事流程	(1)申请。符合条件的大中专学生、就业困难人员、贫困家庭劳动力、返乡农民工向创业地县(市、区)人力资源和社会保障部门申请开业补贴; (2)材料审核。县(市、区)人力资源和社会保障部门对申请材料进行审核; (3)实地查验。县(市、区)级人力资源和社会保障部门对创业者申报项目进行实地考察,重点核查申请人身份、创业项目、是否初次创业等情况,签署审核意见; (4)审核公示。审核结束后,人力资源和社会保障部门对拟享受创业(开业)补贴的单位名称、法定代表人、补贴标准、补贴金额等信息进行公示。 (5)资金拨付。经过公示无异议后,将审核材料报送同级财政部门,将补助资金直接拨付到创业者个人账户或社会保障卡账户。		

(二)创业贷款政策

各经办金融机构对符合条件的个人发放的创业担保贷款最高额度为 10 万元。对符合条件的借款人合伙创业或组织起来共同创业的,贷款额度可适当提高——《河南省人民政府关于进一步做好新形势下就业创业工作的实施意见》(豫政〔2015〕59 号),如表 6-2 所示。

(三)创业运营补贴政策

大中专学生创办的实体在创业孵化基地内发生的物管、卫生、房租、水电等费用,

3 年内给予不超过当月实际费用 50%的补贴，年补贴最高限额 10 000 元——《河南省人民政府关于进一步做好新形势下就业创业工作的实施意见》(豫政〔2015〕59 号)，如表 6-3 所示。

表 6-2 创业担保贷款所需材料一览表

材料名称	材料类型	来源渠道	材料必要性
创业担保贷款个人申请书	原件	政府部门核发	必要
申请人营业执照和行业经营许可证等	原件、复印件	政府部门核发	必要
就业创业证或高校毕业证和其他相关证件	原件、复印件	政府部门核发	必要
申请人身份证和婚姻状况材料	原件、复印件	政府部门核发	必要
反担保人信息表或反担保抵押物	原件、复印件	申请人自备	必要
适用对象	高校毕业生(包括毕业学年和毕业 5 年内的普通高校、职业学校、技工院校毕业生，大学生村官，毕业 5 年内的留学回国人员)。毕业 5 年内，持有高校毕业证的毕业生(大学生村官和留学回国学生提供相应的身份证明材料)，高校毕业学年的毕业生要进行个人承诺		
办理流程	网办流程如下。 (1)申请：申请人通过河南政务服务网注册登录后，填写在线表单和上传电子化材料，完成网上申报。 (2)预审：受理人员通过后台系统对申请材料的齐全性和是否符合法定形式进行预审，预审合格进入受理程序，预审结果实时反馈。 (3)受理：预审通过后，申请人或企业到实体大厅窗口提交有关申请材料，工作人员接收后，对于所交材料不齐全或不符合法定要求的，一次告知申请人需补正的材料，如所交材料齐全，应当场作出是否受理决定，出具《受理通知书》或《不予受理通知书》。 (4)审核：受理申报材料后，由人力资源和社会保障部门在 3 个工作日内按照审核标准对内容进行实质审查、并联审批。 (5)反馈：人力资源和社会保障部门审核完成后，在 1 个工作日内作出是否同意申请事项的决定。 (6)送达：申请人通过窗口领取反馈结果		

(四)创业培训政策

创业培训政策以市场为导向，根据各类劳动者需求，充分发挥技师院校、高技能人才及就业创业培训基地和企业的主渠道作用，开展各种形式的岗位技能提升培训、就业技能培训和创业培训。创新培训模式，充分运用职业培训补贴，支持优质培训机构开发创新培训课程，开展联合办学。支持平台开展网上创业培训和电商培训，广泛开展创业意识培训、创办(改善)企业培训和创业实训。引导优质培训资源进校园开展创业培训，督促高校将创业培训纳入教学计划和学分管理内容——《河南省人民政府关于做好当前和今后一段时期就业创业工作的实施意见》(豫政〔2017〕33 号)。

表 6-3 创业运营补贴领取所需材料一览表

材料名称	材料类型	来源渠道	材料必要性
河南省创业运营补贴申请表	原件、复印件	政府部门核发	必要
工商营业执照	原件、复印件	政府部门核发	必要
实际发生的物管、卫生、房租、水电等费用凭证	原件、复印件	申请人自备	必要
创业者身份证	原件、复印件	政府部门核发	必要
与创业孵化基地签订的入驻协议	原件、复印件	申请人自备	必要
创业者符合相应身份的证明材料	原件	申请人自备	必要
适用对象	入驻经认定的创业孵化基地,由大中专学生(含毕业 5 年内的普通高校、职业学校、技工院校毕业生及在校生,以及毕业 5 年内的留学回国人员)、退役军人、失业人员、返乡创业农民工创办的实体		
办理流程	(1)申请。申请人按年度向入驻创业孵化基地所在地县级以上人力资源和社会保障部门提出申请(可由创业孵化基地汇总后统一代为申请)。 (2)受理审核。人力资源和社会保障部门对申请人提交的创业运营补贴申请材料进行审核。 (3)公示认定。经审核符合补贴条件的,由县(市、区)人力资源和社会保障部门对享受补贴名单公示 5 个工作日。 (4)资金拨付。经过公示无异议后,将审核材料报送同级财政部门,将补贴资金拨付到创业实体在银行开立的基本账户		

二、认知创新创业

(一)创新创业的定义

1) 创新的定义

美国学者约瑟夫·熊彼特(Joseph Schumpeter)在《经济发展理论》一书中首次将"创新"引入经济学的概念,并认为创新是新技术、新发明在生产中的首次应用,他特别强调生产技术和生产方式的变革对经济发展的作用。创新的主体可以是企业或个人,创新的内容包括理论与观念创新、环境与文化创新、技术与艺术创新等,主要表现在原创性的发明和发现,知识的创造性集成,新知识的传播和转化,体制和机制的创新,经济、管理与文化的创新等一切创新活动。

2) 创业的定义

创业是不拘泥于当前的资源约束、寻求机会、进行价值创造的行为过程。创业的定义有狭义与广义之分。狭义创业通常指"创建一个新企业的过程",广义创业通常指"创造新的事业的过程"。

3) 创新与创业的关系

创新创业是基于创新基础上的创业活动，既不同于单纯的创新，也不同于单纯的创业。创新强调的是开拓性与原创性，而创业强调的是通过实际行动获取利益的行为。创新是创业的基础和前提，创业是创新成果的载体和呈现，在创业活动过程中，不断优化资源配置、总结提炼，以实现创新的更新与升级。创新带动创业，创业促进创新。

(二)创业的想法

一个好的企业想法离不开深思熟虑。经过周密推敲的企业构思，可以降低创业失败的风险。创业者需要挖掘并构建出适合自己的企业想法。

(1) 开发你的企业构思。企业构思可以通过发散思维的头脑风暴方式，也可以通过利用生活经验，解决日常问题的方式来产生。

头脑风暴法：头脑风暴(brain storming，BS)法又称智力激励法或自由思考法(畅谈法、集思法)，是由美国 BBDO 广告公司的奥斯本首创，主要是以团队会议的组织形式，让团队成员在平等融洽和不受任何限制的气氛下，激发联想，畅所欲言，相互启发产生灵感，打破固有观念的束缚，实现最大限度地发挥创造性思维的能力。

在组织头脑风暴法时，应遵循以下四个原则。

① 自由畅想原则。解放思想，欢迎参与者提出各种不同寻常、异想天开的想法，营造自由、活跃的氛围。

② 延迟评判原则。头脑风暴中可以限人限时，但不能对参与者的意见提出批评和评价，需要认真对待每个参与者提出的任何一种设想，激发更多奇思妙想。

③ 以量求质原则。在头脑风暴中产生的想法越多，产生好的想法的可能性越大。

④ 综合改善原则。强调想法的相互启发、相互完善，鼓励参与者在他人想法的基础上进行补充、改善和综合。

解决问题法：在构思企业想法时，可以从自身或周边的人出发，打破固有的思维，深度挖掘日常工作生活中所遇到的不便利之处或者待解决的问题，探索大众群体的真正需求，通过解决大众群体需求的角度产生你的企业想法。

(2) 理性判断你的企业想法。产生了很多的企业想法后，如何从中筛选出可行的企业想法？可以运用 SWOT 分析来剖析企业的优势与劣势，了解所在背景环境的机会与威胁。

SWOT 分析是由美国旧金山大学的管理学教授韦里克(Weihrich)提出的，是一种利用结构矩阵分析内部因素与外部条件的分析模型。优势(strengths)和劣势(weaknesses)的分析主要用于分析企业自身的实力及其与竞争对手的比较，机会(opportunities)和威胁(threats)的分析则注重分析企业外部环境的变化以及对企业可能产生的影响。

SWOT 分析产生优势和机会主导组合、优势和威胁主导组合、劣势和机会主导组合、劣势和威胁主导组合的结果。在现实中，机会、威胁、优势、劣势四个方面往往交织在一起，所以需要权衡利弊，对于四种结果或者是利用内部资源优势去赢得外部发展机会，或者是利用内部资源优势去应对外部环境威胁，或者是创造条件抓住机会降低劣势，而由劣势和威胁主导的组合是最不利的。

(三)创业的要素

有"创业教育之父"称号的美国教授杰弗里·蒂蒙斯(Jeffry A. Timmons)在《创业学》中将创业要素归纳为创业者及创业团队、创业机会、创业资源。

(1) 创业者可以是一个人,也可以是一个团队。创业团队是指在创业初期,包括企业成立前和成立早期,由一群才能互补、责任共担、愿为共同的创业目标而奋斗的人所组成的特殊群体。创业者或创业团队必须具备善于学习、从容应对逆境的品质,具有高超的创造、领导和沟通的能力,但更重要的是具有柔性和韧性,能够适应市场环境的变化。

(2) 创业机会从不同的视角来看有不同的定义。创业机会是可以为购买者或使用者创造或增加价值的产品或服务,它具有吸引力、持久性和适时性;创业机会是可以引入新产品、新服务、新原材料和新组织方式,并能以高于成本价出售的情况;创业机会是一种新的"目的—手段(means-end)"关系,它能为经济活动引入新产品、新服务、新原材料、新市场或新组织方式;创业机会主要是指具有较强吸引力的、较为持久的有利于创业的商业机会,创业者据此可以为客户提供有价值的产品或服务,并同时使创业者自身获益。商业机会是创业过程的核心要素,创业的核心是发现和开发机会,并利用机会实施创业。

(3) 创业资源是指新创企业在创造价值的过程中需要的特定资产,包括有形资产与无形资产。它是新创企业创立和运营的必要条件,主要表现形式为:创业人才、创业资本、创业技术和创业管理等。

商业机会是创业过程的核心驱动力,创业者及创业团队是创业过程的主导者,创业资源是创业成功的必要保证。创业过程是商业机会、创业者及创业团队和创业资源三个要素匹配和平衡的结果。创业过程是一个连续不断的寻求平衡的行为组合。

(四)创业的类型

创业者的创业动机千差万别,创业的类型也因此呈现多样化,我们可以从不同角度进行分类。

1) 生存型创业与机会型创业

基于创业动机的不同,可以将创业分成生存型创业与机会型创业。所谓生存型创业,是指创业者为了生计而相对被动进行的创业,创业起点较低。此类创业项目主要集中在餐饮副食、百货等微利行业。例如,我国改革开放初期的创业者以及下岗职工的创业行为大都属于这种类型。所谓机会型创业,是指创业者为了追求商业机会,谋求更多发展而从事的创业活动,有创造新产品和新市场的功能。例如,李彦宏发现和把握了互联网搜索引擎存在的巨大商机,创办百度公司,就是典型的机会型创业。

2) 个体创业和公司创业

基于创业起点不同可分为个体创业和公司创业。个体创业是指创业者或团体从无到有地创建全新的企业组织。这个过程充满机遇,但风险和难度也很大。公司创业是指在已有公司或企业内进行创新创建的过程。例如,企业流程再造,正是通过二次、三次乃至连续不断的创新创业,企业的生命周期才能不断地在循环中延伸。

3) 独立创业和合伙创业

基于创业者数量不同可分为独立创业和合伙创业。独立创业是指创业者独立创办自己的企业。其特点在于产权归创业者个人所有，企业由创业者自由掌控，决策迅速，但创业者要独自承担风险，创业资源整合比较困难，并且受个人才能限制。合伙创业是指与他人共同创办企业，其优势和劣势正好与独立创业相反。

4) 复制型创业、模仿型创业、安定型创业和冒险型创业

基于创业对市场和个人的影响程度不同可分为复制型创业、模仿型创业、安定型创业和冒险型创业。复制型创业是指在现有经营模式基础上的简单复制的一种创业模式。模仿型创业是创业者看到他人创业成功后，采取模仿和学习而进行的创业活动，具有投资少、见效快、迅速进入市场等特点。安定型创业是指创业者依赖现有的经验和资源所进行的创业活动。冒险型创业是指一种难度很高，有较高的失败率，但成功所得的报酬也很惊人的创业类型，这种类型的创业如果想要获得成功，必须在创业者能力、创业时机、创业精神发挥、创业策略研究拟定、经营模式设计、创业过程管理等各方面都有很好的搭配。

三、创业成功所必须做的准备

创业者必须了解自己的个性、工作方式和价值观，并做好随时抓住机会的准备，才能走向成功。总体来讲，一个成熟的创新创业者首先要做好以下几方面的准备。

(一)心理准备

1) 胆识

胆是一个人敢于承担风险和责任的勇气，胆在创业前期起到了重要作用，没有胆量就没有创业的开始。而识是创业所需要掌握的知识和智慧，决定了创业者能够走多远。创业是一件极其艰苦且有风险的事情，有胆有识的人才能够走出创业的第一步。

2) 自信

创业之路坎坷不平，布满荆棘。创业的过程会遇到许多复杂而棘手的问题，有些创业者会在这些困难面前萌生放弃的念头，而自信能够让创业者克服重重困难，将公司一步步做大。自信不是盲目自信，它应该是一种基于理性分析判断基础之上而产生的自信，一个盲目自信的人很可能对于公司的发展过于乐观，从而做出错误的决策。

3) 清晰、睿智的头脑

清晰、睿智的思考能力是创业者必须具备的，意味着创业者能够冷静、客观地面对创业过程中出现的问题，想出解决办法。创业的过程经常遇到需要决策、判断、管理的事项，一个没有独立思考能力、人云亦云的人很难将公司做大做强。

4) 树立远大的目标

《基业长青》一书讲述了世界上存活时间最久的一些优秀企业的特征，在第五章中提到"高瞻远瞩的公司如何应用大胆的目标作为特别有力的机制以刺激进步"。一个优秀的企业家应该树立远大的目标，着眼于公司的长远发展。微软公司在成立不久即提出"让每

一个人的桌面上都有一台个人电脑"。许多人认为这几乎不可能，但是经过不懈努力他们做到了。创业者的目标有多大，往往决定了未来公司能达到什么样的发展规模。

5) 永不言弃

世人往往看到的是创业成功的企业家们表面的光鲜，却很少关注到其创业过程的千辛万苦。创业的路不是一马平川，永不言弃的精神能够让公司在低谷、瓶颈期度过危机，迎来新的发展机遇。永不言弃不等于愚昧固执地坚持，它是一种基于现实客观条件的基础之上，采用正确的策略及发展规划，让公司转危为安。

(二)技能准备

初入市场的创业者，或许并不具备全面的创业技能，但是创业者本人必须不断提高自身技能，才能最终成功。

1) 创新能力

美国著名管理学大师德鲁克先生曾经提到："创新就是通过改变产品与服务，为客户提供价值和满意度。"创业的首要条件是创新，创业者们通过提供给顾客创新的产品或者服务从而获得盈利。一个企业想要发展壮大，就要紧随时代潮流，不断创新，尤其是科技型企业，要加强自主研发投入。柯达胶卷的惨痛教训值得我们借鉴——一家世界知名的胶卷公司在数码照相时代到来之际，故步自封，不愿意进行创新改革，从而导致柯达胶卷淡出大众的视野。在某种意义上说，创新能力越强，创业成功的可能性就越大。

2) 人际交往能力

创业需要与顾客、重要的合作伙伴保持良好的沟通，人际交往能力至关重要。要真诚地对待自己的顾客，胖东来的创始人给员工灌输的理念是"把顾客当家人"，在超市服务的细节方面处处为顾客着想，把服务做到极致，才有了今天的业绩。另外，能够与合作伙伴保持良好沟通，才能够保障原材料采购、产品运输、销售等各个环节正常有序进行。

3) 判断决策能力

企业的发展过程如同一艘船在海上航行，大海里时常会遇到惊涛骇浪，好的判断决策能力可以有效帮助公司选择正确的发展方向，尤其是刚刚起步的创业公司，会遇到比自己实力强的竞争对手，如何进行判断决策，有时候会关乎公司能否生存下去。

4) 信息沟通能力

在公司管理方面，一个优秀的企业家不仅能够听得到管理层的想法，还应该听得到基层员工的感受。有些企业走向衰落的原因就是基层员工的许多负面情绪得不到宣泄，员工流失严重，公司土崩瓦解。多倾听顾客的声音，听一听顾客对于产品的意见与建议，做出让顾客满意的产品很关键。小米公司的手机设计，有热爱小米手机的"米粉"们的重大贡献。他们会把自己对于手机设计的想法通过微博发声，小米公司有专门收集这些信息的员工，并在手机设计的过程中参考这些意见，从而做出让消费者满意的手机。

5) 学习能力

一名优秀的企业家通常有很强的学习能力，学习管理团队，学习财务知识，学习技术，学习市场，学习与合作伙伴沟通、与政府打交道，等等。学习能力越强，他对于企业、市场的认知越深刻，做出正确决策的可能性也越大。北极光创投的创始管理合伙人邓锋是著名投资人，也是成功的创业者，他在投资企业的时候最看重的是创始人的学习能力，企业成长的瓶颈有时候不是因为钱，而是因为创业者学习的速度不够快。

(三)创业团队准备

现代企业的竞争就是团队间的竞争，就是团队协作能力的竞争。

1) 团队成员的知识结构

团队成员的知识结构要全面，要有人懂管理、有人懂技术、有人懂财务、有人懂销售。研究发现，知识结构全面合理的创业团队，他们的创业项目常常会走得比较长久。

2) 团队成员的性格、个性、兴趣

团队成员之间性格互补，可以有不同的兴趣爱好以及个性特点，但是要能够互相包容，遇到分歧的时候想办法解决问题，而不是只考虑自己。团结一致的团队才能够避免因为成员想法的分歧造成团队的分崩离析。

3) 团队成员的价值观念

团队成员的价值观念要统一，对于公司发展目标的认识要大致相同，目标一致了，事情就好商量了。

第二节 创新创业规划

一、商业模式

(一)商业模式概念

商业模式描述的是一个企业创造价值、传递价值以及获得价值的商业逻辑。在分析商业模式过程中，主要关注企业在市场中与用户、供应商、其他合作伙伴(营销的任务环境的各主体)的关系，尤其是彼此间的物流、信息流和资金流。

商业模式就是企业通过什么途径或方式来赚钱。简言之，饮料公司通过卖饮料来赚钱；快递公司通过送快递来赚钱；网络公司通过点击率来赚钱；通信公司通过收话费来赚钱；超市通过平台和仓储来赚钱；等等。只要有赚钱的地儿，就有商业模式存在。

长期从事商业模式研究和咨询的公司认为，成功的商业模式具有以下三个特征。

第一，成功的商业模式要能提供独特价值。有时候这个独特的价值可能是新的思想；而更多的时候，它往往是产品和服务独特性的组合。这种组合要么可以向客户提供额外的价值；要么使客户能用更低的价格获得同样的利益，或者用同样的价格获得更多的利益。

第二，商业模式是难以模仿的。企业通过确立自己的与众不同，如对客户的悉心照顾、无与伦比的实施能力等，来提高行业的进入门槛，从而保证利润来源不受侵犯。比如直销模式(仅凭"直销"一点，还不能称其为一个商业模式)，人人都知道其如何运作，也都知道戴尔公司是直销的标杆，但很难复制戴尔的模式，原因在于"直销"的背后，是一整套完整的、极难复制的资源和生产流程。

第三,成功的商业模式是脚踏实地的。企业要做到量入为出、收支平衡。这个看似不言而喻的道理,要想年复一年、日复一日地做到,并不容易。现实当中的很多企业,不管是传统企业还是新型企业,对于自己的资金从何处赚来,为什么客户看中自己企业的产品和服务,乃至有多少客户实际上不能为企业带来利润,反而在侵蚀企业的收入等关键问题都不甚了解。

(二)商业模式要素

亚历山大·奥斯特瓦德(Alexander Osterwalder)和伊夫·皮尼厄(Yves Pigneur)在《商业模式新生代》中将商业模式归纳为以下九大要素。

(1) 客户细分:企业按照客户的需求、行为和特征的不同,将客户分为不同的群组。商业模式设计基于对每个客户群组的个性化需求的深度理解,客户是商业模式的心脏。

(2) 价值主张:企业通过其产品和服务向消费者提供的价值。价值主张设定的重点在于企业能否找到客户真正愿意为之买单的价值。

(3) 渠道通路:企业用来接触消费者的各种途径,并将价值主张传递给消费者。企业可以选择使用直接渠道,如内部的销售团队或网站;也可以选择间接渠道,如批发分销渠道、他人零售渠道或合作的运营网站。要将一种价值主张推向客户群体,需要找到各种类型渠道的最佳组合,以实现收益最大化。

(4) 客户关系:企业与客户群体之间所建立的客户关系的类型。

(5) 收入来源:企业从每一个客户群体获得的现金收益(需从收益中扣除成本得到利润)。企业可以通过客户群体设定不同的价格机制来获取收益。

(6) 核心资源:企业为实现上述各项元素的供给和交付而必备的资源。核心资源有实物资源、知识性资源、人力资源、金融资源。不同类型的企业核心资源不同,如知识密集型产业中,人力资源是其核心资源。

(7) 关键业务:为实现供给和交付所需完成的关键业务。例如,制造商的关键业务是生产制造;软件商的关键业务是软件开发;咨询公司的关键业务是解决方案的提供。

(8) 重要合作:企业顺利运行所需要的供应商和合作伙伴网络。合作可以分为非竞争者之间的战略联盟、竞争者之间的战略合作、新业务建立的合资公司、可靠的供应商和采购商关系。

(9) 成本结构:运营一个商业模式所发生的全部成本。低成本化运营是每一个企业的诉求,低成本结构在某些商业模式中会显得尤为重要。

二、创业计划书

(一)创业计划书概述

创业计划书是创业者计划创立的业务的书面摘要,是创业者获取投资的"敲门砖"。创业计划书有相对固定的格式,它几乎包括反映投资商所有感兴趣的内容。创业计划书的好坏，往往决定了投资交易的成败。

创业计划书是用以描述与拟创办企业相关的内、外部环境条件和要素特点，为业务的发展提供指示图和衡量业务进展情况的标准。通常创业计划是结合了市场营销、财务、生产、人力资源等职能计划的综合性文件。一般而言，创业计划书具有如下三方面的作用。

首先，创业计划书可以作为沟通交流的载体。创业计划书必须着力体现企业(项目)的价值，有效吸引投资、信贷、员工、战略合作伙伴，包括政府在内的其他利益相关者。

其次，创业计划书可以作为运营管理的依据。创业计划书可视为项目运作主体的计划工具，引导公司走过发展的不同阶段，规划具有战略性、全局性、长期性。

最后，创业计划书可以作为战略指导的指南。创业计划书内容涉及企业(项目)运作的方方面面，能够全程指导项目开展工作。

(二)创业计划书的内容

一份高质量的创业计划书是基于产品分析、把握行业市场现状和发展趋势、综合研究国家法律法规、宏观政策、产业中长期规划、产业政策及地方政策、项目团队优势等基本内容，着力呈现项目主体现状、发展定位、发展远景和使命、发展战略、商业运作模式、发展前景等，深度透析项目的竞争优势、盈利能力、生存能力、发展潜力等，最大限度地体现项目的价值。创业计划书一般包括以下内容。

(1) 封面和目录。

封面上应该包括公司名称、地址、核心创业者的姓名、联系电话、网页、日期等。目录页面列出创业计划书的标题和附录的页码。

(2) 摘要。

创业计划书摘要，是全部计划书的核心所在。摘要要求撰写精简，页码控制在 2—3 页。摘要要尽可能展示出投资者所关心的问题，这样才有机会吸引投资者继续阅读计划书的内容。

(3) 企业介绍。

公司的发展和成长的概述，包括公司的发展历史、当前状况、战略发展目标和阶段发展目标。如果是拟创办的公司，创业者应该以拟成立的公司来具体介绍。

(4) 产品或服务。

产品或服务介绍应包括产品或服务的概念、性能及特性、主要产品或服务介绍、产品或服务的市场竞争力、产品或服务的研究和开发过程、发展新产品或服务的计划和成本分析、产品或服务的市场前景预测、产品或服务的品牌和专利等。

在产品或服务介绍部分，创业者要对产品或服务做出详细的说明，且说明要准确、通俗易懂，避免使用专业术语。一般地，产品介绍都要附上产品原型、照片或其他介绍。

(5) 行业与市场。

在行业分析中，应该分析出所选行业的产业规模、发展前景，以及当前所处产业链的位置与地位。市场分析中，应该分析出目标市场、市场容量、行业竞争的情况及自身的竞争优势、未来市场发展的趋势。

(6) 营销计划。

营销计划以市场调研和产品或服务的价值为基础,制订产品或服务、定价、促销、渠道等方面的营销战略和计划。

(7) 生产运营。

生产制造计划应包括产品制造和技术设备现状、新产品投产计划、技术提升和设备更新的要求、质量控制和质量改进计划。如果是服务类的商品,可以结合产品的特点介绍这一部分。

(8) 公司管理。

稳定优秀的创业核心团队和高效的管理模式是企业最宝贵的资源,有助于赢得投资者的支持。计划书中必须对主要管理人员加以阐明,介绍他们的职位头衔、职责与任务,过去的详细经历及背景等信息。除了核心团队成员外,可以对公司的结构做一些简要介绍,包括公司的组织机构图,各部门的功能与责任,各部门的负责人及主要成员,公司的报酬体系,公司的股东名单包括认股权、比例和特权,公司的董事会成员,股权分配等资料。

(9) 财务规划。

财务规划要包括预计的资产负债表、预计的损益表、现金收支分析、资金的来源和使用。一般应准备 3—5 年的预测财务报表。如已经开业,还应提供过去 3 年内的历史财务报表。

资产负债表反映了企业在某一时刻的财务状况,投资者可以用资产负债表中的数据得到的比率指标来衡量企业的经营状况以及可能的投资回报率。损益表反映的是企业的盈利状况,它是指企业在运作一段时间后的经营结果。流动资金是企业的生命线,因此企业在初创或扩张时,对流动资金需要预先有周详的计划和进行过程中的严格控制。

(10) 风险控制。

创业计划书中对企业的未来发展做了规划,企业的发展会伴随一定的风险,企业类型不同、发展阶段不同,风险也不尽相同。一般企业风险可以分为市场风险、资金风险、环境风险、技术风险、管理风险、机会风险、政策风险等。在风险控制中,应该分析说明各种潜在的风险及企业拟采取的针对各种风险的规避措施。

(11) 资本退出。

在创业计划书中需要涉及资本退出方的退出方式并阐明退出方式的合理性。投资者对于创业投资的退出策略极为关注。常见的创业投资退出方式有公开上市、股权转让、股权回购、兼并收购。

(12) 附录。

附录是创业计划书正文的补充和说明。不适宜放入创业计划书的正文中,但又十分重要的材料都应放入附录中。在附录中可能出现的材料有财务报表、图片资料、市场调研结果、主要创业者履历、技术信息、相关获奖和专利证明等。

第三节 创新创业实践

近年来,全国各地的高校逐渐重视对大学生的创业教育,培养方案在不断完善。具有创新创业倾向的大学生首先应在日常的学习生活中注重创业精神和能力的培养,要培养自己艰苦奋斗的精神,锻炼自己坚忍不拔的意志。因此,大学生要十分珍惜在校学习期间的宝贵时光,充分利用各种资源参与创新创业实践活动。

一、抓住校内外实践活动

(1) 大学生要充分利用课堂学习所需的必要知识。
(2) 积极参与大学的社团活动也是进行校内创新创业实践的主要途径之一。
(3) 参与勤工助学活动,进行技术或劳务服务。
(4) 参与校外创业实践活动。

二、充分利用创新创业硬件支持

(1) 大学生就业实践见习基地、高校毕业生就业见习基地、大学生科技创业见习基地、大学生实训见习基地。
(2) 创新创业实习基地、创新创业实践基地、高校学生科技创业实习基地。
(3) 众创空间、创客中心、众创公社、创客空间、创业实验室、科创空间。
(4) 创业孵化器、高新技术创业服务中心、创业孵化园、创业孵化基地、大学科技园。

三、积极参与创业大赛

国内高校创新创业教育的实施始于 20 世纪末。1998 年,清华大学举办首届清华大学创业计划大赛,成为第一所将大学生创业计划竞赛引入亚洲的高校。2002 年,高校创业教育在我国正式启动,教育部将清华大学、中国人民大学、北京航空航天大学等 9 所院校确定为开展创业教育的试点院校。20 多年来,创新创业教育逐步引起了各高校的重视,一些高校在国家有关部门和地方政府的积极引导下,进行了有益的探索与实践。现在的创新创业大赛主要包括以下几类。

(一)"创青春"全国大学生创业大赛

"创青春"全国大学生创业大赛,是"挑战杯"中国大学生创业计划竞赛的改革提升。2013 年 11 月 8 日,习近平总书记向 2013 年全球创业周中国站活动组委会专门致贺信,特别强调了青年学生在创新创业中的重要作用,并指出全社会都应当重视和支持青年创新创业。党的十八届三中全会对"健全促进就业创业体制机制"作出了专门部署,指出了明确方向。为贯彻落实习近平总书记重要讲话精神和党中央有关指示精神,适应大学生创业发展的形势需要,共青团中央、教育部、人力资源和社会保障部、中国科协、全国学联决定,在原有"挑战杯"中国大学生创业计划竞赛的基础上,自2014年起共同组织开展"创青春"全国大学生创业大赛,每两年举办一次。

"创青春"全国大学生创业大赛下设大学生创业计划竞赛、创业实践挑战赛、公益创业赛等三项主体赛事。大赛的官方网址为 www.chuangqingchun.net。大学生创业计划竞赛面向高等学校在校学生,以商业计划书评审、现场答辩等作为参赛项目的主要评价内容;大赛聘请专家评定出具备一定操作性、应用性以及良好市场潜力、社会价值和发展前景的优秀项目,给予奖励;组织参赛项目和成果的交流、展览、转让活动。大赛会对各省(自治区、直辖市)报送的三项主体赛事的参赛项目进行复审,分别评出参赛项目的90%左右进入决赛。三项主体赛事的奖项统一设置为金奖、银奖、铜奖。

(二)"挑战杯——彩虹人生"全国职业学校创新创效创业大赛

2014年,"挑战杯"竞赛首次将职业学校(含高职、中职)纳入其中,开展"挑战杯——彩虹人生"全国职业学校创新创效创业大赛,由共青团中央、教育部、人力资源和社会保障部、中国科协、全国学联、省级人民政府共同主办,每两年举办一次。

"挑战杯——彩虹人生"全国职业学校创新创效创业大赛主体赛事分省级比赛、全国复赛、全国决赛三个阶段进行,全国赛事采取各省轮流承办模式。大赛的官方网址为 chrs.chuangqingchun.net。大赛设中职组和高职组两个参赛组别,各参赛组别均设置创意设计竞赛、生产工艺革新与工作流程优化竞赛两类竞赛项目。大赛通过书面评审、现场展示、问辩以及公开答辩的方式,评出具有较强操作性、良好发展潜力、较高应用价值和一定市场前景的优秀作品给予奖励;组织学术交流和科技成果的交流、展览、转让等活动。

(三)中国国际"互联网+"大学生创新创业大赛

中国国际"互联网+"大学生创新创业大赛是由教育部、中央统战部、中央网络安全和信息化委员会办公室、国家发展和改革委员会、工业和信息化部、人力资源和社会保障部、农业农村部、中国科学院、中国工程院、国家知识产权局、国家乡村振兴局、共青团中央等十二部委和同年确定的承办学校所在地省人民政府共同主办的创新创业赛事,旨在落实党中央、国务院提出的"大众创业、万众创新"的重大部署,深入实施创新驱动发展战略,引领新时代高校人才培养范式深刻变革,推动形成新的人才培养观和新的质量观。大赛的官方网址为 cy.ncss.cn。

参赛类别:①高教主赛道:本科生创意组、本科生初创组、本科生成长组、研究生创意组、研究生初创组、研究生成长组;②青年红色筑梦之旅赛道:公益组、创意组、创业组;③职教赛道:创意组、创业组。

与职业院校相关的奖项设置:①职教赛道设置金奖50个、银奖100个、铜奖350个;获得金奖项目的指导教师为"优秀创新创业导师"(限前五名)。②青年红色筑梦之旅赛道:设置金奖50个、银奖100个、铜奖350个;设置乡村振兴奖、最佳公益奖等单项奖；获得金奖项目的指导教师为"优秀创新创业导师"(限前五名)。③产业命题赛道：设置金奖 30 个、银奖 60 个和铜奖 210 个。

(四)中国创新创业大赛

中国创新创业大赛是一项以"科技创新，成就大业"为主题的全国性创业比赛，大赛的官方网址为 www.cxcyds.com。大赛已成功举办七届，是由科技部、财政部、教育部、国家网信办和全国工商联共同指导的，共青团中央、致公党中央、招商银行共同支持的，国家级最高规格的创新创业赛事。

大赛按电子信息、新材料、新能源及节能环保、生物医药、先进制造、互联网六个行业分别举办。行业总决赛由半决赛、决赛两个环节组成，评委以创投专家为主，比赛采用"现场答辩、当场亮分"的评选方式。大赛为企业免费提供多元化服务，主要包括培训辅导、融资路演、展览展示、大企业对接等。参赛的优秀企业有望获得国家中小企业发展基金设立的子基金、国家科技成果转化引导基金设立的子基金、科技型中小企业创业投资引导基金设立的子基金、中国互联网投资基金等国家级投资基金、合作银行贷款授信支持，推荐参加"创新人才推进计划"等相关计划评选，以及相关展览交流等活动。

(五)"中国创翼"创业创新大赛

为贯彻党的十九大和十九届历次全会精神，落实国家创新驱动发展战略、就业优先战略及人才强国战略，以创新引领创业、创业带动就业、推进乡村振兴为核心价值和重点评价指标，大力营造全社会鼓励支持创新创业的浓厚氛围和良好环境，推进"大众创业、万众创新"向高质量纵深发展，由人力资源和社会保障部发起，国家发展改革委、科技部等部委共同主办"中国创翼"创业创新大赛。"中国创翼"创业创新大赛每两年组织一届，2022 年是第五届，大赛的主题是"创响新时代，共圆中国梦"。

组织形式：大赛采取"1+3"模式举办，即 1 个主体赛加 3 个专项赛。其中，主体赛分为制造业创业项目组和服务业创业项目组；3 个专项赛分别为青年创意、劳务品牌和乡村振兴专项赛，共 5 个赛项。

参赛对象：年满 16 周岁的各类创业群体均可报名参赛，其中青年创意专项赛面向 16—35 周岁的高校及技工院校在校生、毕业生等青年群体。

【案例分析】

真正的明星

王传福，1966 年出生在安徽芜湖市无为县的普通农民家庭。父亲是木匠，母亲是家庭妇女。他有五个姐姐、一个哥哥、一个妹妹，13 岁时父亲去世，5 个姐姐出嫁，妹妹被寄养，哥哥退学打工。初中毕业时，母亲去世。哥哥嫂嫂供他上学，每周给他 10 元生活费。

1983 年，王传福考入中南矿冶学院冶金物理化学系(1985 年更名为中南大学)冶金物理化学专业，1987 年进入北京有色金属研究总院攻读硕士。1990 年毕业后留院工作。两年后,年仅 26 岁的王传福被破格提拔为实验室副主任,专攻电池。1993 年,研究院在深圳成立比格电池有限公司,由于和王传福的研究领域密切相关,王传福被任命为公司总经理。1995 年他辞职,创办比亚迪公司。

1995 年,王传福和他的表哥吕某某一起创立了比亚迪,几年时间公司就发展成为中国第一、全球第二的充电电池制造商。比亚迪采取劳动密集型技术革新,大大降低了成本。目前比亚迪正在取代日本电池企业的垄断地位,成为第一流的电池生产商。在亚洲金融危机期间,比亚迪的出口极度萎缩,但在 2002 年 7 月 31 日成功在香港主板上市,2003 年进入汽车行业。王传福现为比亚迪股份有限公司董事局主席兼总裁、比亚迪电子(国际)有限公司主席。2008 年,巴菲特以 18 亿港元认购比亚迪 10%的股份。

2009 年的巴菲特股东大会上,巴菲特称王传福是"真正的明星"。王传福 2009 年以 13 亿美元个人财富名列福布斯全球富豪榜第 559 位,在 2009 年胡润中国百富榜上以 350 亿元身家成为中国内地首富。2012 年福布斯中文版"2012 年中国上市公司薪酬榜",在榜单"(A 股)主要行业薪酬最高的 CEO"中,王传福以 407 万元入围榜单。2016 年,胡润百富榜,王传福以 355 亿元财富排第 41 位。2016 年,胡润 IT 富豪榜,王传福以 150 亿元排第 23 位。

思考:

1. 从王传福创业成功的案例,我们可以发现,一个成功的创业者应具备哪些基本素质?
2. 一个具备了基本素质的创业者怎样才能提高创业成功的可能性?
3. 王传福创业的案例能够带给你什么启发?

(资料来源:本书作者整理编写)

创业是希望的种子

郭某是一个一米八出头、瘦高身材、白净的脸上架着眼镜,背着个大大的双肩书包的男孩。其命运转折点从 2008 年说起。

他的家在四川雅安阿坝藏族羌族自治州地区,汶川地震后,家里的房子化为瓦砾,16 岁的郭某也失去了外婆和爷爷。当时他看着战士连夜搭建帐篷,志愿者辛苦运送食物,素不相识的好心人在他中考期间留其在家里休息。这一年的灾难让郭某变得坚强,也将感恩的种子埋在他的心里。

1. 调研课题获得大学生创业赛金奖

郭某在成都树德中学读高中时,做了一项关于"灾区高三学生心理状况"的调研。他连续 3 年跟踪调研 100 名灾区高三学生,并作出调研报告将其反馈给心理援助机构,为来自灾区的高三学生提供心理援助。

2011 年,郭某考入南开大学周恩来政府管理学院政治学与行政学专业。上大学一年级时,郭某看到一则新闻:某县城是离北京最近的沙源地。2000 年开始退耕还林,10 年后原本很富裕的县变成了国家级贫困县。这让他想起了自己的家乡,能不能让曾经水草丰美的故乡走出沙化和贫穷的两难困境？他因此组建了项目小组并入选了学校的"百项工程"，获得了资金、导师、信息等方面的支持。

郭某奔波在去农村调研的路上，无数个夜晚，他一个人疲惫地坐在返回天津的火车上，想起几天来被人拒之门外和恶语相加，感到无奈和委屈；做调研几乎没有什么经费，小组里五六个人挤在一间房里，郭某常常是在桌上和衣而睡；为了更好地分析调查数据，郭某还辅修了数学学院的部分课程。

经过努力，郭某的项目入选"国家大学生创新科研计划"。凭借"林业碳汇商业化模式"，郭某和他的团队在"挑战杯"中国大学生创业计划竞赛中获得金奖，而他也是获奖团队中年级最低的队长。

2. 创业瞄准解决社会难题

没想到，金奖却给郭某带来了更多烦恼。历经诸多艰难努力的创业成果难道就此束之高阁吗？郭某的脑子里出现了一个新的概念——社会创业。"为区别以盈利为目的的商业创业，我们的创业称为社会创业，以解决社会问题为创业的核心目标。我们团队的每一项创业都要解决一个社会问题。"郭某说。

郭某想到了一条捷径，他在网上找到大学生村官的 QQ 群，和每个村官打招呼，推荐碳汇林："如果让村民种植碳汇林，国际认可的认证机构颁发的认定书和国家主管部门发放的碳汇证可以作为有价证券出售给企业，一方面增加收入，另一方面也减轻了出口企业的担子。"大部分村官不搭理他，但郭某并没有气馁。

终于，一位河北邯郸邱县的村官和郭某攀谈起来，两人很快达成共识。郭某带着团队辗转来到邱县村庄，通过大学生村官与当地村民建立了联系。为了赢得农民的信任，郭某买了酒和卤肉坐到农民炕头上，讲解碳汇林怎么挣钱又环保，那一个月他吃住在村里的一间简陋办公室，农民有事随叫随到，终于在邱县开辟了碳汇林模式的第一块 2000 亩的试验田。

郭某带着团队指导种植的碳汇林达到了有利于土壤发育、有利于涵养水源、有利于改善气候等 5 个国家标准。农民们人均净增收也从 1800 元增加到 3900 元，他们如约以每吨抽取 10—20 元不等的利润付给郭某。美好的设想变为现实，郭某赚到了创业的第一桶金。

听说郭某的项目后，各地有相关需求的政府部门相继邀请郭某团队到当地推广林业碳汇商业化模式，随后项目由小到大，逐渐铺开。如今，碳汇林项目已经在 18 个省市生根发芽。

在创业的路上，郭某继续朝着难以解决的社会需求的方向前进。在一次调研中，郭某发现南沙群岛等海南离岛地区许多人由于长期吃不上新鲜蔬菜，患上了各类疾病。郭某提出了这样的解决思路："我校化学学院有一项配置营养液的技术，但因成本过高一直闲置。为了成功地把这个技术转化成产业，我们自己组建了研发团队对技术进行了再研发，极大地降低了产品成本和使用便利性，从而使产品能够很好地满足海军以及岛民的需要。"他将这个项目称为"海南离岛蔬菜绿箱子项目"，绿箱子里种上本岛的各种蔬菜，利用当地充足的光和热来促进蔬菜的生长，一般情况下，蔬菜生长 5 天左右就可上餐桌了。到 2013 年年底，他的蔬菜"绿箱子"项目销售额达到了 1.13 亿元。

3. 让更多人实现创业梦

推广"绿箱子"项目时,郭某还成立了创新公寓公司。公司在北京高校聚集的五道口地区以 3500 元/月每套租下 50 套公寓,统一装修设计后以 1500 元/月的价钱租给刚刚毕业的大学生。入住这一物美价廉公寓的条件是"有并努力实现梦想的毕业生"。入住前,郭某公司的员工会花几十块钱,和他们边吃边聊一下午,并对"梦想"做出评估。入住后还有专门人员为这些大学生提供实现梦想的服务。其中最典型的例子是一位清华大学美术学院的毕业生,入住公寓时是一家广告公司的美编。他在创新公寓公司的帮助下利用业余时间,先后拍摄了 5 部青春微电影,并通过公寓与土豆网的合作获得广泛好评,影片获利促使他辞去工作,专注于自己的梦想。创新公寓现已基本租罄,郭某相信,它一定能成为一个青年人追梦的社区,并最终形成一种盈利模式。在他看来,年轻人除了要图生存,更要保留梦想、培育梦想。

"不能把开网店、摆地摊拉到大学生创业的概念中,因为这些项目体现不了大学生的价值。创业是希望的种子,我创业的经验就是不想盈利点,做好失败的准备。"在郭某看来,一些大学生不能成功创业是因为缺乏创业精神,没有创新意识,依赖性很强。对于请教他创业秘诀的同学,他的回答都是"不要急功近利,创造价值比创造财富更重要。价值变大了以后,财富自己就会来"。

思考:

1. 通过本案例的学习,我们可以发现郭某创业成功的原因有哪些?
2. 郭某创业的实践经历可以带给我们哪些启发?
3. 看了郭某创业的案例,你是否萌生了自己的创业想法?你认为自己的创业想法要想落地还需要做哪些准备?
4. 如果你仍然无法做出创业决定,那么是什么让你无法下定决心呢?

(资料来源:本书作者整理编写)

【知识拓展】

感恩母校入驻卓越众创　奉献社会大书人生篇章

河南某职业学院物联网学院毕业生姚某,于 2019 年 12 月在卓越众创空间注册成立河南某电子科技有限公司。姚某利用在校期间所学的专业知识创新创业,自主设计研发了 PCB 蓝牙电路及多项扩音功放类设备,并成功申请各类知识产权 12 项,另有 3 项知识产权正在申报中。

河南某电子科技有限公司原本借助 1688 以及阿里巴巴国际站,深耕国际市场,产品行销东南亚、非洲、欧洲多地,每年营业额近千万元。2021 年下半年全球物流大拥堵后,河南某电子科技有限公司业务明显放缓,姚某将业务逐渐转入国内,截至 2022 年 9 月底,年度营业额也已超过 400 万元。

姚某饮水思源,一直热心回报母校。自公司成立起,每年都与学校师生共同进行创新创业类建设工作,为学生们开展职业生涯规划讲座,积极带领学弟学妹们参加各类创业大赛，并在多项赛事中取得优异的成绩。

河南某电子科技有限公司自入驻卓越众创空间以来，积极履行社会责任，为小郭村、前牛岗村村民免费开展电路焊接培训，帮助村民农闲时增加收入来源，助力乡村振兴。其充分发挥自身行业领域的优势，多次向郑东新区交警六大队、杨兴路街道办事处、小郭村党委、官渡镇镇政府、美团郑州分部等部门捐赠公司自主生产研发的手持扩音器和智能头盔，用于新冠疫情防控宣传，用实际行动助力公共疫情防控工作。2022 年 4 月 14 日，河南某电子科技有限公司再次携百年汇孵化器，向郑州慈善总会进行了防疫物资捐赠。

（资料来源：本书作者整理编写）

创新研发电子裁判系统　引领创业就业优质提升

在全面加强和改进新时代学校体育工作的大环境下，青梢创意团队依托卓越众创空间和河南某职业学院体育部众多老师，在导师的指导下，历时 3 年，研发出了"吹哨人"电子裁判系统，并于 2021 年 4 月注册河南青梢物联网科技有限公司。"吹哨人"电子裁判系统集成光电测量、无线传感、大数据和人工智能技术，有效保证了体测成绩的精确性。在"吹哨人"系统的运动速度分析方面，在每 50 米放置 Rfid 射频设备，可实时监测运动者每 50 米的运动时间、运动速度、运动速率，使数据记录更加准确。"吹哨人"电子裁判系统目前已与正阳县第二初级中学等多所学校、经销商建立了长期的合作关系，且获得一致好评反馈。

2022 年，青梢物联网科技有限公司举办创业经验分享会 6 场，参与学生 1200 余人，成功激发了同学们的创业热情；吸引并组建了 7 支团队参加多项创业大赛，提升了大学生的创业实践、创新能力，较好做到了教育引领；同时与学校联合建设课程实训项目，实现了产教融合。目前直接带动就业 10 人，随着 2022 年产品研发及市场规模的扩大，预计 1 年内增加就业人数 30 人左右。团队设计的产品在设计调试成熟后，小部件制作与加工委托工厂代加工，预计间接带动就业人数可达 130 人。

（资料来源：本书作者整理编写）

拳拳匠心助力"国色当潮"　民族色彩赋能国潮工业设计

现今世界采用的色彩标准大都是国外的色彩管理系统，我国一直缺少一个以中国传统色彩为核心的话语平台，也缺少一个属于自己的标准化传统色彩色库，导致应用不够规范。河南某职业学院"国色当潮"团队与郑州华彩博物馆等 18 家博物馆建立起合作关系，依托专家团队和馆藏上万件的文物作为研究基础，提取中国传统色彩 DNA、建立色彩基因库、形成文物数字化素材库、搭建色彩工业设计软件，最终实现传统色彩产业化应用。

河南某职业学院"国色当潮"团队将提取的数据库和色彩工业设计软件相结合，通过服装、家居等应用领域让中国传统色彩运用到生活的方方面面。通过"互联网＋传统色彩"的模式，搭建色彩基因库、文物数字化素材库、色彩配色库及华彩色彩工业设计软件，即"三库一软件"。团队通过专创融合、产教融合直接带动就业 11 人，间接带动就业 800 余人。同时还与 10 余家希望小学签订对口帮扶协议，开展中国传统色彩美育活动，实现教育引领。最终推动中国传统色彩生活化、产业化、国际化。

(资料来源：本书作者整理编写)

【本章小结】

创新创业是社会发展的趋势，也是国家政策的导向，更是当代大学生未来发展的奋飞之翼。大学生应当学好专业知识，掌握创新创业技能，努力成为有理想、有本领、有担当的新时代青年。

第七章 职业发展

时光飞逝，当我们挥手告别大学生活时，我们又走到了人生的下一个十字路口，接下来的路，我们该如何选择，职业如何发展，都是非常值得思考的问题。

【学习目标】
- 明白继续深造的意义。
- 了解初入职场所需的能力。
- 具备基本的社会能力。
- 了解文明离校的意义。

第一节 继续深造

据统计，2023届全国高校毕业生规模达1158万人，与2022年相比增加了82万人。从历年来的趋势也可以看出，我国大学生人数正在不断增加。尽管大学生人数在增加，但工作岗位的数量增长不明显，这就导致了工作岗位的竞争越来越激烈，也给低学历人群找工作带来了挑战，很多人就算自己有一定的能力，但是也因为学历的原因，很难通过简历筛选这一关。面对这个问题，很多学生选择通过专升本的形式来提升学历。

何为深造？从字面上不难理解，深造，也就是继续求学。高等教育阶段是一个人有别于其他人成长成才的关键阶段，能学习就要继续深造。企业在发展，体制在不停地改变。当一个公司越做越大，甚至公司新人的硬件条件比自己更有优势的时候，原先靠时间和经验苦苦付出的人不免开始焦虑，能力的培养不能只靠时间的沉淀，在如今的社会，学历更高的人更有可能把握机会。文凭只是敲门砖，但是如果连敲门砖都没有，就无法施展自己的才华，自然能力也会被埋没。

一、继续深造的作用

学历的高低是社会选拔人才的一个重要依据，历来为国家所重视。学校也非常重视同学们的学历提升需求，在深化教育综合改革中，学校提出了"就业+升学"的培养目标，并为此做了大量工作。

(一)学历是开启职业道路的一把钥匙

有很多优秀的人才因为学历问题在求职过程中四处碰壁。招聘市场的现状是：高中及以下学历的人进劳务市场求职，档案和相关手续归劳动局管理；大专及以上学历的人进人才市场求职，档案和相关手续归人事局管理。现在所有的政府编制单位和事业单位招聘条件都要求大学及以上学历，甚至许多岗位要求最低为研究生学历，同时对所学专业也有诸多限制。企业单位的招聘制度虽然较灵活，但是也比较看重学历。对已经大学毕业准备步入职场寻找工作的毕业生来说，学历不仅是敲门砖，更是用人单位评价的重要基础。由此可以看出，学历对多数人来讲，是职业发展的起步基石，也是开启职业道路的一把钥匙。

(二)学历是职业生涯发展的"催化剂"

有些人认为，学历只在求职过程中有用，与职业的发展关系不大。这种看法有一定的片面性。虽然学历只能说明个人过去学习经历的好坏，但是一个具有高学历的人，学习能力较强，同时他也有良好的学习习惯，这在实际工作中是很重要的。现代社会发展速度快，知识和信息的更新速度也较快，无论任何人都不能依靠过去的陈旧知识和技术技能过一辈子，每个人都要不断地学习，汲取更多的知识充实和提高自己。所以具有高学历的人在工作中也能具备自我提升的能力和不断进取的意识。在工作中，具备高学历的工作者有更多的发展空间和发展机会，这对他的职业发展有积极的助推作用。

二、继续深造的好处

继续深造的好处主要有以下两点。

(一)继续深造是职称晋升的基本要求

学历是一把钥匙，是学子们踏入社会的敲门砖，此时的学历对于用人单位来说是衡量人才的一把最有效的尺子。许多国家职业资格证都要求本科以上学历，如现在的公证员、律师、法官和检察官的司法考试报名条件要求必须是本科以上学历。现在的企事业单位对员工的要求越来越高，不仅对能力的要求高了，对学历的要求也高了。学历是判断个人素质的重要条件之一，领导也更加重视学历高的员工。

(二)继续深造缓解就业压力

对于现今的社会来说，就业压力越来越大，很多应届大学生很难找到自身喜欢并且和所选专业相关的工作，继续深造可以提升我们的起点，让我们在就业中有更多的选择。学习和能力，付出和回报，不冲突也不矛盾。

三、继续深造的途径

继续深造的途径主要有以下几点。

(一)高等教育自学考试

高等教育自学考试简称"自考"，通常我们说的"自考"是指通过自学考试获取学历文凭。通过自考获得学历文凭的方式比较自由，并不需参加全国统一的入学考试，只需在当地自考委发起学历申请选好专业后，按课程设置自我学习，每一科目考试均为全国统一考试，每通过一科，就可获得单科合格证。该专业的所有课程通过后(毕业时间需自我自由控制)，即可用所有的单科合格证换取毕业证书。毕业证书由主考院校和自考委联合盖章(标有"高等教育自学考试"字样)。自考毕业的学生通过论文答辩、学位英语考核达到规定成绩，符合学位申请条件的，可申请授予学士学位。

(二)统招专升本

统招专升本是指在普通高等学校专科应届毕业生中选择优秀学生升入普通高等学校本科层次进行两年制的深造学习，修完所需学分，毕业时授予普通高等教育本科学历证书，符合条件颁发学位证书，并核发本科就业报到证。统招专升本属于国家计划内统一招录(统招)，统考全称为"选拔优秀高职高专毕业生进入本科学习统一考试"，简称普通专升本(河北省称"专接本"，江苏省称"专转本"，广东省称"专插本")，列入当年普通高校招生计划，享受与普通四年制本科同等待遇(唯一不同的是统招专升本是以专科为起点)。

(三)成人高等学校招生统一考试

成人高等学校招生统一考试简称"成人高考"，是我国成人高等学校选拔合格的毕业生以进入更高层次学历教育的入学考试，成人高考是由全国招生办统一进行考试，各省、自治区、直辖市统一组织录取。选择成人高考的方式需要参加全国招生统一考试，考试形式类似于普通高考。考前要填写高校志愿，每年9月报考，10月进行考试，成绩合格并录取后，于次年3月入学，通过半脱产(函授)或者全脱产的形式进行学习，一般至少需要2.5年内完成学业，取得毕业证书。毕业后可获得报考高校颁发的毕业证书以及学位证书(有标注"成人教育"字样)。

(四)考研

有了本科学历，不需要学位证，就可以直接报考全国统招硕士研究生，而专科生只能在专科毕业满2年后以同等学力报考硕士研究生，或专科毕业满5年报考统招硕士研究生。尽管国家规定允许专科毕业满2年后以同等学力报考硕士研究生，但许多大学实际上不愿招收专科生，会在许多方面设障碍，要求发表论文、加试专业课、英语达到一定水平等；另外，在职获取硕士学位还要有学士学位，如果是专科，今后若想在职获取硕士学位，机会相对很少。参加硕士研究生考试的人员必须符合中国研究生招生信息网的相关规定，其中最重要的标准是对学历的要求，其次按照与学校联系、先期准备、报名、初试、调剂、复试、复试调剂、录取、毕业生就业等其他程序依次进行。

企业的竞争归根结底是企业人才的竞争。学历已经成为单位及工作中的"身份证"和"通行证"，没有学历就没有好工作，更不会有提升的机会。任何组织都依赖人才去创造和发挥，又为人才施展才华提供了广阔的空间和发展的舞台，而当前竞争加剧的形势和社会发展要求对人才也提出了更新、更高的要求。因此，推进企业人才战略建设，是推动企业发展和增强企业核心竞争力的重大举措。任何经济组织都迫切需要构建一种有利于提高企业原动力的人才战略模式。

随着大学数量越来越多和各高校的年年扩招，每年毕业季都会发现大学生的毕业人数又创新高，随之而来的，这些大学生的就业压力越来越大。很多专科学生选择自考本科或者专升本是因为目前的社会形势对大学生的学历要求越来越高，学历提升后不仅能够找到更满意的工作，而且薪酬也会相应提高。在继续深造的过程中，收获的不仅仅是一张学历证书，还可以提高我们的思维能力和总结归纳能力等，还可以让我们用更好的态度看待人生，也可以养成更好的生活习惯。

【案例分析】

高职校女教师的励志故事"热血又泪目"

"当求学之路一次又一次遇到挫折时，我从未放弃自己的梦想……"2023年3月，在河南某技术学院开学典礼上，教师魏某某分享了自己的求学之路，励志又震撼。

她从7岁开始，求学26载，从一名中专生逆袭为博士后，从深山里干农活的小姑娘，成长为河南某技术学院人工智能教研室的教师。"我从小就有一个上学梦，爷爷告诉我，那是离开大山最好的办法。"近日，记者走近魏某某，听她分享读书背后的故事，讲述那个吃尽生活苦头、不服输、倔强又勇敢的自己。

"我出生于河南的一个农村，从小就有一个上大学的梦想。初中毕业时被母亲执意安排报考了中专，然而，我并没有放弃自己的大学梦，努力学习每一门功课，从中专到大专、专升本，我又考上了研究生，考上了北京邮电大学计算机专业的博士生，并按期毕业……"活动现场，鸦雀无声，大家认真聆听着魏某某的分享。

求学路并非一帆风顺，当遭遇坎坷时，魏某某说，她选择了努力，选择了坚持，选择了坚持不懈的努力："所以当我经历那么多的挫折，今天以博士后的身份站在这里，依然是全校最年轻、最高产的博士之一。"

"我从小就有一个上学梦。"魏某某坦言，她从小生活在大山里，饱受生活的清贫，也渴望走出大山。

在村委会任职的爷爷告诉她，"上学出息了，就能走出大山"，于是"上学梦"在她幼小的心灵中深深扎下了根。

小学离家远，魏某某每周回一次家，稚嫩的双脚爬坡翻山，从不喊苦。在县城上中专时，周末别人去逛街，她一个人在机房练五笔打字，别人讲究吃、讲究穿，她只关心这节课哪里还有不懂，因为她要通过优异的成绩拿取奖学金，减轻家庭的负担，兑现对父母的承诺。

高考报考失策，超出一本线的高分却滑档到大专时，她也伤心失望过，支撑她继续读下去的，就是考证、读书、拿奖学金："我坚持每天6点半起床，晚上10点回寝室，3 000元、5 000元、8 000元奖学金都拿过，减轻了家里不少负担。"

后来，顺利升本后，她在校外做兼职，一边读书一边打工，自给自足。生活的打击和磨难让她比同龄人更成熟、更坚强，但读书的初衷始终未变。

小学、中学、中专、大专、本科、研究生、博士，20多年连贯读下来，是一段漫长且持续付出努力的过程。在魏某某身上体现了这种定力，她完全不受外界的干扰，永远都有自己的节奏，面对学习难题，她坚信"不会，学就是了"。

魏某某说，大专时英语不好，还要考等级考试，怎么办呢？她喜欢早早起床，到学校一处角落里，大声读文章、刷单词，用最笨的方法学习弱势学科。普通话不好，亲戚家二手的MP3，她拿过来用，把喜欢的散文录进去，傍晚时躺在操场的草地上休息，耳朵里塞着耳塞，跟读的最多的就是英语和普通话散文。

2012年决定考研究生时，专业课是优势科目，但政治又成了拦路虎，她每天五六点去图书馆占位，一去一整天，日日不落，背诵、复习。或许是儿时的经历，也或许是对学习的渴望，魏某某特别能早起，尤其是大冬天，别人还在贪恋被窝的温暖，天刚蒙蒙亮，她已在图书馆门前排队了。

2016年，读博第一年，听不懂周例会内容，魏某某就坐在实验室里，对着电脑狂刷论文，根据论文倒推知识点，一点点"啃"。为减少焦虑，她把以前学过的内容又翻出来，过一遍，稳定信心。"从早上8点到晚上11点半，除了吃饭，基本没出过实验室。暑假一直在学习英文材料，也没有休息，花的时间比别人多。"她说。

一直到现在，她对学习的态度始终未变，2021年年末，她还申请去郑大博士后流动站进修，虽然工作了，有了孩子，但她每天泡在工作室里做项目研究的时间也在10小时以上。中专同学评价她为"倔强的小蜗牛"，跑得虽慢却始终勇敢前行。

年少时的磨难，练就了她的刚毅和坚强，也让她始终坚信，人生路没有捷径，唯有坚持不懈地奋斗，方能实现梦想，走得更远。

如今，魏某某有了一个圆满的小家，家人疼爱她，更支持她的工作，她每天早出晚归奋战在教学和科研项目一线，不曾有丝毫松懈。2022年，她申请并立项了一项省级科技攻关项目，如今工作室里的这台机器人移动平台每天陪伴她工作到深夜，见证项目攻关的点滴进展。

分析：

聆听魏某某的故事，着实让人感动。回望她的人生经历，让人感慨万千。她幼时不被人疼爱，学业屡屡受阻，父亲意外身亡……但倔强要强的魏某某珍惜学习，并懂得通过学习改变命运的道理，她身上那股不服输、敢拼、敢想、敢干的劲头，值得每一位青年人特别是正身处逆境的人去深思、学习。她就像水一样，能快速适应各种环境，打击面前不失控、不失常，总能朝着目标前行。对我们每一个人来说，有梦想能坚持，你也会了不起。

思考：

1. 你在人生经历中，都碰到过哪些挫折？面对挫折，你是怎样处理的？
2. 从魏某某的故事中，你最大的感悟和收获是什么？

（资料来源：本书作者整理编写）

第二节　初入职场

一、职场新人注意事项

职场和校园是完全不同的两种环境，由于职场中牵扯到更多的利益关系，很多人尽管在校园里的人际关系不错，但不见得在公司也能游刃有余。因此很多职场新人惧怕处理公司中的人际关系，其实只要调整好心态，乐观、谦虚，很快就能适应。

(一)熟悉自己的行业、企业、部门、岗位

入职前和入职后都要尽快熟悉公司情况。

(1) 了解公司所在行业的发展状况：该行业是朝阳产业，还是夕阳行业。这样你就能知道几年后自己积累的工作经验，对职业发展有什么帮助。如果转入相关行业，还需要补充哪些技能，或自己可对哪些领域进行研究、谋求发展。你可以在工作中不断关注行业评论，听取前辈们的观点，渐渐深化认识。

(2) 了解公司在行业内的地位，关注公司的战略发展，所在公司是属于行业龙头，还是面临内忧外患、业绩正在下滑等。这样你就能知道自己能和公司一起走多远，你的 3—5 年计划也就有了雏形。即使公司在规模、盈利、薪酬等各方面都不算最好，但是对如一张白纸的新人来说，有足够的东西可以学习是最宝贵的。工作技能、企业规章制度、企业管理、上岗培训的知识积累，以及对职场礼仪等职场规则的学习，都是职场生存的重要基础。

(3) 关注职业机会，熟悉公司内部的组织结构，包括公司有哪些部门，各个部门的职能、运作方式如何，自己所在部门在公司中的功能和地位，所在部门内同事的头衔和级别，公司的晋升机制等。对公司整体框架有了概念，你就能初步明确自己在公司的发展前景，从而争取主动、实施计划。在做好本职工作、积累职场经验的同时，还可以积极为下一份工作做准备。比如，了解心仪职业的职业定义和应该具备的职业技能、核心竞争力，利用空余时间提升自我。

(4) 熟知工作程序和工作环境。与你工作相关的人和事必须在最短的时间内熟悉；熟悉自己的工作性质和工作任务，你的岗位有些什么要求、责任有多大、处罚如何规定，必须牢记在心；熟悉公司的业务范围和与你岗位有关的客户情况，这些方面的内容越详细清楚，对你就越有帮助；了解前任在该岗位时的工作状况，这样就有一个比较，知道做到什么程度会受赏识，出什么差错会被炒鱿鱼。

如果自己认同该企业文化，就要使自己的价值观与企业倡导的价值观相吻合，以便进入企业后，自觉地把自己融入这个团队中，以企业文化来约束自己的行为，为企业尽职尽责。

(二)尽快适应新环境

扎得住根，才会枝繁叶茂。"良好的开端是成功的一半"，你首先要学会适应艰苦、紧张而又有节奏的基层生活。你缺少基层生活经历，可能不习惯一些制度、做法，这时，你千万不要用你的习惯去改变环境，而是要学会"入乡随俗"，适应新的环境。首先要有自信。其次做事要有耐心，要充分发挥自己的主观能动性和创造性，凡事要进行具体分析、具体对待，以脚踏实地的工作作风赢得同事的支持和信任。最后，就是要学会扎根基层。中国有句古话"宰相必起于州部，猛将必发于卒伍"。降低就业期望值，也应该建立在大学生对自己的职业发展的明晰规划的基础上，在一个行业准备好从底层做起，不断积累经验、提升能力，才有可能为今后的职业发展打下一个良好基础，形成一个有延续性的职业发展历程。

(三)调整心态，面对现实

年轻人容易将事情看得简单而理想化，在跨出大学校门之前，都对未来充满憧憬，初出校门的大学生不能适应新环境，大多与其事先对新岗位估计不足、不切实际有关。当他们按照这个过高的目标接触现实环境时，许多所谓的"现实所迫"让他们在初入职场时就走了弯路，以至于碰了壁还莫名其妙、不知所措，往往会产生一种失落感，感到处处不如意、事事不顺心。这类年轻人对自己的职业生涯规划大多呈现两种极端的态度：一种是职业生涯规划目标过于远大，另一种则是完全没有规划。因此，毕业生在踏上工作岗位后，要能够根据现实的环境调整自己的期望值和目标。

就自己来说，对这个问题不能理想化，想问题主观多于客观，对外部要求应切合实际，承受挫折的能力要强，要擅长自我调整。尽可能开动脑筋去学习和积累，去不断地充实和提高自己，这时候受的苦、受的累，这时候获得的积累，将是你职业生涯中一笔宝贵的财富。

"金无足赤，人无完人"，再好的单位也不可能完美。一个企业能生存、能发展，自然有它的道理，我们不能仅盯着它不合理的一面而忽视了它合理的一面。如果你遇到了"月球效应"，感到失落与彷徨时，别急，先问一问自己：是不是自己的要求有点不切实际？是不是自己的想法过于主观？是不是太理想化了？找个时间，和老员工谈谈心，和好朋友聊聊天，把"掉在地上的心"重新拾起来，踏踏实实走好初入职场的第一步。

二、适应问题调适

现在毕业生越来越趋向于"00后"，很多毕业生感觉到职场压力大，人际关系复杂，工资入不敷出，太多的事情困扰着他们，是什么导致了他们的这种情绪呢？为什么有的大学生毕业之后在职场当中如鱼得水，而有的毕业生却在职场中倍感压力呢？下面教给大家如何快速适应职场。

(一)转变学生时代的心态和行为

心态非常重要,在学校的时候想做什么就做什么,想说什么就说什么,有的时候行为懒散,晚上神采奕奕、白天无精打采、上课迟到等一系列不良习惯,如果不能尽快地改变,就可能在短时间内被职场淘汰。

(二)明确自己的奋斗目标

当我们满怀希望斗志昂扬地参加工作时,总是对未来有一个憧憬,这个目标激励着我们前进,当有绊脚石出现时,我们不应该被它绊倒,而应该寻找原因,全副武装,重新踏上征程,任何荆棘都不能绊倒我们。只有自己有着明确的奋斗目标,知道自己想要的是什么,我们才能在职场之路上满怀信心。

(三)遵守公司的规定

一个公司之所以能够不断地发展下去,就是因为有各种各样的规定,俗话说"不以规矩,不能成方圆"。不要尝试着去打破那些看起来对自己没有明显利益的规定,迟到、早退虽然看起来不起眼,可是反映了一个人的基本素质与素养。

(四)利用业余时间充分地发展自己

学校中所学的知识毕竟是有限的,当我们踏入社会时就会发现自己不懂的太多了,那就要利用业余时间去充实自己。当别人问你问题时你会有什么样的反应呢?如果你满怀信心地给他们解答,那就会很有成就感,你就会越想去干好这件事情;反之,你不懂而又不自主学习的话,你只会被淘汰。

【知识拓展】

职场"职"言"职"语

对我这样一个刚刚毕业入职、没有绝对优势的人而言,初入社会难免会有些手足无措,学校里光环渐渐褪色,面对一个个陌生人怀疑的眼神,不禁想起了《肖申克的救赎》中,狱友们对男主人公不怀好意的欢迎词:"嘿,又来了一个菜鸟!"不过,不论是否做好了准备,工作毕竟都开始了,3个月的试用期、初入职场90天,有欢笑也有泪水,更有不少心得体会。

1. 工作热情要均分

毕业后,我就职于某大型家电企业市场部做文案专员,作为职业起点似乎并不算低,由于该职位与我的汉语言专业对口,所以我进入角色较快,在刚刚入职的头30天,我基本能独立承担各种文字工作。尽管工作顺利,但还是犯了一些不大不小的错误。

刚到企业,抱着"高校文青"的自尊心,全公司大部分文字工作我都会主动承担,甚至包括一些从未涉及的领域,一天到晚忙碌,但成绩平平。职场"菜鸟"最容易犯的错误就是急于表现自己,其实职场更像是一场马拉松赛,爆发力强的往往成绩很糟。对于我这个性格毛躁的人而言，重复性的乏味工作挑战最大。在我进入职场的第 47 天，我被借调到别的部门叠出货单，600 多张单子用时不到 1 小时，正当我得意洋洋要去交货时，却被通知要返工重来，不仅 1 小时的时间白白浪费，又花了 2 小时把单子拆开重新叠好。这次对我的启发就是，初入职场，难免要面对机械、乏味的工作，你唯一的选择就是踏踏实实地做好，敷衍的结果只能是返工重来。

2. 摆正心态，经营人脉

人际关系也是初入职场的"菜鸟"们需要攻克的难关，"菜鸟"与"老手"的差距往往不是工作能力而是待人接物的能力。我所在的工作部门必须和各销售科室进行配合，所以我把熟悉人脉分成了三个阶段，第一阶段用 5 天来熟悉部门；第二阶段用 15 天熟悉各科室的对口人员；第三阶段则是搞好和公司各总监的关系，否则辛辛苦苦写的稿子通不过审核就很悲催了。通过 30 天的人脉积累，后 60 天的工作就显得非常得心应手了。

对于人际关系，我查阅燕赵人才网等网站的职场专题总结如下。其一是如果和你对接的人不好打交道，那不妨从他们的上司入手，因为上司一般都是脱产的，他们有时间和你聊天，和你对接的人常看见你和他的上司在一起，态度一定会有一个 180 度的大转变。其二是不论分内、分外，多做一点也无妨，对于职场"菜鸟"，"老手"们难免想要锻炼一下，这时你最好的选择就是接过这些工作，愉快地干完。任何时候都要保持好心态，因为愉快的心情可以为工作带来更高的效率。其三是不要意气用事，不论何时都要放低姿态，对于刚刚毕业的大学生，难免会存在自视过高的心态，这也是职场新人的"常见病"。一次我就因为改稿的事和业务总监拍桌子愤然回家，不过转天冷静下来上班时发现并没有人提及此事。就像那位总监后来找我谈话时说的："你们就像'刺儿头'，碰一下就扎手，但是记住了，要想滚得远，还是要把自己磨平。"

3. 在掌声中离开

在步入职场最初的 90 天里，我每一刻都清楚地知道这不会是我事业的终点，短至 3 个月，长至 1 年，我肯定会再去找一份收入与前景更好的工作，但是我仍每天会充满激情，因为我觉得在这个公司一天，就要体现我一天的价值，学到一天的东西。如果因为知道早晚都会跳槽就浑浑噩噩混日子，其实最后是骗了自己。所以步入职场首先应做一个规划，避免像无头苍蝇一样乱撞，可以像我这样以 90 天为一个循环，多问自己："我应该给自己交一份什么样的答卷？"多想一想自己从笔试、面试到试岗的不易，每天都进步一点，即使离开，也要在同事和领导们的掌声中离开，只有在这个岗位上做到了游刃有余，跳槽时自己的腰杆才足够硬。

4. 入职的心得体会

90 天过去了，我从一个职场"菜鸟"变成了正式员工。最大的感触就是应该多去适应社会，作为"90 后"，从小在蜜罐里长大，很少有人能立刻从衣来伸手、饭来张口的惯性中摆脱出来。步入职场没有人会在乎你的任性，能够证明自己的只有工作成绩，因此要想做好职场新人首先应该学会适应岗位，刚刚步入职场还远远没到有几份工作供你挑选的时候，即使能力再强，"老手"们一眼就能看出你是个"新兵蛋子"，所以与其幻想晚霞的美景，不如迎着朝阳上路拼搏。

还有就是多看、多听、多做、少说，一项工作无法完成可能并不会引起别人的反感，但如果拍着胸脯说能做，却又完成不了，这样的心理落差极易给人留下不好的印象，所以职场新人们最应该严把"嘴门关"，腾出时间和前辈们聊聊，看看他们是怎么做的。千万不要自满，不要觉得完成了一项工作就能得到大家的赏识，要时刻抱着学习的态度，踏实、勤快、好学是一个职场新人的最佳形象。永远不要说我懂得了什么，只能说我丰富了什么，因为人活着就像时间一样，永远都在路上。

(资料来源：本书作者整理编写)

三、塑造职业形象

(一)职业装：职业的强有力说明

合适的着装能给人留下良好印象，着装一定要和你所从事的工作和所在的单位相协调。公司与公司之间，职业服装标准是不一样的，要根据该公司经营的种类、产品或公司位置、公司历史与传统等来确定。

男生应聘时，最好穿西服，配上硬领衬衫，系上挺括的领带，显得潇洒、英俊。做一个成功男子汉，应随时装扮自己，时时展现男子汉的气魄和魅力；保持仪容整洁，男性可以用点清洁类的化妆品，给人干净、阳光的印象。

庄重典雅的服装让女性更有职业气质。相比之下，女生的服装比较灵活，每位女生应准备一至两套较正规的套装，以备去不同单位面试之需。

(1) 女式套装的花样可谓层出不穷，每个人可根据自己的喜好来选择，但衣料和质地不要太多变化。

(2) 女生要穿正式的套装，连裤袜或长筒袜必不可少，为和短裙或鞋子相配，颜色要选浅色的或通配的深色。

(3) 围巾、腰带和珠宝首饰可以是传统的，也可以是耀眼的，根据自己的喜好而定。雨伞、包、手表、工作簿和笔记本应该和整体形象一致，深色、传统款式对应正式外表，略微时尚或新奇一点也未尝不可。

(4) 精心选择的首饰。

(5) 淡妆但线条清楚，女生可以适当地化点淡妆，使你更显靓丽。

(二)形体语言：此时无声胜有声

形体语言自古以来就是一种彼此进行交流的方式，但它作为一种可供人们学习研究的语言，我们得花点时间尽快学会在不同的场合下，什么样的形体语言可以让人接受。自信而不自大，不过于焦虑、急切或低三下四，将显示出你的个人气质。

(1) 商业化的站立姿势要将双手插在口袋里，两腿略微分开。

(2) 接触到别人的视线时要友好地扬一下眉，眼睛亮一下。

(3) 与人握手要坚定而不过于热情。

(4) 要尽量不做小动作，这样看起来沉着而有分寸。

(5) 不要两腿交叉，双手抱着文件夹或公文包，像挡箭牌一样抱在胸前，这是一种高度的防卫姿态，同时看起来也粗俗不雅。

(6) 不要理理头发、抠抠指甲，或做若有所思状，这些都表示缺乏自信或感到无聊。

(7) 不要向后仰着头从鼻子底下看人，这样看起来高人一等。若你的眼镜片变焦实在糟糕，可以偶尔为之。

(8) 不要触碰别人，侵入别人的领地是违反行业规则的行为。

(三)流利的表达

语言能力是主考官评估你的一个重要指标。因此，如果你说话时经常用"恐怕""那""这"等口头语，给人的印象将是犹豫不决、紧张，甚至迟钝。拿出你最佳的诉求力，提升职业形象，给自己的声音充电：从某种角度上说，提升声音的品质，是事业的需要。

(四)保持自信

一般面试官都认定应聘者应该有社交能力，以及有在他人面前开口说话的勇气，这是最基本的商业技巧。最好的办法是写下你要说的重点，然后一一列举和演绎。在面试的过程中，模式化的表现会给人留下不真诚和虚伪的印象。卸下沉重的包袱，向面试官展现真诚的自己是非常重要的。

职业形象就像个人职业生涯乐章上跳跃的音符，和着主旋律会给人创意的惊奇和美好的感觉，脱离主旋律则会打破和谐，给自己的职业发展带来负面影响。良好的职业形象不仅能够提升个人的品牌价值，还能提高自己的职业自信心。

第三节　社　会　能　力

当代大学生是新一代的有道德、有文化、有理想、有纪律的年轻一代，除了学习和掌握科学文化知识外，还应该具备一定的社会能力，思想上成熟、行为上成熟，遇事沉着冷静，遇到问题可以解决问题。在一定程度上，大学生可以说是半个职业人，在大学期间应该有意识地培养自己的职业素养。

一、责任担当

(一)学会担当社会责任

要勤于学习、敏于求知，注重把所学知识内化于心，形成自己的见解，既要专攻博览，又要关心国家、关心人民、关心世界，学会担当社会责任，当代中国青年一定能够担当起党和人民赋予的历史重任，在激扬青春、开拓人生、奉献社会的进程中书写无愧于时代的壮丽篇章。

(二)敢于担当且有所作为

青年一代要担当，要有前进的意识，要有上进的魄力，要有继承和发扬上一辈无产阶级艰苦奋斗精神的信念，要有做出一番大事业的信心和打算，不能无所事事整日浑浑噩噩，辜负党和国家，辜负父母对自己的期望，要对自己有一个好的人生规划，努力去践行。

(三)乐于担当要直面矛盾

青年大学生在进入社会之前对工作、对学习要保持一种敬畏，要脚踏实地、真抓实干，乐于担当责任，勇于直面矛盾，善于解决问题，努力创造经得起实践、人民、历史检验的实绩。做人要实，就是要对党、对组织、对老师、对同学忠诚老实，做老实人、说老实话、干老实事，襟怀坦白，公道正派。要发扬钉钉子精神，保持学习和工作力度、保持韧劲、善始善终、善作善成。

二、团队协作

团队协作的重要性包括以下内容。

(1) 团队协作能够帮助企业解决错综复杂的问题。俗话说："三个臭皮匠，赛过诸葛亮。"团队的力量是强大的，团队的智慧和创造力也是无与伦比的，当公司的部门、整体的成员构成一个团队的时候，团队成员就会自发地产生共同奉献的精神。团队强调团队成员的共同努力，而不仅是个人优秀才能的发挥，相互之间的优势互补、齐心协作才是团队的真谛。当我们遇到错综复杂的问题的时候，光靠几个上层领导人的力量是不够的，只有团队的集思广益才能更快、更高效地寻找出解决问题的突破口，帮助组织渡过难关。

(2) 团队协作能够帮助企业构建一个学习型组织。学习型组织是管理学者彼得·圣吉在他的《第五项修炼：学习型组织的艺术与实践》中提出来的，团队的协作使得团队中成员的学习热情得到开发，并且激发了他们的学习动力。因为每个人都有实现自己人生价值的欲望，并且期望得到别人的尊重与敬仰。当团队协作开始的时候，对于每个成员的要求十分高，要求每个人在完成自己的任务的时候还要确保对于这个团队整体做出贡献，任何一个人的失利都有可能导致整个团队的失败。所以为了提高团队的整体潜力，团队成员们会自发地进行学习，要求自己进步从而在团队任务中做出出色的表现，来赢得整个团队的认可和表扬。

(3) 团队协作能够提高工作效率。因为和谐的团队精神能够产生一种舒适简单的工作环境，良好的工作氛围使得每个人的工作都能够保持持续的热情。而且由于团队具有目标一致性的特征，所有成员由于拥有共同的目标，就会产生归属感，就会增强企业的凝聚力。团队成员受团队内部构成的观念氛围影响，会自发地约束规范自己的行为，大大减少了消极怠工的现象，并且相互之间也能构成良好的监督和榜样，提高工作效率。

我们始终要记住，没有优秀的个人，只有优秀的团队，在现在这个社会中，要注重团队协作，只有团队取得胜利，才是我们个人的进步。

三、良好的职业习惯

人的一生中会养成很多种习惯，有的是好的习惯，有的是坏的习惯。好的习惯能够促进一个人的成功，而坏的习惯可能会导致一个人的失败。那如何才能养成良好的职业习惯呢？

养成良好的职业习惯简单来说有以下几点。

(1) 一次做好一件事情。从很多成功的人身上都能看到一个共同点，那就是他们把注意力全部都放到了一件事情上。

(2) 每天都进步一点点。一个人之所以能有今天的成功和快乐，全是因为每天的一点点进步。

(3) 善于听取正确的批评和意见。对待别人的批评和意见要择其善者而从之，择其不善者而弃之。

(4) 主动迎接挑战。一个人如果失去了挑战的勇气，那他就是一个输了一切的人，我们要敢于挑战，敢于突破。

四、终身学习的理念

终身学习是 21 世纪的生存概念，是各行各业自身发展和适应职业的必由之路。新的观念、新的知识都有助于提高专业服务素质以及业务能力，因此每一个员工都应该在不断的学习中来提高自己，终身学习才是唯一的途径。

1. 终身学习的含义

1994 年，意大利举行了"首届世纪终身学习会议"，提出了终身学习是 21 世纪的生存概念。终身教育的理念被越来越多的人接受，终身学习成为时尚。现代教育思想达成共识：终身教育是"人们在一生中所受到的各种培养的总和"，包括"教育的一切方面"；终身教育贯穿于整个人生，是人自发的、主动的、持续的教育过程；突破时间、空间的限制，涉及人的思想、智能、个性和职业等方面的内容。处于现代社会中的人，学习是不能一次性完成的，终身学习观点激励人们坚持终身学习。

2. 终身学习的意义

"知识就是力量"，知识才是财富。我们从小就开始接受教育，学校教育使我们获得的知识无疑会让我们终身受益，但不能完全适应现代化的教育需要。人在大学获得的知识只占一生所需知识的很少部分，很多知识要在不断学习中获得。我们不能固守原有的知识而期望它受用一生。当今世界，科技突飞猛进，信息与日俱增，社会各个领域的科学知识不断由单一走向多元，且向更深更广的层面发展。中国加入 WTO 以来，外语、经济、法律、电脑信息技术等专业日益火爆，要求学习和更新专业知识的人越来越多。

21世纪是"知识爆炸"的时代,知识老化加速,职工更替频繁,社会变化加剧,任何人都不可能一劳永逸地拥有足够的知识,必须终身学习。学习是人类生存和发展的重要手段,终身学习是自身发展和适应职业的必由之路。"活到老,学到老"是新世纪应有的终身学习观。

五、掌握法律法规

大学生步入社会之前应该学习和掌握一些法律知识,仅有科学文化知识是不够的,法治社会不懂法相当于"文盲"不懂得用法律的武器保护自己、保护别人,不能尽快适应社会,以后会给自己造成一定的困扰。因此,大学生在学校里学习一些相应的法律法规知识是必不可少的。

法律法规,指中华人民共和国现行有效的法律、行政法规、司法解释、地方性法规、地方规章、部门规章及其他规范性文件以及对于该法律法规的及时修改和补充。其中,法律有广义、狭义两种理解。广义上讲,法律泛指一切规范性文件;狭义上讲,法律仅指全国人大及其常委会制定的规范性文件。在与法规等一起讨论时,法律是指狭义上的法律,法规则主要指行政法规、地方性法规、民族自治法规及经济特区法规等。

我国的法律体系中大体包括以下几种法律法规:法律、法律解释、行政法规、地方性法规、自治条例和单行条例及规章等。

1. 法律

我国最高权力机关全国人民代表大会和全国人民代表大会常务委员会行使国家立法权,立法通过后,由国家主席签署主席令予以公布。因此,法律的级别是最高的。

法律一般都称为××法,如《宪法》《刑法》《劳动合同法》等。

2. 法律解释

法律解释是对法律中某些条文或文字的解释或限定。这些解释将涉及法律的适用问题。法律解释权属于全国人民代表大会常务委员会,其做出的法律解释同法律具有同等效力。

还有一种司法解释,即由最高人民法院或最高人民检察院做出的解释,用于指导各基层法院或检察院的司法工作。

3. 行政法规

行政法规是由国务院制定的,通过后由国务院总理签署国务院令公布。这些法规也具有全国通用性,是对法律的补充,其地位仅次于法律。

法规多称为条例,也可以是全国性法律的实施细则。

4. 地方性法规、自治条例和单行条例

地方性法规、自治条例和单行条例的制定者是各省、自治区、直辖市的人民代表大会及其常务委员会,相当于各地方的最高权力机构。

地方性法规大部分称作条例,有的为法律在地方的实施细则,部分为具有法规属性的文件,如决议、决定等。地方性法规的开头多贯有地方名字,如《北京市食品安全条例》《北京市实施〈中华人民共和国动物防疫法〉办法》等。

5. 规章

规章的制定者是国务院各部、委员会、中国人民银行、审计署和具有行政管理职能的直属机构,这些规章仅在本部门的权限范围内有效。如国家知识产权局制定的《专利审查指南 2021》、国家市场监督管理总局制定的《药品注册管理办法》等。

还有一些规章是由各省、自治区、直辖市和较大的市的人民政府制定的,仅在本行政区域内有效,如《北京市实施〈中华人民共和国耕地占用税暂行条例〉办法》等。

第四节 离 校 教 育

文明离校教育是大学生在校期间行为文明养成的最后一个阶段教育。文明离校彰显现代大学生的文明素养,在一定程度上蕴含着大学生对母校情感的表达。离校大学生面临着就业和升学的压力,以及人际关系情感离别的变化,有时候在离校之际会有一些焦虑的情绪,那么如何缓解大学生的负面情绪,疏导大学生恰当地舒缓压力,这是我们一直需要关注和解决的问题。

一、高校毕业生不文明离校现象产生的原因

1. 就业压力

近几年,我国的毕业生人数逐年增加,高校毕业生人数创历史新高,再加上经济下行压力仍然较大,面对社会上的就业竞争压力,很多应届毕业生很难在临近毕业就能找到理想满意的工作,一些找到工作的同学也与之前自己的期望有所落差,不免产生牢骚满腹、唉声叹气的情况,少部分学生的就业压力不能得到及时有效的缓解就会造成学生喝酒、闹事等不文明行为。

2. 情感释放

高校学生来自全国各地,朝夕相处了四年的同学和朋友即将各奔东西,很多同学也许毕业之后就很难再次见到,学生难免产生不舍与无奈的情绪;同时,也有部分同学对毕业后进入社会的生活感到迷茫和无助,当这些情绪无法得到排解时,就会产生压抑情绪,容易产生不文明行为。

3. 自我要求放低

毕业生临近毕业期间相对于大学四年来说应该是一个精神相对松弛的阶段,没有了课堂的束缚、作业的困扰,很多毕业生会放松对自己的要求。而这时又是学生面临的一大人

生转折,很多思想上不成熟、不稳定,以及就业等不太如意的同学就会产生心理上的躁动,会找理由和借口宣泄,这也容易让学生做出不文明行为。

二、毕业生文明离校的意义

1. 营造良好学风,构建和谐校园的需要

高校毕业生文明离校不仅是高校加强精神文明建设的需要,也是高校营造良好学风、构建和谐校园的需要。开展毕业生文明离校教育,确保正常的教学、生活秩序,维护校园和谐稳定,不仅可以使毕业生以良好的精神状态迈好走向社会的第一步,而且对促进整个学校的精神文明建设都具有重要的推动作用。

2. 既是对毕业生基本素质的考验,也是树立典范的要求

毕业生文明离校是对毕业生道德素质的基本要求,毕业生的一言一行,都会在学校低年级同学中产生一定的影响。要对低年级学生产生"比、学、赶、帮、超"的影响,毕业生必须树立自身良好的形象和榜样。毕业季通过深入细致地做好毕业生思想教育工作,毕业生就能在文明有序的气氛中顺利离校,能给低年级同学留下好的示范和影响;反之,就容易导致不文明行为的发生。

3. 毕业生进入社会前的最后检验

大学毕业是很多同学告别校园步入社会的重大人生转折,毕业前夕既是学生寒窗苦读16载的总结阶段,又是对大学学习生活的最后检验,更是需要面向社会重新思考的关键时期。毕业生的文明离校教育是大学生在校教育的重要组成部分,对毕业生来说具有重要意义。

三、毕业生文明离校工作举措(以河南某职业学院为例)

为了继续深化学生文明素养的养成,加强毕业生的思想引领,河南某职业学院针对毕业生文明离校工作做了如下举措。

1. 加强政策宣传,突出就业指导

开展创新创业指导教育,通过理论指导、专题讲座、校友交流等形式帮助毕业生找准定位,帮助学生树立正确的就业观,增强创业能力。

2. 多渠道挖掘,搭建就业平台

学校大力拓展就业市场,竭力发掘优质就业岗位,吸引优质用人单位到学校举办专场招聘会,搭建供需见面平台,拓展和深化校企合作的渠道、领域、层次,为毕业生提供更多就业机会。

3. 定向精准施策，强化跟踪帮扶

为毕业生提供更加优质的服务，在学生毕业之后专门安排各学院的辅导员针对没有领取毕业证的学生进行家访工作，实地调研学生的情况，落实问题后，积极鼓励学生申领毕业证书，以便拿到进入社会的基本通行证。

【本章小结】

纵使季节搁浅，记忆沉淀，那薄薄的底片随着岁月褪色，还能冲洗出那片温馨。我们从五湖四海来，到天南地北去。不管走到哪里，不管在什么岗位，都需要学生努力地提升自己，而这最需要的就是事先做好职业发展规划，方向对了，必将事半功倍，让我们继续填好人生的履历表，交出事业的优秀答卷。

第八章　政策文件解读

就业是民生之本，对国家、社会、个人都意义重大。从国家与社会发展角度来说，就业对整个社会生产和发展具有重要意义。根据毕业生不同的就业形式和就业创业过程中面临的不同情况，本章以河南省为例有针对性地收录一些国家和省级文件并摘录了部分最新的就业创业政策，以方便大学生了解相关优惠政策，精准选择就业方向。

【学习目标】

- 深入了解国家和各省高校毕业生就业创业政策。
- 充分认识当前全国、河南省就业形势，处理好个人与社会、理想与现实、主动与被动等关系，在充分掌握了解当地经济就业创业政策的基础上，做出准确的就业决策。
- 充分利用就业创业政策，找准自己的就业之路，提高就业成功率。

第一节　高校毕业生到中小微企业和非公有制单位就业政策

以河南省为例，解读相关国家高校毕业生就业创业政策。

对到中小企业和非公有制单位就业的高校毕业生，在专家选拔、人才流动、人员培训、户籍管理、职称评聘、技术创新、成果转化等方面与国有企事业单位工作人员一视同仁。从事科技工作的，在按规定程序申请国家和地方科研项目和经费、申报有关科研成果或荣誉称号时，要根据情况给予重视和支持。

要为到中小企业和非公有制单位就业的高校毕业生提供必要的人事、劳动保障代理服务，在劳动关系形式、社会保险缴纳和保险关系接续等方面为他们提供保障。公安机关将积极放宽建立集体户口的审批条件，及时、便捷地办理落户手续。人力资源和社会保障部门所属人才服务机构将为其提供集体户口、人事代理、存放人事关系等服务，同时还将为这些毕业生办理人事关系接转、人事档案管理、转正定级、党团关系、专业技术职务任职资格申报评审、社会保险金缴纳等服务，实行全方位的人事代理服务，解除到非公有制单位就业的高校毕业生的后顾之忧。省会及以下城市简化有关手续，应届毕业生凭《普通高等学校毕业证书》、与用人单位签订的《就业协议书》或劳动(聘用)合同办理落户手续；非应届毕业生凭与用人单位签订的劳动(聘用)合同和《普通高等学校毕业证书》办理落户手续。高校毕业生到小型微型企业就业、自主创业的，其档案可由当地市、县一级的公共就业人才服务机构免费保管。办理高校毕业生档案转递手续，转正定级表、调整改派手续不再作为接收审核档案的必备材料。

第二节　特殊群体毕业生的就业政策

一、特殊困难群体毕业生就业帮扶政策

为保障特殊困难群体毕业生顺利就业，河南省委、省政府把就业放在"六稳""六保"之首，在帮助特殊困难群体毕业生就业过程中，河南省教育厅和各高校建立"一人一策"帮扶工作机制，通过大数据摸清全省残疾毕业生和建档立卡低收入家庭毕业生底数，坚持"重点关注、重点推荐、重点服务"；联合省残联共同启动开展"跟踪帮扶保就业"专项活动，争取有就业意愿的残疾毕业生和建档立卡低收入家庭毕业生能够顺利达成就业意向，尽快落实就业岗位。同时，为降低特殊群体毕业生求职创业的成本，河南省每年为特殊群体毕业生发放 2 000 元/人的求职创业补贴。

二、求职创业补贴申领发放

毕业学年内符合下列条件之一，有就业创业意愿并积极求职创业的全日制普通高等学校和中等职业学校(含技工院校)困难毕业生，可自愿申请求职创业补贴。

(1) 来自城乡居民最低生活保障家庭，其家庭成员与毕业生有法定赡养、扶养、抚养关系。

(2) 毕业生本人持有中华人民共和国残疾人证。

(3) 毕业生本人正在享受国家助学贷款资助。

(4) 来自脱贫残疾人家庭和监测对象残疾人家庭，即城乡居民最低生活保障家庭或建档立卡脱贫家庭、监测对象家庭，其持有中华人民共和国残疾人证的家庭成员与毕业生有法定赡养、扶养、抚养关系。

(5) 经县级乡村振兴部门认定的建档立卡脱贫家庭和监测对象家庭，其家庭成员与毕业生有法定赡养、扶养、抚养关系。

(6) 经乡镇(街道)或县级民政部门批准，正在享受特困人员救助供养、孤儿、事实无人抚养儿童待遇的毕业生。

毕业年度普通高校毕业生是指通过国家普通高等学校招生统一考试的全日制高等学校毕业年度(毕业当年 1 月 1 日至 12 月 31 日)毕业生。求职创业补贴发放原则坚持自愿申请、诚实守信、公平公正、属地管理、专款专用的原则。发放标准为符合条件的每人按 2 000 元一次性发放，用于毕业生在求职创业过程中的相关费用补助。每年 8 月底前，符合条件的毕业生可通过关注微信公众号"河南就业"、登录河南省人力资源和社会保障厅

官方网站"河南就业网上办事大厅"(http://hnjy.hrss.henan.gov.cn/jyweb),通过注册申请人登录账号,进入"就业补助资金——毕业学年困难毕业生补贴"模块,按照系统提示,完整准确填写个人申请信息,上传相关困难类别资质证明及相应家庭关系证明材料并签署申请承诺,完成网上申报。其中,学籍证明复印件或申请者学籍名单由所在学校出具,并加盖学校公章后提交当地人社部门。逾期提交申报信息,系统不再进行审核比对。符合条件的外省生源毕业生网上申报时,除在网上填写个人基础信息、上传相关困难类别资质证明材料(低保证或残疾人证或助学贷款合同或贫困户明白卡或其他相关证明材料)、签署申请承诺外,还需下载人工审核纸质申请表,交由当地县级资格认定机构签章后,与相关证明材料复印件一起提交所属院校进行人工审核校验。第 3 类困难类别毕业生,获得国家助学贷款毕业生的申报信息将按照数据共享机制与系统内已有数据库直接审核校验。通过系统校验的可免予上传助学贷款证明材料;不属于国家开发银行放贷范围的毕业生可按人工审核要求,提供贷款合同原件及复印件等相关纸质证明材料。

第三节　离校未就业高校毕业生的政策

各级教育部门和各校要在每年 9 月 1 日前将离校未就业高校毕业生实名信息移交给人力资源和社会保障部门。地方各级人社部门所属公共就业服务机构和基层公共就业服务平台要面向所有离校未就业高校毕业生(包括户籍不在本地的高校毕业生)开放,办理求职登记或失业登记手续,离校后未就业毕业生可直接向求职创业地公共就业和人才服务机构申领就业创业证。各地要健全离校未就业高校毕业生实名信息数据库,动态更新就业进展情况,实现信息共享和业务协同,提升就业管理服务信息化水平。

一、提供实名制就业创业服务

(1) 支持异地登记和离校未就业毕业生实名登记。离校未就业毕业生(包括非本地户籍)到求职地(创业地)公共就业和人才服务机构进行实名制求职登记(就业创业登记),可按规定获得一次性 300 元求职创业补贴。从毕业离校起到毕业当年年底登录河南就业网上办事大厅进行主动登记,或在求职创业地县级以上公共就业和人才服务机构凭身份证或学籍证明材料,填写《实名登记表》及办理就业创业证。

(2) 提供人事代理服务。未就业高校毕业生及中专毕业生的档案按流动人员人事档案集中统一、归口管理,由县级以上(含县级)公共就业和人才服务机构以及经人力资源和社会保障部门授权的单位管理。应届高校毕业生档案由公共人事代理服务机构接收,成为流动人员人事档案后,按有关规定进行转递。公共人事代理服务除档案接收、转递,还包括人事档案材料的收集、鉴别和归档,依据档案记载出具相关证明,为相关单位提供政审(考察)服务,接转递党员组织关系,代办集体户口,代办社会保险、职称初聘和职称评审等服务内容。上述服务业务的前提是毕业生档案接收。所需材料为:初次就业的大中专毕业生离校后凭个人身份证到相应的人才服务机构办理档案接收。再关注或浏览河南省人才交流中心官方网站查询相应所需业务的流程介绍。

二、就业见习

就业见习是指人力资源和社会保障部门认定的见习单位，通过开发一定数量的见习岗位、提供一定期限的岗位实践锻炼，帮助见习人员提升就业能力、尽快实现就业的一项就业服务制度，属于就业准备活动。见习对象为有见习意愿的离校两年内未就业的高校毕业生、离校两年内未就业中职毕业生和16—24岁失业青年(以下统称见习人员)。见习时间为3—12个月，其间由见习单位发放基本生活费、办理人身意外伤害保险。

政府对吸纳见习人员参加就业见习并发放见习期间基本生活费的见习单位，给予见习补贴，用于见习单位支付见习人员见习期间基本生活费、为见习人员办理人身意外伤害保险以及对见习人员的指导管理费用。对吸纳见习人员的见习单位，按规定给予见习补贴，见习补贴标准为当地最低工资标准的70%，其中对留用见习期满人员比例达到50%及以上的，补贴标准提高到当地最低工资标准的110%。对受新冠疫情影响见习暂时中断的，相应延长见习单位的补贴期限。对见习期未满与见习人员签订劳动合同的，给予见习单位剩余期限的见习补贴。符合条件的毕业生可向县级及以上人力资源和社会保障部门所属的公共就业和人才服务机构提出申请，也可查询当地人力资源和社会保障部门官网公布的就业见习单位及见习岗位计划，向县级以上人力资源和社会保障部门确定的就业见习单位直接申请。请关注"河南就业"微信公众号或登录河南就业网上办事大厅选择相应模块申请办理。

三、职业技能培训和职业技能鉴定

(一)就业技能培训补贴

毕业学年高校毕业生(含技师学院高级工班、预备技师班和特殊教育院校职业教育类毕业生)、城乡未继续升学的应届初高中毕业生等给予职业培训补贴。普通高校、职业学校、技工院校在校学生，在校期间可以参加创业意识培训、创办(改善)企业培训、创业实训各一次。培训后取得职业资格证(或专项职业能力证或培训合格证)的，可申请职业培训补贴。①按照"先垫后补"和"信用支付"等办法，由培训人员缴纳培训费用的，培训补贴由个人申请并拨付个人；由定点培训机构垫付培训补贴的，培训补贴由培训机构申请并拨付培训机构。有条件的地区可为劳动者建立职业培训个人信用账号，鼓励劳动者自主选择培训机构和课程，并通过信用账户支付培训补贴。②就业技能培训补贴标准：取得就业技能培训合格证和职业资格证的，按相应技能等级确定为五级/初级1 200元/人、四级/中级1 600元/人、三级/高级2 000元/人、二级/技师4 000元/人、一级/高级技师5 000元/人；仅取得就业技能培训合格证的，每人补贴700元。申请人到当地就业技能培训定点机构参加培训。③为城乡未继续升学的初高中毕业生垫付劳动预备制培训补贴和生活补贴的培训机构，向当地人社部门申请劳动预备制补贴和生活费补贴，应提供培训人员花名册、身份证复印件、就业创业证复印件、职业资格证复印件、初高中毕业证复印件、垫付培训补贴协议、城市低保家庭学员的最低生活保障证明。劳动预备制补贴标准为每学期每人 1 500 元，生活费补贴标准为每人每月 200 元，培训时间为 1 个学期至 2 个学期。

(二)职业技能鉴定补贴

对通过初次职业技能鉴定并取得职业资格证(不含培训合格证)的高校毕业生，可向当地人力资源和社会保障部门申请职业技能鉴定补贴，应提供就业创业证复印件、职业资格证书或专项职业能力证书复印件、职业技能鉴定机构开具的行政事业性收费票据或税务发票等材料。委托鉴定机构代为申请技能鉴定补贴的，还应提供代为申请协议。经人力资源和社会保障部门审核后，对高校毕业生本人申请的补贴资金，按规定将补贴资金支付到申请者本人银行账户；对鉴定机构代为申请的，按规定将补贴资金支付到代为申请鉴定机构在银行开立的基本账户。补贴标准按职业技能鉴定收费标准确定。申请人到当地职业培训定点机构参加培训。

(三)技工院校毕业生待遇

全日制技工院校中级工班、高级工班、预备技师(技师)班毕业生分别参照中专、大专、本科学历，在参加公务员招录、企业事业单位招聘以及确定工资薪酬、职称评定、职位晋升等方面享受相关待遇。申请人到原毕业院校提出申请，开具相关证明后，到省人力资源和社会保障厅行政服务大厅办理。

四、面向就业困难人员的政策

公益性岗位的援助对象是符合《河南省就业促进条例》规定的就业困难人员，重点安置就业困难人员中的特困人员。

(1) 毕业两年内未就业的城镇低保家庭、孤儿、残疾人高校毕业生，以及被认定为就业困难人员的其他高校毕业生可通过公益性岗位托底安置。

(2) 使用公益性岗位的用人单位应当与公益性岗位就业人员依法订立公益性岗位劳动合同，及时足额支付公益性岗位人员劳动报酬，工资水平不得低于当地最低工资标准(非全日制公益性岗位按小时最低工资标准计算)。合同期限原则上最长不超过 3 年。

(3) 公益性岗位安置人员相应享受岗位补贴和社会保险补贴，补贴资金从就业补助资金中列支。岗位补贴标准参照当地最低工资标准确定；社会保险补贴标准按用人单位为公益性岗位安置人员应缴纳的社会保险费给予补贴，不包括个人应缴纳的社会保险费。

五、灵活就业

灵活就业是指企业根据用工需求灵活地雇用人才，双方不建立正式的全职劳动关系的就业形式。灵活就业因为自主性强、灵活自由、门槛低等特点，在国家政策的大力扶持下，成为部分毕业生新的就业选择。

灵活就业的四种形态包括：①以非全日制用工为代表的时间上的灵活；②以劳务派遣为代表的雇佣形式上的灵活；③以业务外包为代表的服务形态上的灵活；④以平台型用工为代表的就业形式上的灵活。

灵活就业的支持举措包括以下内容。①鼓励引导个体经营发展。对高校毕业生等重点群体从事个体经营的，按规定给予创业担保贷款、税收优惠、创业补贴、运营补贴等政策支持。②增加非全日制就业机会，加强对非全日制劳动者的政策支持，对离校两年内未就业的高校毕业生从事非全日制等工作的，按规定给予社会保险补贴。③加大对困难灵活就业人员帮扶力度，对符合条件的灵活就业人员，及时按规定纳入最低生活保障、临时救助范围。④政府部门加快推进职业伤害保障试点，采取多种手段，维护好灵活就业群体的合法权益。

其中，对离校两年内未就业的高校毕业生灵活就业后缴纳的社会保险费，给予社保补贴，补贴期限最长不超过两年。补贴标准原则上不超过其本人实际缴纳社会保险费的2/3。灵活就业的离校1年内高校毕业生向常住地或户籍所在地街道(乡、镇)人力资源和社会保障服务平台提出申请，经基层服务平台初审，县级人社部门复审、公示后，将补贴资金支付到申请人本人银行账户。

【知识拓展】

针对重点群体有哪些帮扶措施

完善就业帮扶机制，落实"一人一档一策"帮扶措施。对通过市场渠道确实难以实现就业的困难高校毕业生，可通过公益性岗位兜底安置。实施"中央专项彩票公益金宏志助航计划"，面向困难高校毕业生开展就业能力培训。实施共青团促进大学生就业行动，面向低收入家庭高校毕业生开展就业结对帮扶。及时将符合条件的困难高校毕业生纳入社会救助范围。继续免除2023年及以前年度毕业的贷款学生2023年内应偿还的国家助学贷款利息，本金部分可再申请延期1年偿还，延期贷款不计罚息和复利。

——河南省人民政府办公厅关于印发《2023年河南省支持高校毕业生等青年就业创业若干政策措施》的通知(豫政办〔2023〕17号)

第四节　毕业生(含在校生)自主创业的优惠政策

一、就业创业证申领

(1) 发放对象：毕业学年高校在校生。

(2) 受理机构：毕业学年高校在校生凭学生证向就业创业地公共就业服务机构申领就业创业证，或委托所在高校向当地公共就业服务机构代为申领。

(3) 办理要件：高校在校生基本信息登记表；身份证(社会保障卡)、学生证；近期免冠2寸照片两张(领取纸质证件的提供)。

(4) 各院校毕业生离校后创业的，可凭上述材料直接向创业地县级以上人力资源和社会保障部门提出认定申请。

二、鼓励参加创业培训

普通高校、职业学校、技工院校在校学生，在校期间可以参加创业培训，并享受相应的培训补贴。创业培训旨在帮助具有创业愿望、创业能力的人员学习创业技能、树立创业意识和市场竞争意识，掌握和了解企业创办及管理的基本知识。创业培训分为五个模块：创业意识培训、创办企业培训、改善企业培训、创业实训、网络(电商)创业培训。取得创业培训合格证的，创业意识培训补贴标准为每人200元、创办(改善)企业培训补贴标准为每人1 000元、创业实训补贴标准为每人300元、网络(电商)创业培训补贴标准为每人1500元(含网络教学平台服务费)。申请人到当地创业培训定点机构参加培训。

三、税收优惠政策

(1) 对高校毕业生创办的小型微型企业，年累计实际利润额或年度应纳税所得额低于10万元(含10万元)的，实行减低企业所得税税率政策和减半征收企业所得税政策；对高校毕业生创办的小型微型企业，月销售额不超过2万元的，实行暂免征收增值税和营业税等税收优惠政策。对从事个体经营的高校毕业生和毕业学年高校毕业生，按规定落实相关税收优惠政策。留学回国高校毕业生自主创业并符合条件的，可享受现行高校毕业生创业扶持政策。

(2) 将免征教育费附加、地方教育附加、水利建设基金的范围，由现行按月纳税的月销售额或营业额不超过3万元(按季度纳税的季度销售额或营业额不超过9万元)的缴纳义务人，扩大到按月纳税的月销售额或营业额不超过10万元(按季度纳税的季度销售额或营业额不超过30万元)的缴纳义务人。

(3) 毕业年度内对持就业创业证(注明"自主创业税收政策"或"毕业年度内自主创业税收政策")或就业失业登记证(注明"自主创业税收政策"或附着高校毕业生自主创业证)的高校毕业生从事个体经营的，在3年内按每户每年8000元为限额依次扣减其当年实际应缴纳的增值税、城市维护建设税、教育费附加、地方教育附加和个人所得税。(高校毕业生是指实施高等学历教育的普通高等学校、成人高等学校应届毕业的学生；毕业年度是指毕业所在自然年，即1月1日至12月31日。)

四、创业担保贷款

符合条件的高校毕业生可以申请创业担保贷款。具体要求是：持就业创业证、全日制大专以上(含大专)毕业证书，处于自主创业状态，且自主创业时不在机关、企事业单位就业的毕业 5 年内高校毕业生(除助学贷款、扶贫贷款、首套住房贷款、购车贷款以外，本人及配偶没有其他贷款)可以申请创业担保贷款。个人创业担保贷款最高额度为 20 万元，合伙创业、组织起来共同创业的，最高不超过符合条件个人贷款总额度的 10%，小微企业创业担保贷款最高为 300 万元。符合条件的申请人到创业地(工商登记注册地)人力资源和社会保障部门创业担保贷款经办机构申请。

五、资金支持补贴

(一)大众创业扶持项目补助

大中专学生(含毕业 5 年内普通高校、职业学校、技工院校毕业生及在校生，以及毕业 5 年内的留学回国人员)创业并担任项目法定代表人的创业项目，可申报大众创业扶持项目补助。对评选为省级大众创业扶持项目的，给予 2 万—15 万元的项目补助；对评选为市、县级优秀项目的，项目补助标准由当地人社、财政部门确定，最高不超过 10 万元。符合条件的通过河南省"互联网+就业创业"信息系统申报，具体条件请参照《河南省人力资源和社会保障厅河南省财政厅关于印发〈河南省大众创业扶持项目管理办法(试行)〉的通知》(豫人社〔2017〕77 号)。

(二)开业补贴

大中专学生(含毕业 5 年内的普通高校、职业学校、技工院校毕业生及在校学生，以及毕业 5 年内留学回国人员)首次创办企业或者从事个体经营，自工商登记注册之日起正常经营 1 年以上的，给予一次性开业补贴。开业补贴省定标准为 5 000 元。有的地方如郑州市将标准提高到 10 000 元。开业补贴通过河南省"互联网+就业创业"信息系统申报。

(三)运营补贴

大中专学生(含毕业 5 年内的普通高校、职业学校、技工院校毕业生及在校学生，以及毕业 5 年内留学回国人员)创办的实体在创业孵化基地发生的物管、卫生、房租、水电等费用，3 年内给予不超过当月实际费用 50%的运营补贴，年补贴最高限额为 1 万元。运营补贴通过河南省"互联网+就业创业"信息系统申报。

(四)郑州市对在创新创业综合体内注册运营的科技型企业，各类科技计划项目给予优先支持

实施大学生创新创业资助计划，对通过遴选和评审的大学生优秀创新创业项目给予 5 万—15 万元的资金支持；对入驻创新创业综合体、注册满 1 年且运行良好的大学生创办企业，经认定符合条件的，给予创新创业团队 2 万元资金奖补，其中，所在县(市、区)承担 1 万元。全面落实大学生创业担保贷款政策。

六、创业帮扶

(1) 高校毕业生自主创业能力提升。从 2016 年起所有高校都要设置创新创业教育课程，对全体学生开发开设创新创业教育必修课和选修课，纳入学分管理。对有创业意愿的学生，开设创业指导及实训类课程。对已经开展创业实践的学生，开展企业经营管理类培训。各高校广泛开展创业教育，积极开发创新创业类课程，完善创业教育课程体系，将创业教育课程作为面向全体高校学生开展创业教育的核心课程，纳入学校教学计划，不少于 32 学时、不低于 2 学分。

(2) 对休学创业的学生，可以单独规定最长学习年限，并简化休学批准程序。休学创业后复学的学生，因自身情况需要转专业的，学校应当优先考虑。学生参加创新创业、社会实践等活动以及发表论文、获得专利授权等与专业学习、学业要求相关的经历、成果，可以折算为学分，计入学业成绩。具体办法由学校规定。

(3) 鼓励大学生利用新模式、新技术、新方法在"互联网+"、战略性新兴产业、先进制造业和信息、物流、金融等现代服务业等领域创新创业，大力扶持电子商务、休闲旅游、金融服务、物流运输、研发设计、生产服务、生活服务等领域的新业态创业项目。

(4) 开展创业交流和创业专家指导服务。鼓励高校毕业生参加创业大赛、创业讲座或创业创新培训等活动，实现创业信息交流。组织河南省大众创业导师为高校毕业生提供创业指导、企业诊断等创业辅导服务。高校毕业生可依照相关活动通知参加。

【案例分析】

苏成是某学院的毕业生，毕业后在学校大门斜对面筹办了一间餐馆。

记者采访苏成将近一小时，其间竟没有看到其他工作人员。对此，苏成调侃地笑着说，整个餐馆就只有两个工人——苏成和苏成的堂姐。苏成说，目前餐馆很多方面都需要人手，但由于资金困难，自己只好一手包办。"现在我是既当老板又当工人，堂姐原来是在外面打工的，后来见到我在玉林开了餐馆，把原来的工作辞掉，从老家博白前来帮忙。"在他的餐馆里，记者看到苏成的堂姐正在认真地清洗碗筷、打扫卫生，十分勤恳。面对记者的提问，她没有回答，脸上露出坚强的笑容。

苏成的餐馆打扫得整洁干净，餐桌和凳子摆得十分整齐。目前，苏成每天所做的就是采购、管理账目等一系列工作，奔跑在每个工作环节中，忙碌着一件件大大小小的事情。虽然十分辛苦，但他依然坚信，付出就有收获。

对于办餐馆一事，苏成告诉记者，他于 2016 年 6 月毕业后，觉得就业竞争激烈，就想到了自主创业，自己开餐馆做起了老板。据他介绍，他的餐馆租的是一间民房，共三层，开业前期准备工作，包括装修、购买餐桌、餐具和凳子等物品。2017 年 1 月 22 日开业，从目前的经营情况来看，餐馆一般周五到周日生意爆满，平时前来消费的顾客并不是很多，支出略大于收入，因此目前餐馆面临着许多困难。对此，苏成告诉记者，创业之初总是伴随着艰难困苦的，关键要端正自己的心态，要具有迎难而上的精神，要放得下面子，大学生完全可以做好每一件事，工作并没有贵贱之分。

苏成说，他选择自主创业有三大理由。一是大学生自主创业本身就是一条出路。国家出台了一系列鼓励大学生自主创业的优惠政策，在今后的社会中，自主创业的人会越来越多。二是选择自主创业一方面做起来会更有工作激情、更投入，从而更容易获得成功，这种成功是属于自己的。另一方面，就算失败，也是自己造成的，不会去怪别人，不会感到遗憾。三是大学生自主创业主要是能有一个空间来发挥自己的才能，实现自我价值，得到社会的认可。

苏成说，通过自主创业，他深刻认识到大学生在学习知识的同时，应积极地思考问题，更加关注科技发展和社会需求，寻找知识的转化点。任何创业都应建立在知识积累的基础上，不可急功近利。大学生创业是具有很强的专业性、技术性、风险性和复杂性的实践过程，创业要素的配置是多方面的，除了新的创意外，还有资金、市场。但是，大学生创业之路异常艰难，少数人的成功和多数人的失败表明，大学生创业还有很长的路要走，需要政府和社会的指导、扶持、保护，使优惠政策真正落到实处，建立一条有效引导青年创业、有利于培养创业人才的"绿色通道"。

思考：
1. 苏成创业成功的原因是什么？
2. 如果选择自主创业，可以享受国家给予的哪些优惠政策？

(资料来源：本书作者整理编写)

【知识拓展】

除了以上促进就业和创业的政策以外，国家还出台了以下鼓励企业(用人单位)吸纳就业的政策。

1. 一次性吸纳就业补贴

对招用毕业年度或离校两年内未就业高校毕业生、登记失业的 16—24 岁青年，并签订 1 年以上劳动合同的企业，给予一次性吸纳就业补贴 1000 元/人，政策实施期限延续至 2023 年 12 月 31 日。

2. 社会保险补贴

当年新招用毕业年度或离校 1 年内未就业高校毕业生且签订 1 年以上劳动合同并为其缴纳社会保险费的中小微企业，按其实际缴纳的社会保险费(不含个人缴纳部分)给予社会保险补贴，补贴期限最长不超过 1 年。

招用正在享受城镇最低生活保障待遇家庭、当年经县级以上总工会认定的城镇特困职工家庭、残疾人家庭、农村建档立卡脱贫家庭中毕业两年未就业的高校毕业生(含技师学院高级工班、预备技师班和特殊教育院校职业教育类毕业生)、在校期间曾享受助学贷款的毕业 2 年内未就业的高校毕业生并按规定缴纳社会保险费的用人单位(仅限公益性岗位)，按其实际缴纳的社会保险费(不含个人缴纳部分)给予社会保险补贴，补贴期限最长不超过 3

年(以初次核定其享受社会保险补贴时间为准)。

3. 税费减免

企业录用在人力资源和社会保障部门公共就业服务机构登记失业半年以上且持就业创业证或就业失业登记证(注明"企业吸纳税收政策")的人员，与其签订 1 年以上期限劳动合同并依法缴纳社会保险费的，自签订劳动合同并缴纳社会保险费当月起，在 3 年内按实际招用人数和每人每年 7 800 元予以定额依次扣减企业当年实际应缴纳的增值税、城市维护建设税、教育费附加、地方教育附加和企业所得税。

4. 小微企业创业担保贷款

小微企业当年新招用符合创业担保贷款申请条件的人数达到企业现有在职职工人数的 15%(超过 100 人的企业达到 8%)，并与其签订 1 年以上劳动合同，按规定给予贴息。

5. 职业培训补贴

对组织新招用高校毕业生参加岗前培训的企业，按规定给予职业培训补贴。对脱贫人口(含监测帮扶对象)、就业困难人员、零就业家庭成员、城市低保家庭中的离校未就业高校毕业生，培训期间给予每人每天 30 元生活费补贴；参加市外省内培训的，给予每人 300 元一次性交通费补贴。

6. 就业见习补贴

对吸纳省内已办理实名制登记的离校两年内未就业高校毕业生和 16—24 岁失业青年进行就业见习的就业见习单位，按规定给予见习补贴，见习补贴标准为当地最低工资标准的 70%，其中对留用见习期满人员比例达到 50%及以上的，补贴标准提高到当地最低工资标准的 110%，补贴期限最长不超过 12 个月。对见习期未满与见习人员签订劳动合同的，给予见习单位剩余期限见习补贴。对年度吸纳见习人员超过 100 人、留用率超过 70%并稳定就业 1 年以上的就业见习单位，优先评定为省级示范见习基地，按规定给予 10 万元的一次性奖补。

7. 支持国有企业扩大招聘规模

按照工资效益联动机制确定的工资总额难以满足扩大高校毕业生招聘需求，且按要求招收应届高校毕业生达到年度招聘计划的 60%的国有企业，2023 年可一次性增人增资，核增部分据实计入工资总额并作为下一年度工资总额预算基数。

第五节　高校毕业生基层就业的政策

一、基层就业项目简介

近年来，河南省有关部门组织实施的引导高校毕业生基层就业项目，主要包括"三支一扶"计划、选调生计划、农村义务教育阶段学校教师特设岗位计划等。

二、基层就业项目满足条件

(一)"三支一扶"计划

"三支一扶"是指通过公开招募、自愿报名、考试选拔、统一安排的方式招募高校毕业生到农村基层从事支农、支教、支医和帮扶乡村振兴的基层服务项目。服务期限为两年。招募对象为 2023 年全日制普通高校毕业生(含专科生、本科生和研究生);择业期内(2021 年、2022 年)离校未就业全日制普通高校毕业生;2021 年和 2022 年退役的服义务兵役高校毕业生;河南省全日制技工院校高级工班、预备技师(技师)班毕业生,可分别参照大专、本科文化程度报考;2019 年起招生的非全日制研究生与全日制研究生学历学位证书具有同等法律地位和相同效力。

(二)选调生计划

河南省选调生是由省委组织部、省人社厅、省编办、省财政厅、省教育厅联合实施的选调优秀高校毕业生到基层工作项目。选调应届优秀大学毕业生到基层培养锻炼,为各级党政机关储备后备力量,补充高素质人才,是党中央着眼干部队伍长远发展实施的一项战略举措。

近年来,河南省选调生招录一般分两批进行,第一批为定向类招录,选调范围是清华大学、北京大学等 49 所国内高校硕士研究生及以上学历的应届毕业生(不含选调高校招生分数低于本校统一录取分数线的其他校区或分校、网络学院等,以及委托培养、在职培养、定向培养和非全脱产学习的毕业生),部分国(境)外高校的硕士研究生及以上学历的应届毕业生也可报考。第二批普通类的选调范围是普通高校应届本科生、硕士生、博士生(定向培养、在职培养、委托培养和非全脱产学习的除外),境外高校考生须为硕士以上毕业生,且本科阶段在国内高校就读。具体选调条件以河南省委组织部发布的招录公告为准。

(三)农村义务教育阶段学校教师特设岗位计划

以普通高校本科及以上毕业生为主,鼓励本科师范专业毕业生应聘。同时,应聘者需满足年龄、教师资格等要求。参加过"大学生志愿服务西部计划"、有从教经历的志愿者和参加过半年以上实习支教的师范院校毕业生同等条件下优先录取。

(四)大学生志愿服务西部计划

大学生志愿服务西部计划是 2003 年由共青团中央、教育部、财政部、人力资源部(人力资源和社会保障部)根据国务院常务会议和全国高校毕业生就业工作会议精神,联合实施的一项重大人才工程。每年招募一定数量的普通高等学校应届毕业生或在读研究生,到西部基层开展为期 1—3 年的志愿服务工作,鼓励志愿者服务期满后扎根当地就业创业。西部计划按照服务内容分为基础教育、服务"三农"、医疗卫生、基层青年工作、基层社会管理、服务新疆、服务西藏 7 个专项。

(五)河南大学生志愿服务乡村振兴计划

河南大学生志愿服务乡村振兴计划是大学生志愿服务西部计划的地方项目。招募志愿者赴河南相关服务县从事为期两年的乡村教育、乡村建设、健康乡村、基层青年工作、乡村社会治理等领域的服务岗位志愿服务工作。普通高等学校应届毕业生或在读研究生,到岗之前获得毕业证书、学位证书,有志愿服务经历的优先录用。

(六)科研助理岗

科研助理是指从事各类科研项目辅助研究、实验(工程)设施运行维护和实验技术、科技成果转移转化、学术助理、财务助理以及博士后等工作的人员。科研助理岗位是科研队伍的重要组成部分,是完善科研治理体系、提升科技创新治理能力的重要抓手。

三、基层就业项目服务期满人员待遇及优惠政策

(一)"三支一扶"计划

(1) 服务期内"三支一扶"人员的工作生活补贴标准为:专科生不低于 2 500 元/月、本科生不低于 2 600 元/月、研究生不低于 2 700 元/月。按照每人 3 000 元标准,给予每名新招募且在岗服务满 6 个月以上的"三支一扶"人员一次性安家费补贴。

(2) 对服务期满考核合格人员自愿留在服务单位的,按照有关规定在事业编制限额内办理入编及聘用手续。服务期满 1 年且考核合格后,可按规定参加职称评定。服务期满考核合格的"三支一扶"人员,3 年内报考硕士研究生的,初试总分加 10 分,同等条件下优先录取。对于已被录取为研究生的应届高校毕业生参加"三支一扶"计划的,学校应为其保留入学资格。"三支一扶"人员在基层服务年限计算为工龄,参加工作时间按其到基层报到之日起算。

(3) 对符合国家执业医师资格考试规定的支医人员,凭服务地医疗机构出具的试用期考核合格证明,由县级卫生健康行政部门协助办理参加考试手续。本科及以上学历毕业生参加支医服务的,期满且考核合格后由县级卫生健康主管部门统一安排参加住院医师规范化培训。省以下人力资源和社会保障系统事业单位出现岗位空缺时,可优先从河南省招募的服务期满且考核优秀的"三支一扶"就业和社会保障服务平台岗位人员中遴选。

(二)选调生计划

1. 定向类选调生的分配安置政策

(1) 选调生正式录用后,省直选调生由录用单位进行安置,省辖市市直选调生由各省辖市党委组织部结合个人意愿、专业背景及相关单位编制、职数空缺情况,统筹分配到市直党政机关工作。分配安置情况统一造册登记报省委组织部。基层锻炼选调生到岗后,可结合对口关系,安排到乡、镇(街道),进行为期 2 年的基层锻炼,第 1 年为试用期,所在单位不得延期选派或提前调回。其中,省直选调生第 1 年到村任职(是中共党员的,任村党

支部书记助理;非中共党员的,任村委会主任助理),第2年在乡、镇(街道)机关锻炼。省辖市市直选调生到村任职2年。在村任职期间,履行大学生村官有关职责,按照大学生村官管理,其间不得借调或交流到上级机关,经省辖市党委组织部批准后,可有计划参加县、乡集中性工作,但不超过3个月。基层锻炼期满后,原则上返回原单位工作;本人愿意在基层工作的,可提出申请,经所在单位同意后,报经省辖市党委组织部批准,并报省委组织部备案,也可留在乡镇(街道)工作。

(2) 任职定级:选调生1年试用期满后,由所在单位会同相关县(市、区)党委组织部进行考核,考核合格的,按照《中华人民共和国公务员法》和《新录用公务员任职定级规定》等文件要求,及时进行任职定级和公务员登记;考核不合格的,取消录用。

(3) 后续管理:选调生职务、职级的后续晋升,按照《党政领导干部选拔任用工作条例》和《公务员职务与职级并行规定》有关要求执行。服务期内有1年年度考核结果为优秀等次或参加急难险重任务做出突出贡献受到市级以上表彰的,应优先提拔使用。选调生的工资按照干部管理权限进行管理,省直选调生人事档案由所在单位管理,省辖市市直选调生人事档案由所在省辖市党委组织部统一管理。符合条件的,可享受当地各项人才引进优惠政策。

(4) 服务年限:省直选调生在录用单位最低服务年限为5年,省辖市市直选调生在录用单位最低服务年限为3年,在本省辖市内最低服务年限为5年,均含基层锻炼时间。

2. 普通类选调生的分配安置政策

(1) 基层锻炼普通类选调生正式录用后,由各省辖市党委组织部结合工作需要,统筹分配到各县(市、区)工作。其中,本科生分配到缺编的乡镇机关工作,硕士、博士研究生分配到缺编的县(市、区)直机关工作。法检专项选调生录用后,由各省辖市党委组织部根据编制缺额、工作需要和录用人员情况,统筹分配到市、县(市、区)法院、检察院工作。选调生到岗后,先安排到村任职2年(是中共党员的,任村党支部书记助理;非中共党员的,任村委会主任助理),履行大学生村官有关职责,按照大学生村官管理,其间不得借调或交流到上级机关,经省辖市党委组织部批准后,可有计划参加县乡集中性工作,但每年累计不超过3个月。在村任职期满后返回原单位工作。

(2) 任职定级:新录用选调生试用期1年,试用期工资可直接按试用期满后工资确定。试用期满后按照干部管理权限及时进行期满考核,考核合格的,按照《公务员法》和《新录用公务员任职定级规定》等要求,及时进行任职定级和公务员登记;不合格的,经省辖市党委组织部初审,报省委组织部进一步审核后取消录用。被取消录用的人员,退回毕业院校或由户口所在地人才交流服务机构推荐就业,也可自主择业。

(3) 后续管理:选调生职务、职级的后续晋升,按照《党政领导干部选拔任用工作条例》和《公务员职务与职级并行规定》有关要求执行。服务期内有1年年度考核结果为优秀等次或参加急难险重任务做出突出贡献受到市级以上表彰的,应优先提拔使用。选调生的工资按照干部管理权限进行管理,服务期内人事档案由所在省辖市党委组织部统一管理。符合条件的,可享受当地各项人才引进优惠政策。

(4) 服务年限：普通类选调生在录用单位最低服务年限为 3 年，在本省辖市内最低服务年限为 5 年，均含到村工作时间。法检专项选调生在录用单位最低服务年限为 3 年，在本省辖市法检系统内最低服务年限为 5 年，均含到村工作时间。新录用人员到岗前就以上内容与所报考的省辖市党委组织部签订《服务基层承诺书》。

(三)农村义务教育阶段学校教师特设岗位计划

(1) 特岗教师聘任期间执行国家统一工资制度和标准，其他津贴补贴由设岗县(市)根据当地同等条件公办教师年收入水平和特岗教师年工资性补助水平综合确定。特岗教师在工资待遇、职称评聘、评优评先、年度考核等方面与当地公办学校教师同等对待。

(2) 特岗教师服务期满后，享受中共中央办公厅、国务院办公厅《关于进一步引导和鼓励高校毕业生到基层工作的意见》(中办发〔2016〕79 号)及"三支一扶"规定有关优惠政策。

(3) 特岗教师服务期满后，经考核合格且愿意留任的特岗教师，可办理入编手续，享受当地教师同等待遇。

(四)大学生志愿服务西部计划

(1) 服务 2 年以上且考核合格的，服务期满后 3 年内报考硕士研究生的，初试总分加 10 分，同等条件下优先录取。

(2) 按规定符合相应条件的，可享受相应的学费补偿和助学贷款代偿政策。

(3) 西部地区每人每年 3 万元(南疆四地州、西藏每人每年 4 万元)、中部地区每人每年 2.4 万元的补助。

(4) 各地为每名西部计划志愿者(含研究生支教团志愿者)购买重大疾病、人身意外伤害等商业保险。

(5) 县级项目办及基层服务单位应为志愿者提供交通、住宿、伙食等方面的便利，提高保障水平。

(五)河南大学生志愿服务乡村振兴计划

志愿者享受高校毕业生到基层就业优惠政策；服务期间，给予一定的生活补贴；偿还助学贷款确有困难的，为其调整还款计划提供帮助。服务期满且考核合格的给予以下政策支持。

(1) 服务期满，对志愿者作出鉴定。录入档案，颁发证书。

(2) 3 年内报考硕士研究生的，初试加 10 分。

(3) 报考公务员的，享受服务基层项目人员优惠政策。各级事业单位招聘工作人员时，在同等条件下优先招聘志愿者。

(4) 表现优秀的志愿者推荐参加荣誉评选，并纳入全国大学生志愿服务西部计划的表彰范围。

【知识拓展】

参与乡村振兴计划的志愿者怎么转档案?

根据本人意愿，户口和档案可迁转到工作服务地区，也可保留在学校或迁回原籍，由各级人力资源和社会保障部门所属人才服务机构免费提供人事代理服务。

——河南省精神文明建设指导委员会办公室 共青团河南省委 河南省教育厅 河南省财政厅 河南省人力资源和社会保障厅 河南省农业农村厅 河南省卫生健康委员会 河南省乡村振兴局《关于做好2023年河南大学生志愿服务乡村振兴计划工作的通知》(豫青联字〔2023〕11号)

(六)科研助理岗

(1) 部属高校、中央级科研院所、中央企业、国家高新区、国家自创区等要主动作为，积极开发科研助理岗位。

(2) 各单位要增强选聘科研助理工作的开放性，积极吸纳外部毕业生，不得设置仅招录本校(所)毕业生等限制条件。

(3) 项目承担单位应按规定，为科研助理办理参加社会保险及住房公积金等。

(4) 就业后工龄与科研助理期间的工作时间合并计算，社会保险缴费年限合并计算。

【知识拓展】

科研助理岗位有哪些保障

项目承担单位应根据国家有关规定及本单位的实际签订服务协议等，明确双方的权利、责任和义务以及服务期限等内容，并按照岗位职责和工作任务的具体要求，参照本单位同级同类岗位确定科研助理薪酬标准，不得低于当地最低工资标准。项目承担单位应按规定，为科研助理办理参加社会保险及住房公积金等。

【案例分析】

1. 小马是一名即将毕业的学生，在面对找工作时，或许有不少毕业生在为自己的工作而惆怅，但是小马从入校开始就已经在研究国家给予应届毕业生的各项优惠政策，包括"西部计划""三支一扶"等基层服务项目，这些项目既能够帮助自己找到不错的工作，又可以到国家需要的地方绽放青春实现个人价值。因此，他很早就开始备考，对报考条件研究透彻，并且认真准备考试内容，最终成功上岸。

2. 在某场招聘会上，看着人来人往拥挤的人群，小张同学无奈叹气，临近毕业的自己到底该何去何从？因为没有明确的目标，小张大学期间学习成绩一般，也没有过硬的技术技能，所以找工作时候也只能人云亦云，大家去哪儿找自己就去哪儿。最终找了几个月工作，他仍然是一无所获。

思考：

1. 在求职过程中，小马成功的原因与小张失败的原因分别是什么？

2. 我们如何提高求职成功率？

(资料来源：本书作者整理编写)

第六节　河南某职业技术学院鼓励大学生应征入伍服兵役政策

一、优先征集政策

(1) 大学生入伍优先报名应征、优先体检政考、优先审批定兵、优先安排使用，大学生参加体检开辟绿色通道。高校新生应当在户籍所在地参加应征；高校应届毕业生和在校生可在学校所在地参加应征，也可在入学前户籍所在地参加应征。

(2) 报名网址：全国征兵网 https://www.gfbzb.gov.cn/。

(3) 报名时间：

上半年男兵：上年 12 月 1 日至当年 2 月 10 日。

女兵：当年 1 月 1 日至当年 2 月 10 日。

下半年男兵：上年 12 月 1 日至当年 8 月 10 日。

女兵：当年 7 月 1 日至当年 8 月 10 日。

二、学费资助及优待政策

(1) 学费补偿、国家助学贷款代偿学费、学费减免，本专科生每人每年最高不超过 8 000 元，研究生每人每年最高不超过 12 000 元。

(2) 入伍大学生按规定享受优待政策，义务兵家庭优待金由批准入伍地发放，其家庭享受军属待遇。

(3) 河南省对在校就读学习期间征集入伍的大学生由就读学校一次性给予 5 000 元的生活费补助，所需费用按学校隶属关系由同级财政解决。(豫政〔2016〕53 号)。

三、升学优惠政策

(1) 设立"退役大学生士兵"专项硕士研究生招生计划，每年专门面向退役大学生士兵招生约 8 000 人，并向"双一流"建设高校倾斜。

(2) 在部队荣立二等功及以上，免试(指初试)攻读硕士研究生。

(3) 在完成本科学业后 3 年内参加全国硕士研究生招生考试，初试总分加 10 分，同等条件下优先录取。高职(专科)学生应征入伍，退役后在完成高职(专科)学业的前提下，可免试就读普通本科，或根据意愿入读成人本科，自 2022 年专升本招生起执行。

(4) 对河南省内高校上半年被批准入伍的高职(专科)、普通本科及以上毕业班学生,完成专业理论课程的学习与相关实习、毕业设计和论文答辩合格,符合毕业条件的,学校准予毕业,享受应届毕业生入伍相关待遇。普通高校在校学生应征入伍后,有条件的可以参加原学校组织的函授或自学原专业课程,经部队批准可以参加学校组织的考试。(豫动〔2020〕7号)

(5) 对河南省内高校被批准入伍的高校学生(含应届毕业生、在校生),在学校评优评先中同等条件下优先,荣立三等功以上奖励或者考上军校(含士官学校)、直接提干、晋升士官的,在河南省"三好学生"评选表彰中优先评选,不受名额限制,颁发荣誉证书。退役复学大学生士兵,复学当年综合测评德育分加 10 分;高校在综合奖学金(助学金)、"三好学生"、优秀学生干部、优秀毕业生等评优评先、实习安排等方面优先考虑,在就业创业方面优先推荐和扶持。(豫动〔2020〕7号)

四、复学政策

(1) 高校学生(含高校新生)服役期间按国家有关规定保留学籍或入学资格,退役后 2 年内允许复学或入学。

(2) 经学校同意,大学生士兵退役后复学可转入本校其他专业学习。

(3) 退役复学后免修军事技能等课程,可直接获得学分。

五、在部队选拔培养政策

(1) 符合条件的取得全日制本科学历和学士学位的毕业生(含毕业学年入伍,服役期间取得的),入伍 1 年半以上,可选拔为提干对象。

(2) 参加全军统一考试,录取到有关军队院校学习。

(3) 优先选取士官。

(4) 参加保送入学对象选拔,同等条件下优先推荐。

六、退役后技能培训政策

面向自主就业退役士兵开展职业技能培训,实施"学历证书+若干职业技能等级证书"制度和学分银行制度,建立学习成果认定、积累和转换机制,按规定享受培训资助。

七、退役后就业服务政策

(1) 退役后 1 年内,凭用人单位录(聘)用手续,可办理就业报到手续,户档随迁。

(2) 退役高校毕业生士兵可参加户籍所在地省级毕业生就业指导机构、原毕业高校就业招聘会,享受就业信息、重点推荐、就业指导等就业服务。

(3) 乡镇补充干部、基层专职武装干部配备时,注重从退役大学生士兵中招录;在军队服役 5 年(含)以上的高校毕业生士兵可以报考面向服役基层项目人员定向考录的职位。河南省专职人民武装干部职务出现空缺时，在本单位编制员额内，根据乡镇编制有关管理办法，主要从退役大学生士兵中单独组织招录，报名数量不足时可招录其他人员。全省政法干警招录时，安排一定比例用于定向招录退役大学生士兵。(豫政〔2016〕53 号)

(4) 教育部在"24365 校园招聘服务"活动中开辟退役大学生士兵岗位专区，畅通求职就业渠道。

(5) 河南省退役大学生士兵参加公务员考录的优先招录。参加省、市级事业单位公开招聘的，笔试总分加 5 分；参加县级、乡镇各类事业单位公开招聘的，笔试总分加 10 分，同等条件下优先聘用。(豫政〔2016〕53 号)

(6) 河南省国有企业(含国有控股和国有资产占主导的企业)招工时，安排不低于 20%的比例用于定向招录退役大学生士兵。

【知识拓展】

1. 报名渠道

全国征兵网：https://www.gfbzb.gov.cn/。

2. 征集对象和年龄(男兵)

高中(含中专、职高、技校)毕业及以上文化程度的青年(含高校在校生)，年满 18—22 周岁(2001 年 1 月 1 日—2005 年 12 月 31 日出生)。

普通高等学校本专科毕业生，年满 18—24 周岁。

研究生毕业生及在校生放宽至 26 周岁。

初中毕业文化程度男青年，年满 18—20 周岁。

3. 如何进行应征报名(男兵)

(1) 登录网址，如图 8-1 所示。

图 8-1 全国征兵网

登录"全国征兵网"，点击"应征报名(男兵)"进入页面；男兵在应征报名之前，要先完成兵役登记。

如果你还没有进行兵役登记，请点击“兵役登记(男兵)”进入页面；否则就从“应征报名(男兵)”进入页面，如图 8-2 所示。

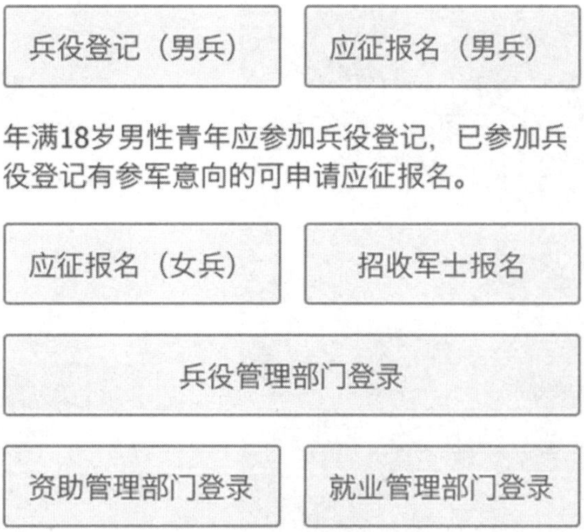
兵役登记（男兵）
应征报名（男兵）
年满18岁男性青年应参加兵役登记，已参加兵役登记有参军意向的可申请应征报名。
应征报名（女兵）
招收军士报名
兵役管理部门登录
资助管理部门登录
就业管理部门登录

图 8-2 应征界面

点击“应征报名(男兵)”会出现图 8-3 所示的界面。

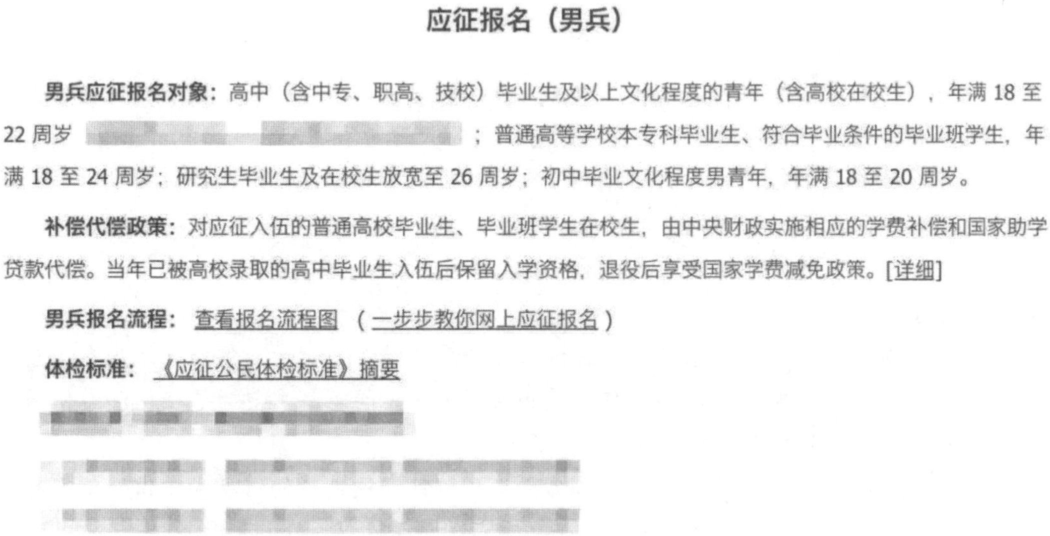

应征报名（男兵）
男兵应征报名对象：高中（含中专、职高、技校）毕业生及以上文化程度的青年（含高校在校生），年满 18 至 22 周岁
；普通高等学校本专科毕业生、符合毕业条件的毕业班学生，年满 18 至 24 周岁；研究生毕业生及在校生放宽至 26 周岁；初中毕业文化程度男青年，年满 18 至 20 周岁。
补偿代偿政策：对应征入伍的普通高校毕业生、毕业班学生在校生，由中央财政实施相应的学费补偿和国家助学贷款代偿。当年已被高校录取的高中毕业生入伍后保留入学资格，退役后享受国家学费减免政策。[详细]
男兵报名流程： 查看报名流程图 （一步步教你网上应征报名）
体检标准： 《应征公民体检标准》摘要

图 8-3 应征报名(男兵)界面

在这个页面中，会告知报名时间以及参军政策说明，建议大家认真阅读后，点击“进行应征报名”，迈出你军旅生涯的第一步！

(2) 登入系统。

参加报名需要账号，按照页面指示，点击“注册”按钮注册学信网账号后再进行登

录。有学信网账号的可直接登录，如图 8-4 所示。

图 8-4　登录界面

注册学信网账号必须实名，一定要用真实姓名和身份证认真填写，兵役机关将对有效信息进行审核。注册时使用的手机号即是账号，请牢记账号和密码。

另：在全国征兵网报名时，注册时如果提示身份证号码重复，请按征兵网提示尽可能地找回已有账号；已经参加兵役登记、应征报名的可联系应征地兵役机关协助找回。

手机号码被注册的，可以通过找回密码功能找回已注册手机的密码。

(3) 填写信息。

点击"参加 2023 年应征报名"，会根据已登录的学信网账号，弹出确认基本信息页面，填写个人手机号、文化程度、学校名称和入学毕业时间等，主要为了确认和学信网的信息准确无误，请严格按照学信网中的信息填写。

填写完成后，点击"信息无误"，系统会花几秒钟审核填写的信息和学信网信息有无出入，要仔细查看有无错误，错了可以点击"重新确认个人信息"进行修改。

信息无误后继续点击"学籍学历无误"开始填写报名信息，如图 8-5 所示。

按照征兵网的网页指示，填写完以上信息，网上应征报名就完成了。

后续需要耐心等待系统对个人信息进行核验，核验通过之后，武装部就会在规定的时间通知大家进行体检。

(4) 应征流程(男兵)，如图 8-6 所示。

图 8-5　注册界面

图 8-6　应征流程(男兵)

【案例分析】

当《战狼 2》《红海行动》等电影刷爆朋友圈时，你是否感受到"中国军人"是一个崇高的存在，你是否想象过有一天自己也一身戎装，报效祖国？部队是一个大熔炉，它让青年学生成长成才，砥砺前行，它磨炼了青年学生的意志，让他们有一个地方去施展才华，成就事业。

吴某，贵州毕节人，2015 年伴随着"9·3"大阅兵的步伐踏入军营，2017 年在改革浪潮中退役复学，曾为我国东南沿海某野战部队一员，现为中国石油大学机电工程学院安全科学与工程系 1601 班学生。在部队表现优异，先后被评为"优秀新兵"，两次授予优秀义务兵，记嘉奖两次，荣获"优秀带新兵干部骨干"证书。

吴某担任连队新闻报道员，为连队官兵写出了很多优秀的稿件，在同年度兵参加集训期间，多次被任命为区队长，深得领导的信任和赞扬，每年度跟随连队参加上级随机赋予的数次实兵实弹演习及海训任务，参加了 2016 年江西鄱阳特大抗洪抢险任务。

退役后他还没顾上回去见见家人，又投入了学校带新训工作中，平日生活里早起锻炼，个人作风严谨，学习态度认真，谈及他为什么大学期间弃笔从戎，或许是每个血气男儿都会有一个绿色军装的梦。他所在的集团军常年担任作战值班任务，作为战争第一梯队,在东南沿海,他们是海中的蛟龙,陆地上的猛虎。

侯某某,材料物理专业 2012 年入学,2013 年 9 月休学前往兰州军区入伍。入伍后新训期间被评为新训标兵,连内演讲比赛获得第一名;2014 年下连队后被评为优秀士兵;2015 年被评为优秀士兵并获得营嘉奖,7 月成为同年兵里第一个入党的,并以集团军第四名的成绩考到国防科技大学;2016 年被评为国防科技大学院优秀学员;2017 年被评为旅宣传先进个人。现在为国防科技大学 12 院 7 大队 36 队步兵学员。

从小生长在新疆的侯某某对军人充满了向往,心怀着保家卫国的远大理想。进入大学后,侯某某接触到了不少当兵的朋友,并且身边还有同学选择休学入伍并成功进入了厦门南京军区,这使得他更加坚定自己入伍的想法,于是在 2013 年 9 月成功入伍进入兰州军区。

"武艺练不精,不算合格兵。"这句话从进入部队起侯某某就一直牢记在心里。入伍至今,侯某某的成绩一直名列前茅,并不断突破自我,追求卓越。军营内,鲜艳的红旗随风飘扬,轻武器射击、手榴弹投掷、战术训练和 400 米障碍……每一项训练项目侯某某都认真对待,追求做到最好,即使在严冬,冻裂的手还没有恢复,他也会毫不迟疑地扎进泥坑进行障碍练习。艰苦的条件加上严格的训练,练就了侯某某钢铁般的意志。

"既然穿上了这身衣服,就要把这份责任尽好。"2015 年 4 月,甘肃定西市发生 4.5 级地震,正在准备军考的侯某某在接到命令后,毅然决定暂时放下军考的复习,前往震区抗险救灾。搭帐篷、送物资、救伤员,脏活累活他都抢在前头,他说:"虽然很累,但是能看到老乡们的笑脸,一切都值了!"能够真真切切地"为人民服务",帮助老百姓渡过难关,这使得侯某某从心底里为自己自豪。

坚定理想,阔步前行。临近毕业的侯某某依然没有放缓前进的步伐,他知道,只有不断努力提升自己才能更好地为人民服务,实现自己保家卫国的理想。未来,他将不断突破自己,在自己的军旅生涯里越走越远。

思考:

1. 应该如何不留遗憾地度过自己的大学生涯?
2. 你如何看待吴雷和侯旭达的入伍选择?

(资料来源:本书作者整理编写)

第七节 河南省人才强省系列优惠政策

人才是第一资源,是实现民族振兴、赢得国际竞争主动的战略资源,也是衡量一个地区综合实力和竞争力的重要指标。进入新发展阶段,河南省委对人才工作的领导全面加强,人才队伍快速壮大,人才效能持续增强,人才比较优势稳步增强,河南省正在加速形成一支规模宏大、素质优良、结构优化、作用日益突出的人才队伍。

2017 年中共河南省委、河南省人民政府出台了《关于深化人才发展体制机制改革加快人才强省建设的实施意见》(豫发〔2017〕13 号),深入实施人才优先发展战略,加快推进人才发展体制机制改革，最大限度地激发人才创新创造创业活力。同年，省委组织部、省人力资源和社会保障厅联合印发了《关于加强河南省高层次专业技术人才队伍建设的实施方案》。2021年9月8日，河南省委常委会审议通过了《关于汇聚一流创新人才加快建设人才强省的若干举措》，强调建设人才强省是省委工作会议提出的"十大战略"的重要内容，人力资本投入是最有效的投入，事关建设现代化河南长远目标。要推出一流人才政策，完善体制机制，强化跟踪问效，解决政策落地"最后一公里"问题，打造一流人才环境，让中原大地人才荟萃、创新创造活力迸发。

全省18个地市都纷纷出台了吸引人才的优惠政策，其中郑州市重拳出击，为人才提供了很多优惠政策。

例如，郑州市于2017年颁布的《郑州市青年人才首次购房补贴发放及非郑州户籍人才购房实施办法(暂行)》规定，符合申请条件的全日制博士研究生、35岁以下的硕士研究生、"双一流"建设高校的本科毕业生，在郑州首次购买住房，均可享受首次购房补贴政策，即博士每人10万元，硕士每人5万元，本科毕业生每人2万元。同时还出台了《中共郑州市委郑州市人民政府关于实施"智汇郑州"人才工程加快推进国家中心城市建设的意见》《郑州市引进培育创新创业领军人才(团队)"智汇郑州·1125聚才计划"项目实施办法(暂行)》《郑州市高层次人才分类认定实施细则(暂行)》《郑州市青年人才储备计划实施细则(暂行)》《郑州市高技能人才振兴计划实施(细则)》《郑州市人力资源服务机构引进人才奖励实施办法(暂行)》《郑州市顶尖人才、国家级领军人才申请免租住房实施办法(暂行)》等一系列政策措施，全力为来豫人才保驾护航。

【知识拓展】

取消就业报到证后怎么办理落户、档案转递手续

自2023年起，不再发放《全国普通高等学校本专科毕业生就业报到证》和《全国毕业研究生就业报到证》(以下统称就业报到证)，取消就业报到证补办、改派手续，取消高校毕业生离校前公共就业人才服务机构在就业协议书上签章环节，不再将就业报到证作为办理高校毕业生招聘录用、落户、档案接收转递等手续的必需材料。对延迟离校的应届高校毕业生，相应延长报到入职、档案转递、落户办理时限。

——河南省人民政府办公厅《关于印发2023年河南省支持高校毕业生等青年就业创业若干政策措施的通知》(豫政办〔2023〕17号)

【本章小结】

高校毕业生就业事关民生福祉、社会稳定和高质量发展，一直以来备受关注。近年来，河南省认真贯彻落实促进高校毕业生就业创业政策，推进政策服务聚力增效，支持和促进高校毕业生就业创业，为广大毕业生提供就业创业指南，一路为毕业生暖心护航。

参 考 文 献

[1] 苏维. 基于现代学徒制的技能型人才职业素养培养研究[D]. 武汉：湖北工业大学，2018.

[2] 于永刚. 以职业素养为核心的高职院校德育模式研究[D]. 广州：广东技术师范学院，2016.

[3] 彭小琴. 高职院校师范生职业素养问题研究[D]. 南昌：江西农业大学，2015.

[4] 杨宏. 基于就业导向的高职学生职业素养培养研究[D]. 济南：山东师范大学，2014.

[5] 林崇德. 21世纪学生发展核心素养研究[M]. 北京：北京师范大学出版社，2016.

[6] 中共中央宣传部. 习近平总书记系列重要讲话读本[M]. 北京：学习出版社，人民出版社，2016.

[7] 杰克·基廷，维罗妮卡·沃尔科夫，简·佩里等. 变革的影响：九国职业教育与培训体系比较研究[M]. 杨蕊竹，译. 北京：首都经济贸易大学出版社，2018.

[8] 姜大源. 职业教育要义[M]. 北京：北京师范大学出版社，2017.

[9] 关晶. 职业教育现代学徒制的比较与借鉴[M]. 长沙：湖南师范大学出版社，2016.

[10] 弗兰克·梯利. 西方哲学史[M]. 贾辰阳，解本远，译. 长春：吉林出版集团有限责任公司，2014.

[11] 寺田盛纪，罗海鸥，陈俊英等. 日本职业教育——比较与就业过程视角下的职业教育学[M]. 陈俊英，马丽华，译. 北京：人民教育出版社，2014.